汇率变动与企业行为和绩效

吴国鼎　著

中国金融出版社

责任编辑：王慧荣　黄琴棋
责任校对：李俊英
责任印制：赵燕红

图书在版编目（CIP）数据

汇率变动与企业行为和绩效（Huilü Biandong yu Qiye Xingwei he Jixiao）/吴国鼎著.—北京：中国金融出版社，2018.4
ISBN 978-7-5049-9529-2

Ⅰ.①汇…　Ⅱ.①吴…　Ⅲ.①汇率波动—关系—企业—行为—研究②汇率波动—关系—企业绩效—研究　Ⅳ.①F830.73②F272-0③F272.5

中国版本图书馆CIP数据核字（2018）第077650号

出版发行　中国金融出版社
社址　北京市丰台区益泽路2号
市场开发部　（010）63266347，63805472，63439533（传真）
网上书店　http://www.chinafph.com
　（010）63286832，63365686（传真）
读者服务部　（010）66070833，62568380
邮编　100071
经销　新华书店
印刷　北京市松源印刷有限公司
尺寸　169毫米×239毫米
印张　21.5
字数　310千
版次　2018年4月第1版
印次　2018年4月第1次印刷
定价　58.00元
ISBN 978-7-5049-9529-2

目　录

第一章　导　　言

第一节　问题的提出

汇率是影响一国经济的重要因素。关于汇率变动对经济影响的研究，一般来说，有两个层面。一个是宏观层面，研究汇率变动对宏观经济的影响，另一个是微观层面，研究汇率变动对微观企业的影响。国内很多学者研究了汇率变动对宏观经济变量，如对国际收支、总投资或者就业等的影响。而对汇率变动如何影响微观企业的行为以及绩效的研究，则相对就比较少。实际上，要研究汇率变动对经济的影响，最大的着力点应该是企业，尤其是外向型企业，包括出口企业和进口企业。汇率的变动直接对这些企业的经营产生影响，而宏观经济的变化仅是这些企业行为和绩效的结果。如果不从微观企业着手，研究汇率变动对微观企业行为和的影响，而是直接研究汇率变动对作为微观企业行为结果汇总的宏观经济的影响，只能是对结果本身进行讨论，而对产生这样结果的原因和过程均为理论猜测，这可能就无法发现汇率变动对经济影响的真正原因。对中国来说，只有研究中国企业尤其是外向型企业在人民币汇率变动后是否受到汇率变动的影响，影响程度有多大、通过什么渠道传导，企业的行为在这种影响下发生了什么变化，才能真正了解汇率变动对中国经济影响的传导机制以及企业是如何应对人民币汇率变动的。这也有利于国家制定宏观经济政策来引导企业在汇率变动期间趋利避害，实现更好的发展。

为了引出问题，我们可以对比 2000 年以来人民币对美元汇率变动和我国的对外贸易状况。图 1－1 显示了 2000—2014 年的人民币对美元汇率变动情况。

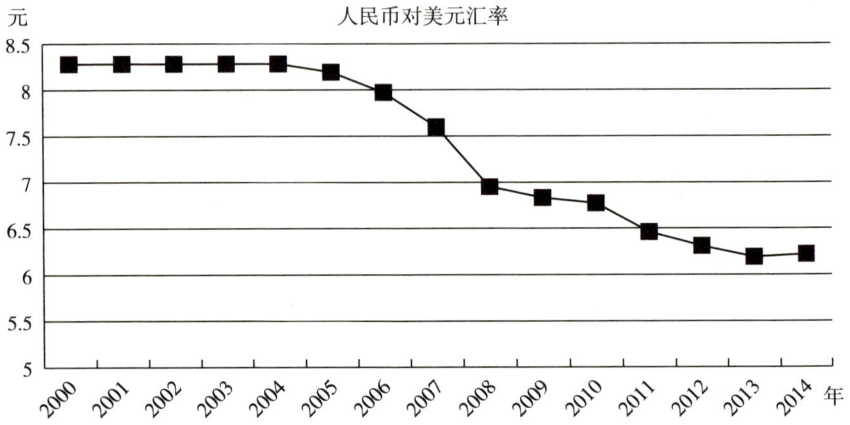

数据来源：国家统计局网站。

图 1－1　2000—2014 年人民币对美元汇率变动

从图 1－1 中可以看出，2000—2005 年，人民币对美元汇率基本上保持在 1 美元兑换 8.27 元人民币的水平上。2005 年后，人民币对美元汇率开始上升，到 2014 年逐步上升到 1 美元兑换 6.22 元人民币。之所以人民币对美元汇率在 2005 年开始上升，原因是我国在 2005 年 7 月开始实行人民币汇率制度改革，改变了原来的盯住美元的制度，实行有管理的浮动汇率制度。人民币汇率形成机制逐步市场化。

一般认为，人民币对美元汇率变动，影响最大的就是我国的对外贸易。表 1－1 显示了 2000—2014 年中国对外贸易的变动情况。

表 1－1　　2000—2014 年中国对外贸易的变动情况　　单位：亿元

年份	进出口总额	出口总额	进口总额
2000	39273.25	20634.44	18638.81
2001	42183.62	22024.44	20159.18
2002	51378.15	26947.87	24430.27
2003	70483.45	36287.89	34195.56
2004	95539.09	49103.33	46435.76
2005	116921.77	62648.09	54273.68
2006	140974.74	77597.89	63376.86
2007	166924.07	93627.14	73296.93

续表

年份	进出口总额	出口总额	进口总额
2008	179921.47	100394.94	79526.53
2009	150648.06	82029.69	68618.37
2010	201722.34	107022.84	94699.50
2011	236401.95	123240.56	113161.39
2012	244160.21	129359.25	114800.96
2013	258168.89	137131.43	121037.46
2014	264241.77	143883.75	120358.03

数据来源：国家统计局网站。

为了更直观体现这一时期我国对外贸易发展状况，我们也可以作图来表示，见图1－2。

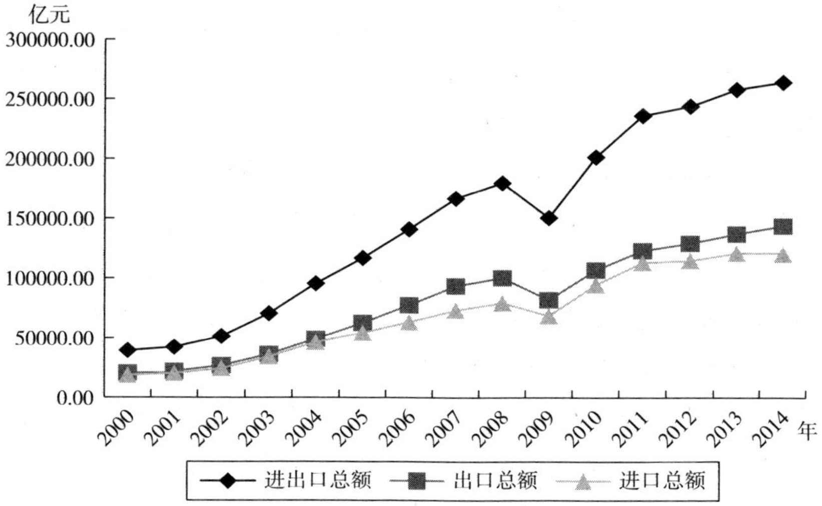

数据来源：国家统计局网站。

图1－2 2000—2014年中国对外贸易变动情况

从图1－1中可以看出，在2005—2014年，人民币对美元名义汇率一直是上升的。按照一般的贸易理论，本币升值，会减少出口，那么中国的对外出口额应该会受到一定程度的负向影响。但是从图1－2可以看出，中国的对外出口额在这一段时期内也一直在上升，这就出现了人民币升值和对外出口额增加同时并存的情况。为什么会出现这种情况？虽然决定一国出口总额的因素有很多，除了政策性因素外，还受到诸如经济结构、产品结构等因素的影响，但是我们从图 1－1 和图 1－2 中看不到中国的出口额受汇率变动影响的状况。为什么会出现这种情况？是中国的企业对汇率的变动没有反应，还是中国的企业对汇率变动的反应有特殊的方式？除出口变量外，2000—2014 年，中国的投资额、就业人数等也不断发生着变化。这些变化归根到底也是由企业的行为造成的。汇率变动对企业的投资、雇佣等行为有什么影响？

考察汇率变动对企业行为和绩效的影响，另一个重要的问题就是汇率变量的度量问题，也就是应该使用哪一种汇率。关于汇率变量的测度方法，从已有的研究来看，方法有多种，包括人民币对单一国家货币汇率、国家层面的有效汇率、行业层面的有效汇率等。具体到研究企业层面问题所使用的汇率，已有的研究多是采用上述一种或几种形式。我们认为，使用上述形式的汇率来研究汇率变动对企业行为和绩效等的影响，是存在一定问题的。原因主要有以下几点。

首先，不同企业的贸易对象所在国可能是不同的，这会导致企业在对外贸易时会面临不同的货币，而且不同的货币，其汇率变动的幅度以及升值或贬值的方向是不同的，这就会导致不同的企业面临着不同的汇率。所以如果用各企业间相同的汇率水平来研究汇率变动对企业行为和绩效等造成的影响，研究结果就会出现偏差。

其次，就同一企业来说，研究汇率变动对企业的影响，使用同样的汇率水平也是不合适的。因为对于同一企业来说，其可能既有出口，也有进口，而企业的进口和出口对企业行为和绩效影响的方向可能是相反的，而且企业的进口和出口所对应的国家以及相应的计价货币也可能是不一样的，所以企业的进口和出口所面临的汇率对企业的影响也可能是不相同的。因此，在对于同时既从事进口也从事出口的企业，而且贸易对象国是不相同的情况下，区分企业的进口方向的汇率和出口方向的汇率也是有必要的。

基于上述思路，计算并使用企业层面汇率来考察汇率变动对微观企业行为和绩效的影响，具有很重要的意义。

第二节 写作意义与创新之处

一、本书的理论和现实意义

关于宏观经济政策与微观企业行为和绩效的研究，已有的研究多是侧重于某一个方面，而很少有把两者结合起来进行研究的。例如对于宏观政策与经济产出的研究。宏观政策包括货币政策、财政政策、信贷政策、汇率政策等。经济产出的衡量指标包括 GDP、进出口额、全社会投资额、全社会消费额等。但是，宏观政策的影响取决于企业微观行为，经济产出只是企业产出的加总。图 1－3 是宏观政策影响经济产出的理论上的步骤。

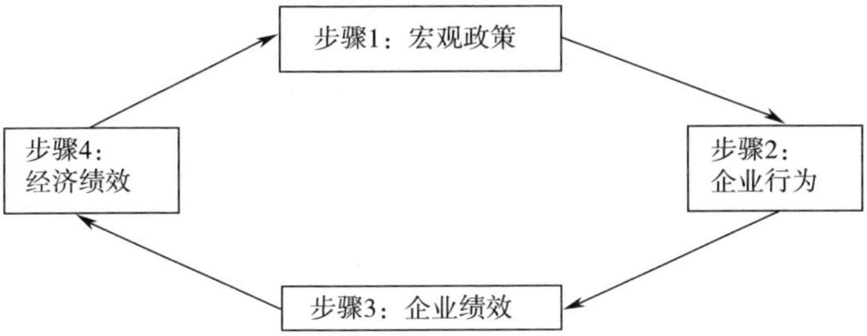

图 1－3 宏观政策影响微观企业绩效步骤

经济学一般把步骤 1、步骤 2 和步骤 3 合并成一个步骤来进行研究，形成了一个“黑箱”，同时研究步骤 4；而会计学、金融学一般研究步骤 2，忽视了其他的步骤。因此把这几个步骤综合起来进行研究，尤其是把步骤 1 和步骤 2 结合起来进行研究，也就是研究宏观政策对企业行为和绩效的影响，具有很重要的理论意义。

汇率政策是一个国家重要的宏观经济政策之一。一个国家采取什么样的汇率政策，能对一国的经济产生重要影响。汇率政策作用于一国经济的落脚点——企业，也就是说汇率的变动最直接影响的对象就是微观企业个体。因此，本书试图研究汇率变动对微观企业行为的绩效影响，力图在这一领域研究方面进行有益的尝试。

汇率变动对外向型企业来讲是一个影响其生产经营决策的重要的因素。因为汇率的大幅变动会导致企业贸易产品价格的变动，进而会引起贸易企业在成本和利润上的变动，最终可能会导致企业经营状况更加良好或者更差。长期以来，由于我国实行的是人民币盯住美元的固定汇率制度，因此，对人民币汇率研究的焦点不是汇率变动对企业贸易产品价格的影响问题，也不是人民币汇率变动状况下的企业行为问题，而更多的是研究人民币升值或贬值导致的进出口总额变动与国际收支平衡问题等。特别是自2005年人民币汇率形成机制改革开始起，人民币持续升值，在这期间升值速度又有快有慢。人民币汇率的这种变动模式使一些外向型企业的经营面临严重困难。在这种情况下，一些出口企业改变了营销策略和生产策略，有效地克服了困难，也有一些企业由于不能适应形势的变化，最终被市场淘汰。

面对汇率的变动，企业如何调整自己的生产和经营决策？企业如何才能经营得更好？

中国经济学界对汇率变动效应的研究刚刚开始，国外对该领域的研究则已经很成熟。国外对汇率变动效应的研究基本上是以在自由经济模式下的发达国家为研究对象和背景，这对发展中国家而言，不一定有很大的参考意义。另外，汇率变动的效应基本上都涉及汇率变动对贸易收支等宏观经济变量或者对行业变量等影响的研究，而汇率变动对企业行为影响的研究则还不多。已有的研究，也只限于对企业经营行为中产品定价行为的研究，不够全面。实际上，对于汇率变动，企业的反应是多方面的，不只是定价，还包括企业的出口决策、进口决策、投资决策、研发决策、人力资本决策、生产和销售决策等。而对企业这些行为的研究，对于考察汇率变动如何影响企业以及企业如何应对汇率的变动，都具有重要的意义。本书试图研究企业在汇率变动情况下的出口、投资、雇佣以及企业绩效的变动，把汇率变动对经济影响的研究推向更深、更微观的层次，从而推动汇率变动影响理论的进展，丰富这一理论的内涵。

企业的出口、投资和雇佣等行为都是企业扩大或缩小经营、降低生产成本、提高经营效益的主要措施。为什么要选择研究汇率变动对企业出口、企业投资以及企业雇佣等的影响？这是因为，就汇率变动对企业的影响而言，最直接的影响就是企业的出口和进口，包括进出口产品价格和出口产品数量。汇率变动影响企业的进出口的后果就是影响到企业的现金流和经营利润，进而影响到企业的价值。企业在其现金流、经营利润或企业价值发生变化或预期变化的情况下进行的主要生产经营决策是投资决策和雇佣决策。至于企业的公司治理行为，由于其不是汇率变动对企业的直接影响后果，因此本书没有进行研究。企业的融资行为，也是影响企业出口决策、投资决策和雇佣决策的因素，我们在接下来的研究中会把它看做是影响企业出口、投资和雇佣等行为的一个控制变量。

人民币升值或者贬值，对企业的行为都有影响，企业会对此作出一系列反应，那么这些反应对于企业来说，经营绩效或者生产率是提高了还是降低了？也就是说，人民币的升值或贬值对企业来说是好事还是坏事？对这一问题的研究非常重要，这直接关系到中国应该采取何种汇率政策。而对于这些问题，国内现有的研究不多，已有的研究大多只是定性分析而没有用数据来进行验证，因此也有必要进行进一步研究。

二、本书的创新之处

人民币汇率变动对我国经济的影响是近年来理论界和政策制定者关注的焦点问题。以往的研究集中在宏观和中观层面进行的，主要研究汇率变动对某些国家或地区或者对某些行业的宏观经济指标的影响，或者从理论上分析汇率变动对企业可能产生的影响。从企业层面入手研究汇率变动对企业行为和绩效影响的文章则很少。已有的研究，由于数据的限制等原因而局限于进行理论分析和一般的定性描述，缺乏更深入的研究。本书运用国家统计局的中国工业企业数据库和中国海关数据库，计算了企业层面有效汇率并考察了企业有效汇率变动对企业行为和绩效的影响，这是研究角度的创新。研究角度的创新一方面使研究汇率变动对企业行为和绩效影响的研究结论更加可靠；另一方面也使研究汇率变动对企业行为和绩效的影响机制和影响渠道成为可能，从而把对这一问题的研究推向更深入的层次。具体来说，本书在以下几个方面有所创新。

本书计算了多种形式的企业层面的有效汇率，包括企业加总有效汇率、企业进口有效汇率、企业出口有效汇率、企业增加值有效汇率等，从影响机制和影响结果等角度考察了汇率变动对企业行为和绩效的影响。这在以前的研究中是很少涉及的。以前的研究大多是使用宏观或者行业层面汇率进行研究，也大多是研究汇率变动影响企业行为和绩效的结果，而很少有研究涉及汇率变动影响企业行为和绩效的机制和途径。本书计算并使用企业层面的有效汇率，一方面使研究结果更加可靠；另一方面也使我们可以研究汇率变动影响企业行为和绩效的机制。

本书研究了企业有效汇率变动对企业出口的影响，包括对企业出口金额、出口价格、出口产品种类等的研究。关于这些问题的研究，已经有了一些研究成果。但是对已有的研究成果进行分析，我们就会发现，国内已有的研究，几乎都是研究汇率变动对一个国家或地区或行业出口的影响，而很少有从企业角度进行的研究。已有的涉及企业层面的研究，也大多是进行理论阐述或者用数学模型来解释，而很少有用企业层面的数据来进行的实证研究。本书从企业的角度来进行研究，使用企业层面数据来实证研究汇率变动对企业出口的影响，丰富了这一领域的研究成果。

本书研究了企业有效汇率变动对企业投资行为、雇佣行为以及生产率的影响，研究了企业的外向程度、市场影响力、融资约束、所有制类型、所属行业等多种因素在其中所起的作用，也丰富了这一领域的研究。已有的研究，也大多是研究汇率变动对国家或地区等投资和就业总量的研究，而没有具体分析汇率变动对微观企业个体的投资和雇佣等的影响，也没有用企业层面有效汇率来进行研究。本书从这一角度进行研究，也丰富了这一领域的研究成果。

第三节 写作框架和主要内容

一、本书的写作框架

本书首先从问题的提出入手；然后对汇率问题的基本理论以及汇率变动影响企业行为的基本理论作了介绍；其次介绍了几种层面的有效汇率以及本书使用的企业有效汇率的计算方法；再次使用计算出来的企业有效汇率考察了其对企业出口、企业利润、企业投资、企业雇佣以及企业生产率的影响；最后提出了企业应采取的规避汇率风险措施。

本书的写作框架图如图 1-4 所示。

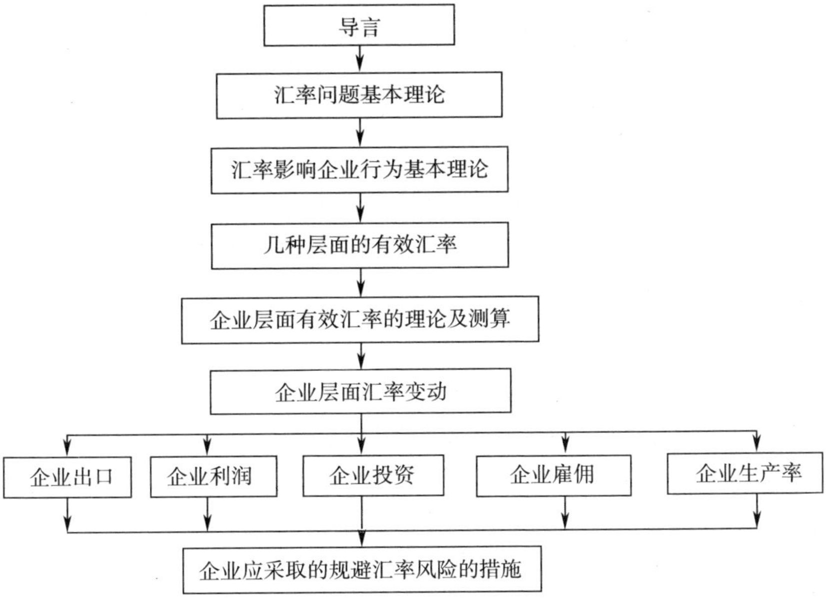

图 1-4 本书的写作框架

二、本书的主要内容

本书的内容分为十二章。

第一章是导言。

第二章是汇率问题基本理论。该章首先介绍了汇率的基本概念，然后介绍了国际货币制度的演变、各种汇率制度、汇率决定理论，接下来又介绍了1949年以来人民币汇率制度变革的历史。

第三章介绍了汇率变动影响企业行为的基本理论，包括传统贸易理论、新贸易理论、新新贸易理论等。接下来又介绍了汇率与国际收支的相关理论及分析方法。

第四章介绍了汇率的几种度量方式，包括国家层面有效汇率、行业层面有效汇率和企业层面有效汇率等。

第五章介绍了企业有效汇率的测算方法以及统计分析测算结果。

第六章考察了企业有效汇率变动对企业出口的影响，包括考察企业有效汇率变动对企业出口金额、企业出口产品价格、企业是否出口、企业出口产品种类的影响以及企业有效汇率波动性对企业出口的影响等。

第七章从企业异质性角度考察了企业有效汇率变动对企业出口行为的影响，包括考察企业生产率高低、中间品进口多少、融资约束等因素对企业出口受汇率变动影响程度的制约。本章还区分企业资本密集度、企业贸易方式、企业所有制类型等对汇率变动如何影响企业的出口进行了考察。

第八章考察了企业有效汇率变动对企业利润的影响。本章通过理论模型推导出了企业增加值有效汇率等多种汇率形式。本章考察了企业有效汇率变动对企业利润的影响，主要从三个角度来进行：一是考察企业有效汇率变动对企业利润的总体影响；二是考察企业有效汇率变动影响企业利润的渠道；三是考察企业有效汇率变动对不同类型企业利润的影响。

第九章考察了企业有效汇率变动对企业投资的影响。本章使用计算出来的企业进口有效汇率、出口有效汇率、加总有效汇率、增加值有效汇率等，主要从影响渠道、总体影响以及主要制约因素等方面进行了考察。

第十章考察了企业有效汇率变动对企业雇佣的影响。本章同样使用计算出来的各种形式的企业有效汇率，从影响渠道、总体影响以及主要制约因素等方面进行了考察。

第十一章考察了企业有效汇率变动对企业生产率的影响，包括考察企业有效汇率变动对样本总体企业生产率的影响以及对不同类型企业生产率的影响。

第十二章是企业应对汇率风险的对策分析。

第二章　汇率问题基本理论

本章对汇率问题的基本理论进行介绍，包括汇率问题的基本概念、国际货币制度的演变、汇率制度、汇率决定理论等。由于本书主要考察的是人民币汇率变动对中国企业行为和绩效的影响，所以也有必要对人民币汇率制度的演进进行介绍。

第一节　汇率问题基本概念

汇率是一个国家（或地区）的货币用另一个国家（或地区）的货币表示的价格，或者说是两国货币的兑换比率。例如，人民币对美元汇率，就是人民币和美元之间的兑换比率；人民币对欧元汇率，就是人民币和欧元之间的兑换比率。基于不同的角度和作用，汇率有多种不同的定义，也有多种不同的度量方法。

一、直接标价法和间接标价法

既然汇率是两种不同货币之间的折算比价，是以一种货币表示另一种货币的相对价格。那么我们如何标示这种相对价格，也就是如何对汇率进行标价，通用的标价方法有两种：直接标价法和间接标价法。

直接标价法指 1 单位的外币相当于本币的数量，也就是用本币表示的外币的价格。如 2017 年 12 月 1 日银行间外汇市场人民币对美元汇率的中间价为 1 美元兑换人民币 6.6067 元。可以看出，在直接标价法下，汇率水平越高，表示每单位外币能够兑换的本币的数量越多。这也就意味着本币贬值，外币升值。

间接标价法指 1 单位的本币相当于外币的数量，也就是用外币表示的本币的价格。如上例，2017 年 12 月 1 日银行间外汇市场人民币对美元汇率的中间价为 1 美元兑换人民币 6.6067 元。如果用间接标价法表示，则 2017 年 12 月 1 日的人民币对美元汇率为 1 元人民币兑换 0.1514 美元。同样可以看出，在间接标价法下，汇率水平越高，表示每单位本币能够兑换的外币数量越多。这也就意味着本币升值，外币贬值。

可以看出，在使用不同标价法时，汇率水平变动所表示的含义正好相反。同样是汇率水平上升，如果使用直接标价法，则表示本币贬值；而如果使用间接标价法，则表示本币升值。

世界上大多数国家使用的汇率标价方法是直接标价法。仅有少数国家实行间接标价法，如英国就使用间接标价法来表示英镑对外币的汇率。

对于人民币汇率的标价，除人民币对部分外币（包括马来西亚林吉特、俄罗斯卢布、南非兰特、韩元、阿联酋迪拉姆、沙特阿拉伯里亚尔、匈牙利福林、波兰兹罗提、丹麦克朗、瑞典克朗、挪威克朗、土耳其里拉、墨西哥比索）实行间接标价法之外，人民币对主要外币均实行直接标价法。如中国外汇交易中心公布，2017 年 12 月 1 日人民币汇率中间价为：1 美元兑人民币 6.6067 元、1 欧元兑人民币 7.8621 元、100 日元兑人民币 5.8682 元、1 港元兑人民币 0.84588 元、1 英镑兑人民币 8.9380 元、1 澳大利亚元兑人民币 4.9946 元、1 新西兰元兑人民币 4.5113 元、1 新加坡元兑人民币 4.8984 元、1 瑞士法郎兑人民币 6.7160 元、1 加拿大元兑人民币 5.1235 元。人民币对上述货币汇率的标价法就是直接标价法。

同日，中国外汇交易中心公布的人民币对其他货币汇率的中间价为：人民币 1 元兑 0.61899 马来西亚林吉特、人民币 1 元兑 8.8469 俄罗斯卢布、人民币 1 元兑 2.0776 南非兰特、人民币 1 元兑 164.60 韩元、人民币 1 元兑 0.55591 阿联酋迪拉姆、人民币 1 元兑 0.56762 沙特阿拉伯里亚尔、人民币 1 元兑 39.8148 匈牙利福林、人民币 1 元兑 0.53460 波兰兹罗提、人民币 1 元兑 0.9465 丹麦克朗、人民币 1 元兑 1.2686 瑞典克朗、人民币 1 元兑 1.2593 挪威克朗、人民币 1 元兑 0.59298 土耳其里拉、人民币 1 元兑 2.8224 墨西哥比索。人民币对上述货币汇率的标价法就是间接标价法。

二、名义汇率和实际汇率

一国的价格水平会影响到一国货币的价值。如果一国的价格水平上升，则同样数量的货币的真实购买水平会下降，也就是说货币价值会下降。尤其是在通货膨胀严重的国家，这种现象更加明显。在这种情况下，在度量双边汇率时，就有必要考虑双边国家的价格水平。

按照汇率是否考虑了价格因素，可以把汇率分为名义汇率和实际汇率。名义汇率就是没有剔除双边国家价格水平变化后的汇率，而实际汇率则是剔除了双边国家价格水平变化后的汇率。一般来说，我们日常所用到的汇率，都是名义汇率，而如果是实际汇率，则会特别注明其为实际汇率。与直接标价法以及间接标价法相对应，名义汇率和实际汇率既可以用直接标价法，也可以用间接标价法表示。

在间接标价法下，如果 A 国货币对 B 国货币的名义汇率为 ER，P_A 为 A 国物价水平，P_B 为 B 国物价水平，则我们可以计算 A 国货币对 B 国货币的实际汇率（RER）：

$$RER = (ER \times P_B) / P_A \tag{2-1}$$

从式（2-1）也可以看出，在间接标价法下，若 RER 值越小，则表示汇率水平越低，相应地，若 RER 值下降，则表示本币贬值。

三、名义有效汇率和实际有效汇率

在一般情况下，一个国家的贸易对象并不是只有一个国家，而是可能同时和很多国家都进行贸易，这就涉及本国货币和多个贸易伙伴国家货币的兑换问题。在这种情况下，使用任何一种双边汇率都不能全面衡量一个国家货币的总体汇率水平。这就引出了汇率的另一种度量方式——有效汇率。

有效汇率度量的是一国货币相对于某个特定货币篮子的价值，是由一种货币与其他货币的双边汇率按照某种权数加权平均之后计算的指数。其中，可以以进出口贸易金额之和作为加权权重，也可以单独以进口或出口金额作为加权权重。将某一时点上的有效汇率水平与所选择的基期水平相对比，就可以得到有效汇率指数。与名义汇率以及实际汇率相对应，有效汇率也可以区分为名义有效汇率和实际有效汇率。

如果特定货币篮子中有 n 种货币，本币对这 n 种货币的汇率分别为 $e_1,e_2,\cdots,e_n$，这 n 种货币相应地加权权重分别为 $w_1,w_2,\cdots,w_n$，则本币的有效汇率（EER）可以表示为

$$EER = \sum_{i=1}^{n} w_i e_i \quad i = 1,2,\cdots,n \tag{2-2}$$

相应地，如果 e_i 为名义汇率，则 EER 称为名义有效汇率，如果 e_i 为实际汇率，则 EER 称为实际有效汇率。

上述加权方法是算数加权。还有一种普遍使用的加权方法是几何加权。如果使用几何加权，则本币的有效汇率（EER）可以表示为

$$EER = \prod_{i=1}^{n} e_i^{w_i} \quad i = 1,2,\cdots,n \tag{2-3}$$

同样的，如果 e_i 为以直接标价法标记的汇率，则 EER 上升，表示本币贬值，若 EER 下降，表示本币升值；如果 e_i 为以间接标价法标记的汇率，则 EER 上升，表示本币升值，若 EER 下降，表示本币贬值。

有效汇率是一个非常重要的经济指标，以贸易比重为权数计算的有效汇率所反映的是一国在国际贸易中的总体竞争力。尤其是实际有效汇率，不仅考虑了一国对其贸易伙伴国家双边名义汇率的相对变动情况，而且还剔除了通货膨胀对货币本身价值变动的影响，能够综合地反映本国货币的对外价值和相对购买力。

四、现汇买入和卖出汇率、现钞买入和卖出汇率、中间汇率

根据银行买卖外币的价格不同可以把汇率划分为现汇买入汇率、现汇卖出汇率、现钞买入汇率、现钞卖出汇率、中间汇率等。

（一）现汇买入和卖出汇率、现钞买入和卖出汇率

现汇买入汇率是客户从国外汇入国内账户和从国外带回来的外国票据上的资金，向银行卖出，并从银行获得人民币时使用的汇率。现汇卖出汇率是银行把外汇卖给客户时使用的汇率。

现钞买入汇率是客户把现钞卖给银行，从银行获得人民币时使用的

汇率。现钞卖出汇率是银行把现钞卖给客户时使用的汇率。

在一般情况下：

（1）现汇卖出汇率和现钞卖出汇率是相同的。因为用现汇支取现钞时，由于汇入方已经承担了运输费，因此现汇可以支取等额的现钞。

（2）现汇卖出汇率和现钞卖出汇率一般大于现汇买入汇率和现钞买入汇率。卖出汇率和买入汇率有个差价，这个差价为银行买卖外汇的收益，一般为1‰～5‰。

（3）现汇买入汇率一般大于现钞买入汇率。原因是客户把现汇卖给银行，就是把客户在国外银行的外汇存款卖给银行。银行只要做相应账务处理，就可以得到这笔在国外银行的外汇存款，并可以开始计算利息。而如果客户把现钞卖给银行，由于外币现钞不能在交易的当地流通使用，银行需要把现钞运往国外，所以银行不但不能立即获得存款和利息，而且银行还得支付费用保管现钞。银行收兑外币现钞需要支付的具体费用包括现钞管理费、运输费、保险费、包装费等。这些费用就反映在现钞买入汇率低于现汇买入汇率的差额里。所以，现钞买入汇率一般都低于现汇买入汇率。

（二）中间汇率

中间汇率等于现汇买入汇率和现汇卖出汇率的平均值。它是衡量一国货币价值的重要指标。中国人民银行在每个工作日闭市后公布当日银行间外汇市场美元等交易货币对人民币的收盘价，作为下一个工作日该货币对人民币交易的中间价。它是即期银行间外汇交易市场和银行挂牌汇价的最重要的参考指标。

2005年7月21日人民币汇率形成机制改革后，中国外汇交易中心（以下简称交易中心）根据中国人民银行授权，每个工作日上午9时15分发布人民币对美元等主要外汇币种汇率的中间价。人民币对美元汇率中间价的形成方式为：交易中心在每日银行间外汇市场开盘前向外汇市场做市商询价，并将全部做市商报价作为人民币对美元汇率中间价的计算样本，去掉最高和最低报价后，将剩余做市商报价加权平均，得到当日人民币对美元汇率中间价，权重由交易中心根据报价方在银行间外汇市场的交易量及报价情况等指标综合确定。人民币对欧元、英镑、港元、澳大利亚元和加拿大元汇率中间价由交易中心分别根据当日人民币对美元汇率中间价与上午 9 时国际外汇市场欧元、英镑、港元、澳大利亚元和加拿大元对美元汇率套算确定。人民币对日元、马来西亚林吉特、俄罗斯卢布汇率中间价的形成方式为：交易中心于每日银行间外汇市场开盘前向银行间外汇市场相应币种的做市商询价，将做市商报价平均，得到当日人民币对日元、马来西亚林吉特、俄罗斯卢布汇率中间价。

（三）外汇牌价举例

下文以 2017 年 11 月 10 日中国银行的外汇牌价表为例，直观了解各种外汇买卖价格（见表 2－1）。

表 2－1　　2017 年 11 月 10 日中国银行外汇牌价　　单位：元

币种	现汇买入	现钞买入	现汇卖出	现钞卖出	中间价
港元	0.8494	0.8426	0.8526	0.8526	0.8499
澳门元	0.8253	0.7976	0.8284	0.855	0.8267
美元	6.6266	6.5721	6.6531	6.6531	6.6282
欧元	7.7078	7.4677	7.7619	7.7619	7.7193
新台币	—	0.2125	—	0.2291	0.22
新加坡元	4.8659	4.7158	4.9001	4.9001	4.8776
日元	0.058369	0.05655	0.058779	0.058779	0.058484
泰铢	0.1999	0.1937	0.2015	0.2077	0.2007
菲律宾比索	0.129	0.125	0.13	0.1361	0.1294
韩元	0.005916	0.005708	0.005964	0.006181	0.005934
英镑	8.6991	8.4281	8.7602	8.7733	8.7108
加拿大元	5.2223	5.057	5.259	5.2616	5.2275
澳大利亚元	5.0841	4.9257	5.1198	5.1198	5.0908
瑞士法郎	6.6518	6.4466	6.6986	6.7153	6.6674
瑞典克朗	0.7899	0.7655	0.7963	0.7979	0.7914
丹麦克朗	1.0349	1.003	1.0433	1.0453	1.0373
挪威克朗	0.8136	0.7885	0.8202	0.8218	0.8153
新西兰元	4.585	4.4435	4.6172	4.6738	4.6019

五、即期汇率和远期汇率

按外汇交易交割期限可以把汇率划分为即期汇率和远期汇率。

即期汇率，也叫现汇汇率，是外汇买卖双方成交当天进行交割的汇率。

远期汇率，是在未来一定时期进行交割，而事先由买卖双方签订买卖合同的汇率。到了交割日期，由协议双方按合同约定的汇率水平和货币数量进行交易。远期外汇买卖是由于外汇购买者对外汇资金需要的时间不同，买卖双方为了避免汇率变动风险而发生的交易。远期汇率与即期汇率之间是有差额的，这种差额叫远期差价。远期差价有升水、贴水、平价三种情况。升水是表示远期汇率比即期汇率高，贴水则表示远期汇率比即期汇率低，平价表示两者相等。

六、官方汇率和市场汇率

官方汇率又称为法定汇率，指一国外汇管理当局规定并予以公布的汇率。在外汇管制严格的国家，一切外汇收入必须按官方汇率结售给银行，所需外汇必须向国家指定的银行申请购买。

市场汇率指在外汇交易市场中由外汇供求关系决定的汇率。市场汇率的高低取决于外汇的实际供求状况。

第二节　国际货币制度的演变

一、国际金本位制度

金本位制是以黄金为本位货币的一种制度。19 世纪 20 年代英国首先实行金本位制度，到 19 世纪后半期，随着西方各国普遍采用金本位制，它逐渐成为一种主要的货币制度。这种以各国普遍采用金本位制为基础的国际货币体系，就是国际金本位制度。在历史上，曾有过三种形式的金本位制：金币本位制、金块本位制、金汇兑本位制。其中金币本位制是最典型的形式，一般意义上的金本位制指的就是金币本位制。

在国际金本位制度下，各国货币都规定含金量，各国货币所含纯金之比叫做金平价，而各国货币之间的汇率就是根据单位货币含金量之比计算出来的，被称为法定平价。在外汇市场上，由于供求关系的变动，实际汇率通常会围绕法定平价上下波动。但是这种波动会有一个限度，这个限度就是黄金输送点。法定平价加上黄金的运送费用就是黄金输出点，是汇率波动的上限；法定平价减去黄金输送点就是黄金输入点，是汇率波动的下限。因此，在黄金输送点约束下，汇率的波动幅度很小，基本上是稳定的。

在国际金本位制度下，各国的贸易收支是自发调节的。当一国出现国际收支逆差时，便会导致汇率变动，当汇率变动超过黄金输送点就会引起黄金流动；黄金流动会增加黄金输入国的银行准备金，并减少黄金输出国的银行准备金；银行准备金的变动将引起货币数量的变动，从而造成国家物价水平和收入的变动，这将使国际收支发生变动，直到重新达到平衡。国际收支达到平衡后，黄金也将停止流动。

在历史上，自从英国在 1816 年率先实行金本位制以后，到 1914 年第一次世界大战以前，主要资本主义国家都实行金本位制，而且是典型的金本位制——金币本位制。1914 年第一次世界大战爆发后，各国为了筹集军费，纷纷发行不兑现的纸币，禁止黄金自由输出，金本位制随之告终。第一次世界大战以后，在 1924—1928 年，当时除美国以外，其他大多数国家只能实行没有金币流通的金本位制，这就是金块本位制和金汇兑本位制。在这两种制度下，虽然都规定以黄金为货币本位，但只规定货币单位的含金量，而不铸造金币，实行银行券流通。1929—1933 年发生了世界性经济危机，在经济危机的冲击下，这两种形式的金本位制也逐渐被各国放弃，各国都纷纷实行了不兑现的信用货币制度。从而导致了金本位制彻底崩溃。

金本位制度的崩溃，对国际金融甚至世界经济产生了巨大的影响。各国为了弥补财政赤字或扩军备战，纷纷滥发不兑换的纸币，从而导致了经常性的通货膨胀以及国际收支的恶化。这也就导致了国际收支状况和通货膨胀引起的外币供求变化对汇率水平起着决定性的作用。

二、布雷顿森林货币体系

（一）布雷顿森林体系内容

布雷顿森林货币体系是第二次世界大战结束后以美元为中心的国际货币体系。1944 年 7 月，44 个国家或政府的代表在美国新罕布什尔州的布雷顿森林召开了联合国货币金融会议（以下简称布雷顿森林会议），商讨战后的世界贸易格局。会议通过了以怀特计划为基础制定的《国际货币基金组织协定》和《国际复兴开发银行协定》，确立了以美元为中心的国际货币体系，即布雷顿森林体系。关税总协定作为 1944 年布雷顿森林会议的补充，连同布雷顿森林会议通过的各项协定，统称为布雷顿森林体系。布雷顿森林体系建立了国际货币基金组织（IMF）和世界银行两大国际金融机构。前者负责向成员提供短期资金借贷，目的是保障国际货币体系的稳定；后者提供中长期信贷来促进成员经济复苏。关贸总协定、世界银行和 IMF 被认为是支撑世界经贸和金融格局的三大支柱。布雷顿森林体系的主要内容包括以下几点。

第一，美元与黄金挂钩。各国确认 1944 年 1 月美国规定的 35 美元一盎司的黄金官价，每 1 美元的含金量为 0. 888671 克黄金。各国政府或中央银行可按官价用美元向美国兑换黄金。

第二，其他国家货币与美元挂钩。其他国家政府规定各自货币的含金量，通过含金量的比例确定同美元的汇率。

第三，实行可调整的固定汇率。《国际货币基金组织协定》规定，各国货币对美元的汇率，只能在法定汇率上下各 1% 的幅度内波动。若市场汇率超过法定汇率 1% 的波动幅度，各国政府有义务在外汇市场上进行干预，以维持汇率的稳定。若 IMF 成员法定汇率的变动超过 10%，就必须得到 IMF 的批准。1971 年 12 月，这种即期汇率变动的幅度扩大为上下 2. 25% 的范围，决定平价的标准由黄金改为特别提款权。布雷顿森林体系的这种汇率制度被称为可调整的钉住汇率制度。

第四，国际收支的调节。IMF 成员份额的 25% 以黄金或可兑换成黄金的货币缴纳，其余则以本国货币缴纳。成员发生国际收支逆差时，可用本国货币向基金组织按规定的程序购买（即借贷）一定数额的外汇，并在规定时间内以购回本国货币的方式偿还借款。

布雷顿森林体系有助于国际金融市场的稳定，对战后的经济复苏起到了一定的作用。布雷顿森林体系的形成，暂时结束了战前货币金融领域里的混乱局面，维持了战后世界货币体系的正常运转，促进了各国国内经济的发展，扩大了世界贸易。

（二）布雷顿森林体系的缺陷

布雷顿森林体系是以美元和黄金为基础的金汇兑本位制，实质是建立一种以美元为中心的国际货币体系。布雷顿森林货币体系的运转与美元的信誉和地位密切相关。由于主要资本主义国家经济实力对比一再发生变化，以美元为中心的国际货币制度本身固有的矛盾和缺陷日益暴露。布雷顿森林体系的缺陷主要表现在以下几个方面。

第一，金汇兑制本身的缺陷。美元与黄金挂钩，享有特殊地位，加强了美国对世界经济的影响。

第二，存在“特里芬难题”。1960 年，美国经济学家罗伯特·特里芬提出了“特里芬难题”，其主要观点是由于美元与黄金挂钩，而其他国家的货币与美元挂钩，因此美元取得了国际核心货币的地位。各国为了获得美元作为结算与储备货币，一个主要途径就是与美国进行贸易，而且是顺差贸易。这种国际贸易格局对美国国际收支来说就会发生长期逆差。而美元作为国际货币核心的前提是必须保持美元币值稳定，这又要求美国必须是一个国际贸易收支长期顺差国。这两个要求互相矛盾，因此是一个悖论。

第三，内外平衡难统一。该制度规定汇率浮动幅度须保持在 1% 以内，汇率缺乏弹性，限制了汇率对国际收支的调节作用。在该制度下，各国不能利用汇率杠杆来调节国际收支，只能采取有损于国内经济目标实现的经济政策或采取管制措施，以牺牲内部平衡来换取外部平衡。

（三）布雷顿森林体系的崩溃

20 世纪 60 ~ 70 年代，美国深陷越南战争的泥潭，财政赤字巨大，国际收入情况恶化，美元的信誉受到冲击，爆发了多次美元危机。各国纷纷抛售自己手中的美元，抢购黄金，使美国黄金储备急剧减少。随着美国黄金储备的不断减少，美国没有了维持黄金官价的能力，美国于是宣布不再按每盎司 35 美元官价向市场供应黄金，黄金市场价格开始自由浮动。

1971 年 7 月第七次美元危机爆发后，美国尼克松政府于 8 月 15 日宣布停止履行外国政府或中央银行可用美元向美国兑换黄金的义务。1971 年 12 月，美元对黄金贬值，美联储拒绝向国外中央银行出售黄金。因此，美元与黄金挂钩的体制名存实亡。1973 年 3 月，欧洲共同市场 9 国在巴黎举行会议，联邦德国、法国等国家对美元实行联合浮动，英国、意大利、爱尔兰实行单独浮动。至此，固定汇率制度完全垮台。

美元停止兑换黄金和固定汇率制的垮台，标志着战后以美元为中心的布雷顿森林货币体系的崩溃。布雷顿森林体系崩溃以后，IMF 和世界银行作为重要的国际组织仍得以存在，发挥作用。

三、布雷顿森林体系Ⅱ

布雷顿森林体系崩溃以后，国际经济货币秩序发生了很大的变化。德意志银行的三位经济学家 Dooley、Folkerts – Landau 和 Garber 在 2003 年开始用布雷顿森林体系Ⅱ来描述当前的国际金融体系。他们认为，没有必要担心美国日益增长的贸易赤字以及亚洲一系列国家币值的低估。这些国家和美国已经有了默契，亚洲国家通过干预外汇市场低估本国货币，并以此来推动出口，促进经济增长和缓解就业压力。而这些国家从贸易顺差中积累的大量美元，又以购买美国债券等方式流回美国的资本市场，用于弥补美国巨大的贸易逆差。这两种做法之间形成了一个平衡。布雷顿森林体系Ⅱ的核心就是亚洲国家维持本币对于美元的相对低估，同时将通过贸易顺差等得到的美元用于购买美元资产，从而平衡美国贸易赤字。

布雷顿森林体系Ⅱ认为当今的国际货币秩序其实是第二次世界大战后布雷顿森林体系的延续，只不过是在某些方面作出了适应性的调整，它反映了当今国际经济货币秩序的现实。该体系具有以下特征

（CHEUNG 和秦凤鸣，2012）。

第一，抵押担保是布雷顿森林体系Ⅱ的支撑基础。Dooley 等人认为，在当今的国际货币秩序中，黄金已经不再是稳定货币价值的基础。但是，参与国际金融交易的国家必须拥有抵押品，美元储备已经取代了黄金，是事实上的抵押品。

第二，美元依然是主要的国际储备货币。Dooley 等人认为，尽管美国的经常账户逆差规模在增大，但是当前的国际货币体系仍然是稳定并且是可持续的，因为众多新兴市场国家的政府一直在为美国的经常账户逆差融资，多数国家的中央银行并没有采取大规模的储备资产分散化政策，而是仍在不断增加美元储备。

第三，新兴市场国家充分就业的目标是布雷顿森林体系Ⅱ运转的驱动力。Dooley 等人认为，大量的未就业劳动力构成新兴市场国家的政治风险和社会成本，政府必须千方百计地采取措施，促进就业，这是当今国际货币体系的驱动力量。新兴市场国家实施出口导向型经济增长模式是解决就业的主要手段，维持出口企业的不断增长成为解决就业问题的有效途径。同时，吸引外国直接投资也称为新兴市场国家解决就业问题的重要措施。

第四，布雷顿森林体系Ⅱ下的世界经济格局特征可以概括为三大经济货币区。Dooley 等人把当今国际经济格局分为三个部分：一个核心国家——美国，一个贸易账户区——亚洲，一个资本账户区——欧洲。他们认为当前核心国家与其他两个区组成的外围国家支架已经形成前所未有的经济上的互相依赖关系，而不是主导与被主导的关系。

第五，布雷顿森林体系Ⅱ下的汇率稳定机制是贸易账户区国家政府干预下的固定汇率。Dooley 等人认为，当今的国际货币秩序也是一个受到各个国家管制或干预的固定汇率制度，但汇率的调整机制和调整主导权已经不再完全掌握在美国手中。贸易账户区国家为了鼓励国内资本流向出口型企业和吸引更多的外国直接投资，通过外汇市场上的持续干预，人为地维持一个扭曲的固定汇率。资本账户区国家大多实行浮动汇率，私人资本成为跨过资本流动的主体。

第六，美国庞大的经常账户逆差其实是当前国际经济货币秩序的重要特征。Dooley 等人认为，在当今的国际货币经济秩序下，实际上是以中国为代表的贸易账户区国家的政府在持续为美国的大规模经常账户逆差融资。美国的经常账户不平衡状况并不对全球经济构成威胁，更不会引起严重的全球经济混乱。这实际上就是一种平衡的国际经济秩序。

Dooley 等（2014）进一步提出，在布雷顿森林体系Ⅱ下，未来几年“中国阶段”可能终结。他们认为，在该体系的初始阶段，只有美国处于中心地带，1971—1991 年主要由欧洲和日本所代表的外围国家所驱动；20 世纪 90 年代以后，随着欧元区形成以及欧元的国际化，欧元进入了中心位置；欧元区从外围进入中心之后，中国取而代之成为外围成员，并成为目前该体系的主要驱动力，所以当前又可以称为布雷顿森林体系之“中国阶段”。然而，随着中国劳动力优势逐渐被吸收、金融自由化以及人民币国际化进程不断推进，中国经历着向中心国家行列的转换；当该进程接近尾声时，下一个最有可能成为外围国家的是印度。但他们同时认为，由于中国巨大的劳动力资源，中国出口导向的政策至少可以有效运行十年，这也意味着以“中国阶段”为特征的国际货币体系也至少可以维持十年。所以，该阶段的退出关键在于何时吸收完中国廉价的劳动力。随着中国逐渐由出口导向战略向消费驱动增长战略转变，以及金融压抑得到释放，中国逐步进入中心国家的行列。

正如布雷顿森林体系具有自身的不稳定性一样，布雷顿森林体系Ⅱ也可能是不稳定的。关于布雷顿森林体系Ⅱ的稳定性和可持续性问题有许多研究，如 Roubini 和 Setser（2005）认为，如果美国不采取措施减少其对外部资金的需求或者其他国家不采取措施降低本国经济增长对美国需求的依赖程度，那么全球经济增长将出现“硬着陆”。当“硬着陆”发生时，将会伴随着美元急剧贬值、美元长期利率快速上升以及包括股票和房地产在内的资产价格大幅度缩水。资产价格缩水导致美国经济增长放缓、外需下降并直接导致全球经济增长下降。

第三节　汇率制度分类

汇率制度是一国在经济开放中关于本国货币与他国货币之间的汇率决定和调整的制度安排。汇率制度是国际货币制度的核心。在金本位制和布雷顿森林体系下，一国往往在汇率制度的选择上有较少的自由。但布雷顿森林体系之后，一个国家有更多的自由根据本国经济特征和本国与世界经济的联系去选择适合本国的汇率制度，汇率制度安排也因此成为一个国家确定其对外经济关系的重要政策手段。

一、传统的汇率制度分类

汇率制度分类基本上根据的是汇率的灵活程度和政府或货币当局对汇率的干预程度。传统上，按照汇率变动的幅度，汇率制度被分为两大类型：固定汇率制和浮动汇率制。西方各国在20世纪70年代之前主要实行固定汇率制。后来由于美元危机，布雷顿森林体系崩溃，各国逐渐开始采用浮动汇率制。

（一）固定汇率制度

固定汇率制是以本位货币本身或法定含金量为确定汇率的基准的一种汇率制度。这种制度规定本国货币与其他国家货币之间维持一个固定比率，汇率波动只能限制在一定范围内，由官方干预来保证汇率的稳定。固定汇率制度又可分为金本位制度下的固定汇率制度以及布雷顿森林体系下的固定汇率制度。

1. 金本位制度下的固定汇率制度

金本位制度下的固定汇率制度就是以黄金为本位币的货币制度。在金本位制度下，每单位货币的价值等同于若干重量的黄金（即货币含金量），当不同国家使用金本位时，国家之间的货币汇率由它们各自货币的含金量之比——金平价来决定。

2. 布雷顿森林体系下的固定汇率制度

按照布雷顿森林体系的协定，IMF成员必须确认美国政府在1934

年规定的35美元折合1盎司黄金的官价。美国政府承担各国按此价格用美元向美国兑换黄金的义务。IMF各成员的货币必须与美元保持固定比价。美国政府根据上述黄金官价，规定1美元的含金量为0.888671克黄金，各成员货币对美元的汇率按各国货币的含金量与美元确定固定比价，或直接规定与美元的固定比价。比价确定以后不得大幅改变。

3. 固定汇率制的优缺点

（1）固定汇率制的优点

在固定汇率制度下，汇率具有相对稳定性，这就使进出口品的价格确定、国际贸易成本计算和控制、国际债权债务的清偿都能比较稳定地进行，从而减少了汇率波动带来的风险，对世界经济发展起到了一定促进作用。

（2）固定汇率制的缺点

在固定汇率制度下，国内经济目标服从于国际收支目标。当一国国际收支失衡时，就需要采取紧缩性或扩张性财政和货币政策，从而给国内经济带来失业增加或物价上涨的后果。

在固定汇率制度下，由于各国有维持汇率稳定的义务，而削弱了国内货币政策的自主性。

（二）浮动汇率制度

1. 浮动汇率制度介绍

浮动汇率制是一国不规定本币与外币的汇率水平和汇率上下波动的界限，汇率随外汇市场供求关系的变化而自由浮动的一种汇率制度。1973年固定汇率制瓦解后，西方国家普遍实行浮动汇率制度。

浮动汇率制度大致可以分为自由浮动汇率制度和有管理的浮动汇率制度两种。自由浮动汇率制度指货币当局对外汇市场很少干预，汇率水平随市场供求变化而变化。有管理的浮动汇率制度则指货币当局通过各种措施和手段对外汇市场进行干预，使汇率水平向有利于本国经济发展的方向变化。在现阶段，大部分国家实行的是有管理的浮动汇率制度。

2. 浮动汇率的优缺点

（1）浮动汇率制度的优点

在浮动汇率制度下，一国国际收支的失衡可以由汇率水平的自由波动而予以消除，因而可以保持各国货币政策的独立性和有效性。

（2）浮动汇率制度的缺点

在浮动汇率制度下，由于汇率的不稳定性，增加了国际贸易的风险，有可能会阻碍国际贸易的正常发展。

在浮动汇率制度下，容易产生外汇市场上的投机活动。

二、IMF 的汇率制度分类

传统的汇率制度分类是把汇率制度分为固定汇率制度和浮动汇率制度，但这是最简单的汇率制度分类。绝对的固定汇率制度或浮动汇率制度仅是两种极端的情形，在固定汇率或浮动汇率之间还存在众多的中间汇率制度。

现有的文献对汇率制度分类所依据的标准一般有两种：一种是基于事实上的分类，也就是按照各国实际上实行的汇率制度进行分类；另一种是基于各国所公开宣称的分类，也就是按照各国货币当局所宣称的汇率制度进行分类。对于汇率制度的分类方法和结果，已有的研究成果以及实践有多种。其中最典型的是 IMF 对各国汇率制度进行的分类，其分类也最具权威性。接下来我们主要对 IMF 的分类进行介绍。

IMF 对各国汇率制度的分类大致分为两个阶段：1999 年之前的名义分类和之后的实际分类。名义分类是 IMF 根据成员的官方通告进行的分类。它将汇率制度分成三大类：钉住汇率制度、有限弹性汇率制度和弹性汇率制度。IMF 从 1999 年开始采用实际分类，而实际分类主要根据成员实际实行的汇率制度的灵活程度和政府当局干预程度来划分汇率制度。按照这种标准划分的一国的汇率制度可能与该国所宣告的汇率制度不同。在 IMF 分类框架下，各成员实际实行的汇率制度可分为以下 8 类。

1. 无独立法定货币的汇率制度

无独立法定货币的汇率制度是一国采用另一国的货币作为唯一法定

货币，或者该国属于某一个货币联盟，在该联盟内，各成员采用同一种法定货币。这种汇率制度包括美元化和货币联盟，美元化是以美元替代本国货币进行流通，如巴拿马和厄瓜多尔等拉丁美洲国家。货币联盟的典型代表是欧元的形成，在联盟内流通着超越国家主权的单一货币，建立统一的中央银行。

2. 货币局汇率制度

货币局汇率制度是货币当局明确规定本国货币与某一外国可兑换货币保持固定的兑换比率的汇率制度。货币当局没有货币发行的主动权，失去了传统中央银行的功能。采取这一制度的主要国家或地区是中国香港。

3. 其他传统的固定钉住汇率制度

其他传统的固定钉住汇率制度包括本国货币钉住另一国货币，并限制在±1%甚至更狭窄的范围内波动；或者钉住一篮子货币，其中该货币篮子由该国的主要贸易伙伴和金融伙伴的货币组成。在这种汇率制度下，汇率水平可以在中心汇率上下很小的幅度内波动。

4. 水平带内钉住汇率制度

水平带内钉住汇率制度是汇率水平被保持在官方承诺的汇率水平带内，其波幅超过中心汇率上下各1%，如欧洲货币体系下欧洲汇率机制。这种汇率安排具有浮动汇率的灵活性，又有固定汇率的稳定性。

5. 爬行钉住汇率制度

爬行钉住汇率制度是汇率按预先宣布的固定比率作较小的定期调整或对选取的指标作定期的调整。在该种汇率制度下，货币当局每隔一段时间对本国货币的汇率进行一次较小幅度的贬值或升值调整。

6. 爬行带内汇率制度

爬行带内汇率制度是汇率围绕中心汇率在一定幅度内浮动，同时中心汇率按预先宣布的固定比率作定期调整或对选取的指标作定期的调整。

7. 不事先公布干预方式的管理浮动汇率制度

在这种汇率制度下，货币当局基于自身的判断可以偶然地介于外汇市场，对汇率波动施加影响。施加影响的方式可以是直接干预，如通过公开市场操作与外汇管制；也可以是间接干预，如通过利率调整以及其他经济政策和措施。

8. 独立浮动汇率制度

独立浮动汇率制度是汇率水平完全由外汇市场的供求关系决定。在这种汇率制度下，货币当局对外汇市场进行干预的目标是缓和汇率变动速度和阻止汇率的过度波动，而不是建立一个固定的汇率水平。

如果将上述汇率制度划分为固定汇率制、中间汇率制和浮动汇率制，那么可进行以下划分（见表2－2）。

表2－2　　　　IMF汇率制度分类（1）

固定汇率制度	无独立法定货币的汇率制度
	货币局汇率制度
中间汇率制度	其他传统的固定钉住汇率制度
	水平带内钉住汇率制度
	爬行钉住汇率制度
	爬行带内汇率制度
浮动汇率制度	不事先公布干预方式的管理浮动汇率制度
	独立浮动汇率制度

从1999年起，IMF对各成员的汇率制度按上述标准进行归类，其中经过几次调整。2004年6月30日调整后的归类如表2－3所示。

表2－3　　　　IMF汇率制度分类（2）

序号	汇率制度类型	成员数量（个）	比重（%）
1	无独立法定货币的汇率制度	41	21.93
2	货币局汇率制度	7	3.74
3	其他传统的固定钉住汇率制度	42	22.46
4	水平带内钉住汇率制度	5	2.67
5	爬行钉住汇率制度	6	3.21
6	爬行带内汇率制度	2	1.07
7	不事先公布干预方式的管理浮动汇率制度	48	25.67
8	独立浮动汇率制度	36	19.25
	总计	187	100.00

资料来源：IMF《国际金融统计》（2004）。

从表2－3可以看出，实行汇率制度包括无独立法定货币的汇率制度、其他传统的固定钉住汇率制度、不事先公布干预方式的管理浮动汇率制度和独立浮动汇率制度等的国家较多，而实行其他四种汇率制度的国家则较少。

第四节　汇率决定理论

一、铸币平价理论

（一）理论产生的背景

铸币平价理论产生于金本位制盛行时期（1880—1914年）。金本位制是以黄金为本位货币的一种制度。在该制度下，各国以金币作为流通货币，银行券可自由兑换金币，黄金可自由输出和输入国境。

（二）理论的基本内容

在金本位制下，一国货币的价值是由其固有的含金量所决定的。因此，铸币平价理论认为，两国货币的汇率是由两国货币的含金量之比，即由铸币平价所决定的。实际汇率围绕铸币平价上下波动，波动幅度不超过黄金输送点。

例如：1英镑铸币重量为123.3格令，成色为0.92；1美元铸币重量为25.8格令，成色为0.90。则美元与英镑的汇率为

$$1\text{英镑}=\frac{\text{英镑的含金量}}{\text{美元的含金量}}=\frac{123.3\times 0.92}{25.8\times 0.90}=4.8853\text{美元}$$

设英国与美国间运送1英磅黄金的各种费用为4美分。当美元对英镑的汇率大于4.9253（4.8853＋0.04）时，美国进口商不愿在外汇市场上用美元去购买英镑支付，而宁愿用美元购买黄金运去英国支付。4.9253就是美国的黄金输出点。当美元对英镑的汇率小于4.8453（4.8853－0.04）时，美国出口商不愿在外汇市场上用英镑换回美元，而宁愿用英镑购买黄金运回美国。4.8453就是美国的黄金输入点。

二、购买力平价理论

（一）理论产生的背景

购买力平价理论是在第一次世界大战后金本位制崩溃，各国普遍实行浮动汇率制，世界范围内通货膨胀盛行的背景下提出来的。该理论的代表人物是卡塞尔（Cassel）。卡塞尔在1922年出版的《1914年以后的货币和外汇》一书中对购买力平价理论作了具体的阐述。

（二）理论的主要观点

该理论认为，本国与外国货币间兑换比率取决于两国货币的购买力。由于货币购买力大小受到两国物价水平的影响，所以两国的货币兑换比率取决于两国价格水平之比。

该理论的理论基础是一价定律。所谓一价定律，是同一种商品在统一的市场中应当有相同的价格。也就是说，如果 A 国国内市场与 B 国国内市场是统一的，那么用 A 国货币（或 B 国货币）表示的某一商品在两个国家的价格应该是相同的。

购买力平价分为两种形式：绝对购买力平价和相对购买力平价。

（三）绝对购买力平价

绝对购买力平价的理论假设：（1）两国之间不存在贸易壁垒；（2）两国所有商品都是国际贸易商品；（3）两国价格指数包含的商品相同，各种商品的权重相同。在这些假设下，两国货币之间的汇率等于两国价格水平之比。

（四）相对购买力平价

相对购买力也同样假设：（1）两国所有商品都是国际贸易商品；（2）两国价格指数包含的商品相同，各种商品的权重相同。但是和绝对购买力理论假设不同的是，该理论假设两国之间存在自然和人为的贸易壁垒。

在上述假设下，相对购买力平价认为，两种货币汇率变动的百分比等于同一时期两国国内价格变动的百分比之差，即汇率的变动率等于两国通货膨胀率之差。

数学表达式为

$$E_t = \frac{P_{A_t}/P_{A_0}}{P_{B_t}/P_{B_0}}E_0 \tag{2-4}$$

上式可进一步表示为

$$\frac{E_t}{E_0} = \frac{P_{A_t}/P_{A_0}}{P_{B_t}/P_{B_0}} \tag{2-5}$$

令

$$P_{A_t}/P_{A_0} = 1 + \pi_{A_t} \tag{2-6}$$

$$P_{B_t}/P_{B_0} = 1 + \pi_{B_t} \tag{2-7}$$

其中：P_{A_t}和P_{A_0}分别表示 A 国在 t 期和 0 期的物价水平，P_{B_t}和P_{B_0}分别表示 B 国在 t 期和 0 期的物价水平，E_t 和 E_0 分别表示两国在 t 期和 0 期的双边汇率，π_{A_t}与π_{B_t}分别指 A 国和 B 国在 t 期的通货膨胀率。

则

$$\frac{E_t}{E_0} = \frac{P_{A_t}/P_{A_0}}{P_{B_t}/P_{B_0}} = \frac{1+\pi_{A_t}}{1+\pi_{B_t}} \tag{2-8}$$

进一步可得到

$$\frac{E_t - E_0}{E_0} = \frac{\pi_{A_t} - \pi_{B_t}}{1+\pi_{B_t}} \tag{2-9}$$

当 π_{B_t} 很小时，可以得到

$$\frac{E_t - E_0}{E_0} \approx \pi_{A_t} - \pi_{B_t} \tag{2-10}$$

例如，中国物价水平在 2010 年比 2009 年上升了 9%，美国在同一时期的物价水平上升了 6%，那么由相对购买力平价可知：

$$\frac{E_t - E_0}{E_0} = \pi_{A_t} - \pi_{B_t} = 9\% - 6\% = 3\%$$

因此，人民币对美元汇率上升了 3%，即人民币贬值 3%，而美元升值 3%。

（五）对于该理论的评价

购买力平价理论能够在一定程度上解释汇率水平的高低，但是该理论在实际应用中也存在着一些问题。

主要是商品价格指数的选择问题。一种观点认为，汇率决定理论是以货币的购买力为基础的，因此价格应该使用包括可贸易品和不可贸易品在内的能够反映一国所生产的所有商品和劳务的总体价格水平或指数来计算购买力平价。还有一种观点认为，汇率不是由总体价格指数能反映的货币购买力决定的，而是与国际收支项目有关的商品价格和数量相联系的。因此购买力平价的计算应以可贸易品的价格为基础。

也有研究认为，购买力平价虽是重要的汇率决定因素，但并不唯一，其他变量和随机因素也会影响现实的汇率水平。一是两国之间贸易壁垒的存在，对以一价定律为基础的购买力平价理论来说，会导致该理论解释汇率水平的偏差。二是国际收支中的非贸易项目也会对购买力平价造成影响。

三、利率平价理论

（一）理论产生的背景

1923 年，凯恩斯（Keynes）在《货币改革论》中首次提出利率平价概念，并以此形成了早期的利率平价理论。20 世纪 70 年代以后，浮动汇率制的普遍实行使这一理论得到了进一步发展，进而成为汇率决定的一个重要理论。

（二）该理论的主要观点

该理论认为，在资本具有充分国际流动性的条件下，投资者的套利行为使国际金融市场上以不同货币计价的相似资产的收益率趋于一致。

利率平价又可以分为抵补的利率平价和非抵补的利率平价。

（三）抵补的利率平价

抵补的利率平价认为，汇率的远期差价由两国利率差异决定，高利率国家的货币在远期外汇市场上必定贴水，低利率国家的货币在远期市场上必定升水。在两国利率存在差异的情况下，出于逐利动机，资金将从低利率国流向高利率国，直到两种货币资产所提供的收益率完全相等，抵补套利活动才会结束。此时汇率的远期差价正好等于两国利差，即利率平价成立。

用E、E_f、i和i^*分别表示即期汇率、远期汇率、本国年利率和外国年利率，汇率采用直接标价法。投资外币可获得的收益为1单位本国货币可以换成$1/E$单位的外币，1年后的外币本利和为$(1+i^*)/E$。为了避免由于汇率变动带来外币贬值的风险，投资者同时在远期外汇市场上卖出数量为$(1+i^*)/E$的外汇，本币收入为$(1+i^*)E_f/E$。而投资本币可获得的收益为$(1+i)$。套利活动最终会使两种投资的收益率完全相等。即

$$(1+i^*)E_f/E=1+i \quad (2-11)$$

当i^*很小时，则可以得到

$$(E_f-E)/E=i-i^* \quad (2-12)$$

也就是说，远期汇率与即期汇率的变动率即本币的远期贬值率等于两国利率之差。

（四）非抵补的利率平价

和抵补的套利行为不同，在非抵补的套利行为下，投资者在将资金由低利率货币转换为高利率货币时并不作反向的操作。也就是说，投资者对其未来的投资收益并不保值。在这种情况下，将未来外币的投资收益兑换成本币所采用的汇率就不是远期汇率，而是未来的即期汇率。但未来的即期汇率事先并不能得知，只能对其进行预期。

可以用公式表示如下。

E_e表示投资者对未来即期汇率的预期，当非抵补的套利行为终止时，在两国进行投资的收益应该相等，即

$$(1+i)=(E_e/E)(1+i^*) \quad (2-13)$$

在外国利率很小的情况下，经整理同样可得

$$(E_e-E)/E=i-i^* \quad (2-14)$$

从上式中可以看出，在非抵补的利率平价下，预期的未来即期汇率与即期汇率的变动率即本币的预期贬值率等于两国利率之差。

（五）对利率平价理论的评价

利率平价理论考察资本流动与汇率决定之间的关系，它从侧面阐述了汇率变动的原因——资本在国际间的流动。但是利率平价理论也仍然

存在一些不足。如利率平价实现的依据是一价定律。然而，在现实中，一价定律是很难成立的。除此之外，该理论没有将交易成本估算在内，也没有考虑利率结构的影响等。

四、国际收支理论

金本位制盛行时，英国经济学家从外汇供求关系角度，提出了国际借贷说来解释汇率的变动。实行浮动汇率制后，经济学家又将凯恩斯的国际收支均衡条件的分析应用于外汇供求流量的分析，形成了国际收支说。

（一）国际借贷说

国际借贷说主要由戈森（Goschen）在其1861年的著作《外汇理论》中提出。该理论认为，汇率的变动是由外汇的供求状况引起的，而外汇供求状况又取决于国际间商品进出口和资本流动而引起的债权债务关系。我们可以具体进行以下分析。

当一国的流动债权大于流动负债时，则该国的外汇供给大于外汇需求。因此，外币会贬值，本币会升值。

当一国的流动债权小于流动负债时，则该国的外汇供给小于外汇需求。因此，外币会升值，本币会贬值。

国际借贷说从国际借贷的角度探讨了国际收支对汇率变动的影响，具有一定的适用性。但是该理论也存在一些缺陷，即没有触及汇率决定的基础，对影响汇率的其他因素也没有进行分析。

（二）国际收支说

该理论认为，汇率的变动受国际收支变动的影响。因而影响国际收支的各种因素也是影响均衡汇率变动的因素。这些因素主要有国内外国民收入、国内外价格水平、国内外利率水平及人们对未来汇率的预期等。

1. 国民收入的变动

其他条件不变时，本国国民收入增加，将导致本国进口增加，对外汇的需求增加，导致本币贬值。外国国民收入增加，本国出口会增加，外汇供给会增加，导致本币升值。

2. 价格水平的变动

本国物价水平上升，导致本国产品竞争力下降，进而导致国际收支恶化，本币贬值。外国物价水平上升，导致本国产品竞争力增加，进而导致国际收支改善，本币升值。

3. 利率

本国利率上升，会导致资金流入，进而导致外汇供给增加，本币升值；外国利率上升，会导致资金流出，进而导致外汇需求增加，本币贬值。

4. 对未来汇率预期的变动

如果预期本币贬值，则会产生资本外逃，进而导致本币贬值；如果预期本币升值，则会产生资本内流，进而导致本币升值。

国际收支说分析了汇率与国际收支之间存在的关系。这对于全面分析汇率的决定因素尤其是短期内分析汇率的变动非常重要。但是国际收支说与购买力平价学说及利率平价学说一样，也不能被视为完整的汇率决定理论，该理论认为是国际收支引起的外汇供求流量决定了汇率水平及其变动，但并没有进一步分析是哪些因素决定了这一流量。

五、货币分析法

（一）理论产生的背景

货币分析法是西方汇率决定理论中资产市场分析法的一个重要分支，是在20世纪60年代后期开始的资本在国际间大规模流动以及布雷顿森林体系逐渐崩溃，固定汇率制走向浮动汇率制，汇率开始大幅变动的背景下兴起的理论。该理论可分为弹性价格分析法和黏性价格分析法。

（二）弹性价格分析法

1. 基本模型

在弹性价格分析法的基本模型中，本国与外国之间实际国民收入水平、利率水平以及货币供给水平通过对各自物价水平的影响决定汇率水平。这样，弹性分析法就将货币市场上的一系列因素引进汇率水平的决定之中。具体表现为以下几个方面。

（1）本国货币供给一次性增加

本国货币供给水平的一次性增加，在利率和实际产出水平不变的情况下，会造成居民手中的货币余额超出居民持有的货币量的意愿，居民将会增加支出以减少手中的货币余额。由于产出不变，额外的支出会使价格水平同比例上升。由于购买力平价的成立，本国价格水平的提高又将带来本国货币的同比例贬值。

（2）本国国民收入增加

在利率不变的情况下，本国实际国民收入的增加会带来货币需求的增加。由于货币供给没有相应增加，因此居民需要靠减少支出来增加持有货币的余额。实际产出的增加和货币支出的减少会造成本国价格水平的下降，直至居民持有的货币余额提高到想要持有的水平为止，而本国价格水平的下降会通过购买力平价的关系造成本国货币的相应升值。

（3）本国利率上升

在实际国民收入不变的情况下，本国利率的上升会降低货币需求。在原有的货币供给水平上，会造成支出的增加、物价的上升，从而通过购买力平价关系造成本国货币的贬值。

2. 引进预期后的货币模型

本国相对预期通货膨胀上升，导致本国货币需求量下降、物价水平上升，进而造成本币贬值。

弹性价格分析法将购买力平价理论引入到资产市场上，将汇率视为一种资产价格，在一定程度上符合资金高度流动这一客观事实，对现实生活中汇率频繁变动提供了一种解释。该理论也存在一些不足之处。如该理论以购买力平价为理论前提，如果购买力平价不成立，则该理论自然也就不成立。另外，该理论假定货币需求是稳定的，价格水平具有充分弹性。这都不符合实际情况。

（三）黏性价格分析法

1. 主要观点

黏性价格分析法又称为“超调模型”，是由美国经济学家多恩·布什（Dorn Busch）于20世纪70年代提出的。与货币模型相比，这一模型的最大特点是认为商品市场与资产市场的调整速度是不同的，商品市场上的价格水平具有黏性，这时购买力平价在短期内不能成立，经济存在着由短期平衡向长期平衡过渡的过程。

2. 汇率超调的分析

汇率超调是由于受外部因素干扰，汇率出现过度波动而超出其均衡水平的现象。假设一国货币当局突然增加货币供应，则会出现以下两种情况。

（1）在短期内，由于价格呈黏性，商品市场价格保持不变，从而使货币的供应过剩，导致国内利率下降，套利导致即期汇率上升，本币贬值，外币升值；

（2）在长期内，本币贬值后将导致对商品需求增加，国内商品价格上升，货币需求量增加，利率上升，套利导致即期汇率下降，本币升值，外币贬值。最终汇率与货币供给量以相同比率上升。

该理论强调了资产市场在短期汇率决定中的作用，而商品市场只在长期中才对汇率产生影响，从而较好地解释了汇率短期内易变的原因；该理论在货币模型的框架内展开分析，但采用了商品价格黏性这一带有凯恩斯传统的分析方法，从而成为国际金融学中对开放经济进行宏观分析的基本模型。但是该理论同样只强调了货币的作用，忽视了其他金融资产变动对汇率的影响。

六、资产组合分析法

（一）理论产生的背景

该理论产生于20世纪70年代中后期，最早由布朗森（Branson）于1975年提出。后来又经过一些学者的充实和修正，成为分析汇率决定的重要理论。

（二）主要观点

汇率是在每个国家平衡其全部金融资产，包括货币及各种有价证券的总供求的过程中决定的。由于各种资产的收益率和风险性不同，因此每个投资者都将根据自己的偏好及外界条件，将财富分配于各种可供选择的资产，以确定自己的资产组合。当资产组合达到平衡时，国内外资产市场也达到了均衡，汇率相应地被决定了。

（三）具体分析

该理论假设投资者持有财富（W）的形式有三种，即本国货币（M），国内生息债券（B）和国外生息债券（F），且本国与国外债券是不完全替代的。即 $W = M + B + eF$ 。在短期内，当资产供给为既定时，通过对不同资产的调整，各个资产市场实现均衡，资产组合达到均衡，由此决定出一个均衡汇率；在长期内，当资产供给变动时，通过资产市场和资产组合的重新调整，汇率也随之发生变动。

不同于传统理论的局部均衡分析，资产组合分析法是一般均衡分析。该分析法将汇率视为一种资产价格，考察资产市场均衡，而不局限于经常项目收支差额；该分析法将存量分析方法引入到汇率决定理论中，是对传统的单纯流量分析法的突破。但是该方法也存在着一些不足。如该理论没有考虑汇率预期等因素的影响，也没有提出一个严密的资产组合平衡模型。

七、汇率决定模型的一些其他理论

近几十年来，汇率决定理论有了一些最新发展，其中包括巴拉萨—萨缪尔森效应、基本要素均衡汇率理论（FEER）、行为均衡汇率理论（BEER）、自然均衡汇率理论（NATREX）和实际均衡汇率理论（ERER）等（CHEUNG 和秦凤鸣，2012）。

（一）巴拉萨—萨缪尔森效应（Balassa－Samuelson Effect）

购买力平价理论认为，以同种货币计量的相同产品的价格在不同国家应该是相等的。但是第二次世界大战后，有研究发现，即使通过汇率进行调整，富余国家本土生产的商品的价格通常都要高于贫穷国家生产的商品的价格。也就是说，购买力平价在现实中出现了偏离，这一研究结果被称为“Penn 效应”。“Penn 效应”的基本成因后来由巴拉萨—萨缪尔森进行了系统的理论解释，于是人们便将他们两人的理论解释称为巴拉萨—萨缪尔森效应。他们依据劳动增长率在不同部门间的差异性等关键假设，解释了富裕国家和贫穷国家之间的“Penn 效应”问题，并提出一国在经济快速增长过程中会伴随本币实际汇率的升值趋势。这一思想为探究在开放经济条件下，经济快速发展与实际汇率走势的关系提供了一个理论视角。

（二）基本要素均衡汇率理论

基本要素均衡汇率理论（FEER）是由 Williamson 首先提出来的。该理论将均衡汇率定义为同宏观经济均衡一致时的实际有效汇率。其中宏观经济均衡包括内部均衡和外部均衡两个方面。内部均衡是同充分就业和可持续的通货膨胀率相一致时的产出水平。外部均衡指的是当各国保持内部均衡时，在各国之间出现的可持续的资本净流动。

（三）行为均衡汇率理论

行为均衡汇率理论（BEER）是由 Clark 和 MacDonald 等人首先提出来的。该分析法弥补了基本要素均衡汇率模型（FEER）中没有体现影响汇率的实际行为变量的不足。BEER 加入了对实际有效汇率产生影响的行为变量的经济分析。在 BEER 方法下，均衡汇率不是从宏观经济均衡模型中导出的，而是由一组相应的解释变量决定的。根据 Clark 和 MacDonald 的分析，长期均衡汇率主要是贸易条件、巴拉萨—萨缪尔森效应和净国外资产三个变量的函数。因此，行为均衡汇率理论（BEER）可以看成是国内外实际汇率差异、国内外政府债务相对供给、贸易条件、巴拉萨—萨缪尔森效应和净国外资产等变量函数的模型。

（四）自然均衡实际汇率理论

自然均衡汇率理论（NATREX）是由 Stein 提出来的。其基本含义是：在不考虑周期性因素、投机资本流动和国际储备变动的情况下，由实际基本经济因素决定的能够使国际收支实现均衡的中期实际均衡汇率。该理论主要是经验地解释在节俭程度和生产力等基本要素实际变量决定的情况下，实际汇率的中长期的运动。

（五）实际均衡汇率理论

实际均衡汇率理论（ERER）是由 Edwards 提出来的。按照 Edwards 的定义，实际均衡汇率理论（ERER）是非贸易品和贸易品的相对价格，假如其他相关变量（如税收、国际贸易条件、商业政策、资本流动和技术等）的值在一定时间内是稳定的，那么在这一汇率水平上将会实现内外部同时均衡。当非贸易品市场现在和将来出清时，实现内部均衡；当现实和未来经常账户平衡同长期可持续的资本流相一致时，实现外部均衡。

第五节　人民币汇率制度的演进

一、人民币汇率制度演进的阶段

对中国自 1949 年至今人民币汇率制度演进阶段的划分，是以不同阶段的经济、政治、国内外环境急剧变化后所表现的不同特征为基础的。人民币汇率制度的演进总共经历了十个阶段，包括：（1）单一浮动汇率制（1949—1952 年）；（2）单一固定汇率制（1953—1972 年）；（3）“一篮子货币”计算的单一浮动汇率制（1973—1980 年）；（4）官方汇率与贸易外汇内部结算价并存（1981—1984 年）；（5）官方汇率与外汇调剂价格并存（1985—1993 年）；（6）以市场供求为基础的、单一的、有管理的浮动汇率制度（1994 年至 2005 年 6 月）；（7）人民币汇率制度的灵活化与市场化（2005 年 7 月至 2008 年 6 月）；（8）应对国际金融危机阶段（2008 年 7 月至 2010 年 5 月）；（9）重新启动阶段（2010 年 6 月至 2015 年 7 月）；（10）进一步市场化阶段（2015 年 8 月 11 日至今）。

（一）单一浮动汇率制（1949—1952 年）

这一阶段内，人民币汇率主要是盯住美元，并根据当时国内外的相对物价水平的变动不断进行调整。当时全国解放不久，国内物价波动很大，外汇资金严重短缺，为了组织对外贸易，鼓励侨汇，国家采取了“奖励出口，兼顾进口，照顾侨汇”的方针。这一时期的人民币汇率，以购买力平价理论为依据，以物价对比法基础，根据国家的政策要求具体制定。

这一时期人民币汇率调整频繁，变动幅度较大。造成这一现象的主要原因是我国正处于国民经济恢复以及抗美援朝战争时期，致使当时存在着严重的通货膨胀。随着国内物价的上涨，根据物价对比法而计算出的人民币对美元的汇率不断调整。

如1949年3月人民币汇率为1美元兑换600元旧人民币，1950年3月则调整到了1美元兑换42000元旧人民币。从1950年3月到1952年末，随着国内物价由上涨变为下降，以及抗美援朝战争造成美国及其盟国对中国实施封锁禁运措施，中国为推动急需的物资的进口，逐步调高人民币汇率，人民币汇率由1950年4月的1美元兑换42000元旧人民币调至1952年12月的1美元兑换26170元旧人民币。

（二）单一固定汇率制（1953—1972年）

这一时期，人民币主要与个别西方国家货币挂钩，只在某种外币公开贬值或升值时做相应调整，强调汇率稳定，高估人民币币值并实行汇率管制。

这一时期我国进入了有计划的社会主义建设时期，国内物价全面稳定，国有经济成分已在外贸领域占据统治地位。人民币汇率不再起调节进出口的作用，对外贸易由国家通过指令性计划进行垄断性经营。这一时期的人民币汇率主要是用于非贸易外汇兑换的结算，按国内外物价对比法而制定的汇率已适当照顾了侨汇和其他非贸易外汇收入。由于在此阶段主要资本主义国家的货币实行固定汇率制度，因此人民币汇率也保持稳定，实质上实行固定汇率制度。

1955年3月1日，中国人民银行发布了第二套人民币，新人民币按照折合比率1:10000兑换旧人民币，人民币汇率也大幅调整至1美元兑2.4618元左右新人民币。从1955年3月到1971年11月，人民币汇率在近16年里一直保持1美元兑2.4618元左右人民币的水平。1971年8月，美国尼克松政府宣布放弃金本位制，实行黄金与美元比价的自由浮动制，美元兑黄金官价随即大幅贬值。人民币汇率相应上调为1美元兑2.2673元人民币。

（三）以“一篮子货币”计算的单一浮动汇率制（1973—1980年）

1973年3月，随着布雷顿森林体系的崩溃，西方国家货币纷纷实行浮动汇率制度。为保持人民币对外比价合理，人民币汇率在固定汇率时期已确定的汇率价格水平的基础上，按“一篮子货币”原则，确定对西方国家货币的汇率价格，即选择我国在对外经济贸易往来中经常使用的若干种货币，按其重要程度和政策上的需要确定权重，根据这些货币在国际市场的升降幅度，加权计算出人民币汇率。

为适应改革开放的需要，调动各企事业单位的创汇积极性，1979 年 8 月，国务院颁发了《关于大力发展对外贸易增加外汇收入若干问题的规定》，开始实施具有中国特色的外汇留成制度。按照该规定，国家给予创汇单位一定的使用外汇的权利，即外汇额度留成，按规定可用于进口。外汇留成的对象和比例由国家规定，留成外汇的用途须符合国家的要求。

中国这一时期频繁调整汇率，1972 年为 1 美元兑 2. 24 元人民币；1973 年为 1 美元兑 2. 005 元人民币；1977 年为 1 美元兑 1. 755 元人民币；1980 年达到 1 美元兑 1. 50 元人民币。

（四）官方汇率与贸易外汇内部结算价并存（1981—1984 年）

由于中国的物价一直由国家计划控制，存在严重的价格失调，形成了国内外市场价格相差悬殊、外贸企业亏损的状况。从 1979 年起，我国全面进行了经济改革。为了适应外贸体制改革和发展出口的需要，我国从 1981 年起实行人民币两种汇率价格制度，即另外制定贸易外汇内部结算价，并继续保留官方牌价用作非贸易外汇结算价。这就是所谓的汇率双轨制。其中，内部结算汇率根据当时的出口换汇成本确定。内部结算汇率在这一时期一直固定在 1 美元兑 2. 80 元人民币的水平上。官方汇率还是沿用原来的一篮子货币加权平均的计算方法。

这一时期，由于美元自 1981 年开始不断升值，人民币对美元官方汇率由 1981 年 7 月的 1. 50 元下调到 1984 年 7 月的 2. 30 元，人民币对美元贬值了 53. 3%。到 1984 年底，官方汇率已经接近内部结算汇率。

（五）官方汇率与外汇调剂价格并存（1985—1993 年）

随着外汇留成办法的实施，有些单位保有留成外汇，但其暂不需要进口；而另外一些单位，急需进口，而又缺少外汇。为调剂外汇额度的余缺，1980 年、1981 年和 1986 年，国家外汇管理部门先后出台了一系列规定，允许企业之间通过外汇调剂中心调剂外汇。由此产生了外汇调剂市场和外汇调剂市场汇率。

从 1985 年 1 月 1 日起，我国取消内部结算价，官方汇率应用于贸易结算和非贸易外汇兑换。长期以来人民币汇率的高估，影响了中国的出口。为了支持出口和使人民币汇率同物价的变动相适应，进而起到调节国际收支的作用，1985 年至 1990 年我国多次大幅度调整官方汇率，人民币汇率被不断调低。人民币对美元汇率在 1985 年 1 月 1 日至 10 月 1 日由 1 美元兑换 2. 80 元人民币逐步调整到 1 美元兑换 3. 20 元人民币，1986 年 7 月 5 日又调至 1 美元兑换 3. 70 元人民币，接着 1990 年 11 月 17 日又调至 1 美元兑换 5. 22 元人民币。

人民币官方汇率虽然经过几次大幅度的下调，高估状况有所改善，但由于这一时期的物价上涨在一定程度上抵消了人民币汇率的下调，汇率依然偏高。同时，由于前几次一次性大幅度下调人民币汇率对国民经济和物价影响较大，企业难以承受，因此从 1991 年以来，人民币汇率不时作一些小幅度的下调。1992 年 12 月 15 日，人民币对美元的中间价下调至 1 美元兑 5. 8860 元人民币；1994 年 1 月 1 日汇率并轨后，人民币与美元间的汇价迅速调整到 1 美元兑 8. 70 元人民币。

（六）以市场供求为基础的、单一的、有管理的浮动汇率制度（1994 年至 2005 年 6 月）

在双轨制的汇率制度下，形成两个人民币对外价值和两个核算标准，不利于外汇资源的有效配置，也不利于企业之间的公平竞争和经营机制的转变。因此，从 1994 年 1 月 1 日起，中国进行汇率制度改革，开始实施以市场供求为基础的、单一的、有管理的浮动汇率制度。本次汇率改革的主要内容包括以下几个方面。

一是取消了官方汇率与调剂汇率并存的汇率双轨制。中国人民银行于 1993 年 12 月 28 日发布了《进一步改革外汇管理体制的公告》，其中对汇率制度的改革规定：人民币官方汇率由 1993 年 12 月 31 日的 1 美元兑 5. 72 元人民币下浮至 1994 年 1 月 1 日的 1 美元兑 8. 70 元人民币。即官方汇率向市场调剂汇率看齐。

二是实行强制结售汇制度。自 1994 年 1 月 1 日起，国家取消各类外汇留成、上缴和额度管理制度，对境内机构经常项目下的外汇收支实行银行结汇和售汇制度。银行结汇制度规定境内所有企事业单位的外汇收入，均须按银行挂牌汇率全部结售给外汇指定银行。外汇指定银行必须按照国家外汇管理局规定的汇率进行交易，其中美元买卖汇率不得超过基准汇率水平的 ±0.15%，日元、港元的买卖汇率不得超过基准汇率水平的 ±1%。至于上述三种货币以外的其他外币汇率，则按美元基准汇率，参照国际市场外汇行市通过计算交叉汇率得到中间汇率，买卖汇率不得超过中间汇率的 ±0.5%。对于超过 100 万美元的大额交易，银行与客户可以在规定的范围内进行议价成交。

三是建立银行间外汇市场。各外汇指定银行保留的外汇头寸如果超过规定限额，必须在银行间外汇市场将超额头寸出售给中国人民银行或其他外汇指定银行；反之，则需要从市场买进。

四是规定了人民币汇率的波动范围以及干预机制。中国人民银行运用经济手段在外汇市场调节外汇供求，稳定汇率，允许汇率水平在中国人民银行公布的基准汇率的一定范围内浮动。中国人民银行按照前一营业日银行间外汇市场形成的加权平均汇率对外公布基准汇率，每日银行间外汇市场人民币对外币汇率可以在基准汇率水平的 ±0.3% 的幅度内波动。从 1996 年 7 月 1 日起，扩大了人民币兑日元、港元交易价格的波动幅度，即由原来的在基准汇率 ±0.3% 的幅度内波动，扩大为 ±1% 以内。

汇率制度改革启动后的四年间，人民币对美元汇率呈现出稳中有升的趋势，汇率水平从 1994 年初的 1 美元兑 8.7000 元人民币升值到 1997 年末的 1 美元兑 8.2796 元人民币。1997 年亚洲金融危机的发生，对中国以及周边国家的经济造成了很大的影响。为稳定国内经济秩序，同时防止货币竞争性贬值对地区经济造成危害，中国政府承诺人民币不贬值，人民币汇率保持基本稳定。中国人民银行主动将人民币对美元汇率基本稳定在 1 美元兑 8.28 元人民币左右的水平。至此，直到 2005 年 7 月汇率形成机制改革正式启动，人民币事实上保持了盯住美元的固定汇率。

（七）人民币汇率制度的灵活化与市场化（2005 年 7 月至 2008 年 6 月）

从 1994 年双重汇率制度并轨后，在接下来大约十年的时间里，中国一直保持国际收支经常项目和资本项目的双顺差。由于中国的强制结售汇制度，导致人民币汇率缺乏弹性，市场供求机制被扭曲，外汇储备激增，在这种背景下2005年的官方储备累积到7710亿美元。这加剧了中国同主要贸易伙伴尤其是美国之间的贸易摩擦。人民币汇率面临巨大的升值压力。在这种背景下，2005年7月21日中国人民银行发布《关于完善人民币汇率形成机制改革的公告》，宣布再次完善人民币汇率形成机制。本次汇率改革的主要内容如下。

（1）自2005年7月21日起，我国开始实行以市场供求为基础、参考一篮子货币进行调节、有管理的浮动汇率制度。人民币汇率不再盯住单一美元，形成更富弹性的人民币汇率机制。

关于货币篮子，中国人民银行货币政策司在2006年1月29日的文章《一篮子货币中货币的币种及比重是如何确定的?》中解释道：作为人民币汇率调节的一个参考，在篮子货币的选取以及权重的确定时主要遵循的基本原则是：综合考虑在我国对外贸易、外债（付息）、外商直接投资（分红）等对外经贸活动中占较大比重的主要国家或地区的货币，组成一个货币篮子，并分别赋予其在篮子中相应的权重。

一是着重考虑商品和服务贸易的权重作为篮子货币选取和权重确定的基础。经常项目收支是我国国际收支平衡的基础环节，而商品和服务贸易收支又构成了经常项目收支的绝大部分。从我国现阶段的国情来看，商品和服务贸易是经常项目的主体。因此，篮子货币的确定也是以对外贸易权重为主的。美国、欧元区、日本、韩国等目前是我国最主要的贸易伙伴，相应地，美元、欧元、日元、韩元等也自然会成为主要的篮子货币。此外，新加坡、英国、马来西亚、俄罗斯、澳大利亚、泰国、加拿大等国家与我国的贸易比重也较大，这些国家的货币对我国的人民币汇率也是很重要的。

二是适当考虑外债来源的币种结构。随着我国对外开放程度的不断提高，外债金额越来越大，外债来源呈现多样化。由于在多数情况下，外债需用人民币兑换为具体的计价货币进行还本付息，具体的计价货币会在外汇市场上产生明显的需求，成为影响人民币汇率的一个因素。因此，篮子货币权重的确定也要适当考虑我国对外负债的币种结构。

三是适当考虑外商直接投资的因素。近年来外商直接投资增长较快，在我国对外经济关系中的地位日益提高。我国引进外商直接投资已有相当规模。这些投资中有很多是采用投资来源国自身的货币，而且将来通过分红取得投资收益时也要兑换为相应的外币汇出。因此，在篮子货币中要考虑外商直接投资的影响。

四是适当考虑经常项目中一些无偿转移类项目的收支。虽然这类项目收支所占比重相对小一些，但其币种构成也会对各篮子货币的权重产生一定影响。

（2）中国人民银行在每个工作日闭市后公布当日银行间外汇市场美元等交易货币对人民币汇率的收盘价，作为下一个工作日该货币对人民币交易的中间价格。

（3）2005 年 7 月 21 日 19：00 时，美元对人民币交易价格调整为 1 美元兑 8.11 元人民币，作为次日银行间外汇市场上外汇指定银行之间交易的中间价，外汇指定银行可自此时起调整对客户的挂牌汇价。

（4）每日银行间外汇市场美元对人民币的交易价仍在中国人民银行公布的美元交易中间价上下 3‰的幅度内浮动，非美元货币对人民币的交易价在中国人民银行公布的该货币交易中间价上下一定幅度内浮动。

2006 年 1 月，中国人民银行改变了中间价的计算方法，将全部做市商报价的加权平均价作为当日的中间价。关于汇率浮动区间，2007 年 5 月 18 日中国人民银行发布了《中国人民银行关于扩大银行间即期外汇市场人民币兑美元交易价浮动幅度的公告》，宣布自 2007 年 5 月 21 日起，银行间即期外汇市场人民币对美元交易价波动幅度由 3‰扩大至 5‰，即每日银行间即期外汇市场人民币对美元的交易价可在中国外汇交易中心对外公布的当日人民币对美元中间价上下 5‰的幅度内浮动。

这一时期人民币对美元汇率的变动情况如下：2005 年 7 月 21 日，美元对人民币交易价格由汇改前的 1 美元兑 8.28 元人民币调整为 1 美元兑 8.11 元人民币；2006 年 5 月 15 日，人民币对美元汇率中间价突破 8.0，达到 1 美元兑 7.9982 元人民币；2007 年 1 月 11 日，人民币对美元汇率中间价突破7.8；2007年5月9日，人民币对美元汇率中间价突破7.7关口；2007年7月3日，人民币对美元汇率中间价升破7.60关口，为1美元兑7.5951元人民币；2008年4月10日，人民币对美元汇率中间价首度破7，达到1美元兑6.9920元人民币。2008年下半年至2010年6月受到国际金融危机的影响，人民币停止了升值。

（八）应对国际金融危机阶段（2008年7月至2010年5月）

2008年国际金融危机的爆发，给世界经济造成了很大的冲击，也对中国经济产生了很大的负面影响。为了避免各国陷入竞相贬值的恶性货币战争，同时考虑到周边国家所面临的巨大的经济复苏压力，中国人民银行再度收窄了人民币汇率的浮动区间，实质上又恢复到盯住美元的状态。人民币汇率保持了基本稳定，为抵御国际金融危机发挥了重要作用，为亚洲乃至全球经济的复苏作出了巨大贡献。

这一时期的人民币对美元汇率走势平稳，尤其是进入2009年以后，基本维持在1美元兑6.83元人民币的水平。

（九）重新启动阶段（2010年6月至2015年7月）

2010年，全球经济已经从严重的国际金融危机中走出，开始逐步复苏。我国经济回升向好的基础进一步巩固，经济运行已趋于平稳。因此有必要继续推进人民币汇率形成机制改革，增强人民币汇率弹性。

2010年6月19日，中国人民银行宣布重启国际金融危机以来冻结的汇率制度改革。此次改革是在2005年汇率制度改革的基础上进一步推进的改革。本次改革不对人民币汇率进行一次性重估调整，重在坚持以市场供求为基础，参考一篮子货币进行调节。继续按照已公布的外汇市场汇率浮动区间，对人民币汇率浮动进行动态管理和调节，保持人民币汇率在合理、均衡水平上的基本稳定，促进国际收支基本平衡，维护宏观经济和金融市场的稳定。

本次汇率制度改革主要有以下几个特点。

一是汇率形成机制的弹性进一步增加。本次汇率制度改革重启延续了2005年汇率制度改革的方向，市场机制在汇率形成过程中的作用更加突出，人民币汇率变动幅度继续扩大。2011年6月20日，汇率制度改革重启一年来人民币对美元升值近5.5%。进入2012年，改革速度明显加快。2012年4月16日，银行间即期外汇市场人民币兑美元汇率波动区间由0.5%扩大至1%，外汇指定银行为客户提供的当日美元最高现汇卖出价与最低现汇买入价之差由不得超过当日汇率中间价幅度的1%扩大至2%。2014年3月17日，银行间即期外汇市场人民币对美元交易价浮动幅度由1%扩大至2%，外汇指定银行为客户提供的当日美元最高现汇卖出价与最低现汇买入价之差由不得超过当日汇率中间价幅度的2%扩大至3%。

二是逐渐摆脱原来单一盯住美元的汇率制度，更加紧密地参考一篮子货币。随着对外开放程度不断提高，我国主要经贸伙伴已呈现显著的多元化态势。同时，资本往来也呈现多样化和多区域特征。在此背景下，人民币汇率如果盯住单一货币变动，将不适应贸易投资货币多元化的需要，也不能反映汇率的实际水平。而采用多种货币组成的货币篮子及其变化则更能准确反映真实的汇率水平。对企业和居民来说，在贸易和资本往来多元化的格局下，也不宜单纯依据美元来衡量人民币汇率，而应从双边汇率转向多边汇率，更多地关注篮子汇率变化，以人民币相对一篮子货币的变化来看待人民币汇率水平。①

2010年6月汇率制度改革重启以来，人民币对美元汇率逐渐上升。2011年6月20日人民币对美元升值近5.5%。2013年9月12日，人民币对美元汇率的中间价为6.1575元，较前一交易日继续上涨26个基点，创下2005年汇率制度改革以来的新高。2013年10月16日，美元对人民币尾盘报价为6.0995元，跌破了上日6.1026元的收盘水平，再创纪录新高。

（十）进一步市场化阶段（2015年8月11日至今）

为进一步进行汇率形成机制市场化改革，2015年8月11日，中国人民银行宣布调整人民币对美元汇率中间价报价机制，做市商参考上一日银行间外汇市场收盘汇率，向中国外汇交易中心提供中间价报价。这一调整使得人民币对美元汇率中间价形成机制进一步市场化，更加真实地

① 参见中国人民银行网站，央行就进一步推进人民币汇率形成机制改革答问，http://www.gov.cn/g2dt/2010-06/20/content_1631897.htm。

反映了当期外汇市场的供求关系。

8月11日的汇率改革使人民币波动摆脱了受单一美元汇率的影响，由“单锚”机制转向“双锚”机制。中国人民银行初步形成“收盘汇率＋一篮子货币汇率变化”的人民币中间价定价机制。这一阶段人民币汇率双向浮动弹性明显增强，不再单边升值。2015年8月11日至2016年8月11日，人民币对美元汇率中间价最高为6.2298元，最低为6.6971元，降幅为8.3%，终结了此前十年人民币对美元累计33%的升值。

二、人民币汇率具体变动情况

我们可以列示人民币汇率在1949—2014年的变动情况。

（一）人民币对美元汇率变动趋势（1949—2014年）

表2－4　　1949—2014年人民币对美元汇率

年份	人民币元/美元	年份	人民币元/美元	年份	人民币元/美元
1949	2.3	1971	2.46	1993	5.76
1950	2.75	1972	2.24	1994	8.62
1951	2.24	1973	2.2	1995	8.35
1952	2.62	1974	2.2	1996	8.31
1953	2.62	1975	1.97	1997	8.29
1954	2.62	1976	1.97	1998	8.28
1955	2.46	1977	1.84	1999	8.28
1956	2.46	1978	1.72	2000	8.28
1957	2.46	1979	1.55	2001	8.28
1958	2.46	1980	1.49	2002	8.28
1959	2.46	1981	1.78	2003	8.28
1960	2.46	1982	1.92	2004	8.28
1961	2.46	1983	1.96	2005	8.19
1962	2.46	1984	2.2	2006	7.97
1963	2.46	1985	2.94	2007	7.6
1964	2.46	1986	3.45	2008	6.95
1965	2.46	1987	3.72	2009	6.83
1966	2.46	1988	3.72	2010	6.77
1967	2.46	1989	3.77	2011	6.46
1968	2.46	1990	4.78	2012	6.31
1969	2.46	1991	5.32	2013	6.19
1970	2.46	1992	5.51	2014	6.22

数据来源：国家统计局网站。

我们也可以作图来看这一期间人民币对美元汇率的变动情况（见图2－1）。

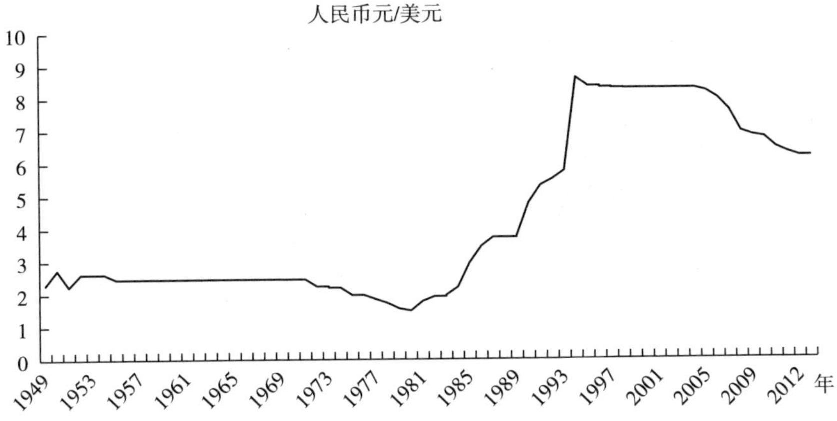

图2－1　1949—2014年人民币对美元汇率变动情况

（二）人民币对日元、港元、欧元汇率等变动趋势

虽然人民币对美元汇率是我国最重要的双边汇率，但是人民币对其他主要货币的汇率也有着自己的变动趋势。表2－5是人民币对日元、港元和欧元的汇率在相关年份的数据。

表2－5　　人民币对日元、港元和欧元货币汇率

年份	人民币元/100日元	人民币元/100港元	人民币元/100欧元
1985	1.25	37.57	
1986	2.07	44.22	
1987	2.58	47.74	
1988	2.91	47.70	
1989	2.74	48.28	
1990	3.32	61.39	
1991	3.96	68.45	
1992	4.36	71.24	
1993	5.20	74.41	
1994	8.44	111.53	
1995	8.92	107.96	

续表

年份	人民币元/100 日元	人民币元/100 港元	人民币元/100 欧元
1996	7.64	107.51	
1997	6.86	107.09	
1998	6.35	106.88	
1999	7.29	106.66	
2000	7.69	106.18	
2001	6.81	106.08	
2002	6.62	106.07	800.58
2003	7.15	106.24	936.13
2004	7.66	106.23	1029.00
2005	7.45	105.30	1019.53
2006	6.86	102.62	1001.90
2007	6.46	97.46	1041.75
2008	6.74	89.19	1022.27
2009	7.30	88.12	952.70
2010	7.73	87.13	897.25
2011	8.11	82.97	900.11
2012	7.90	81.38	810.67
2013	6.33	79.85	822.19
2014	5.82	79.22	816.51
2015	5.15	80.34	691.41

数据来源：国家统计局网站。

（三）人民币有效汇率的变动情况

我们还可以考察人民币有效汇率的变动情况。表2－6是IMF计算的人民币实际有效汇率指数（2010年＝100）1981—2014年的变动情况。

表2－6　　IMF计算的人民币有效汇率（2010年＝100）

年份	REER	年份	REER	年份	REER
1981	239.41	1993	88.86	2005	84.26
1982	228.55	1994	69.63	2006	85.57
1983	224.68	1995	77.57	2007	88.93

续表

年份	REER	年份	REER	年份	REER
1984	200.27	1996	85.25	2008	97.11
1985	169.92	1997	91.78	2009	100.41
1986	123.72	1998	96.66	2010	100
1987	107.15	1999	91.5	2011	102.69
1988	116.83	2000	91.45	2012	108.43
1989	135.19	2001	95.4	2013	115.29
1990	99.06	2002	93.2	2014	119.01
1991	87.03	2003	87.08		
1992	83.48	2004	84.73		

数据来源：国家统计局网站。

我们也可以作图来看人民币有效汇率在这一期间的变动情况，见图 2－2。

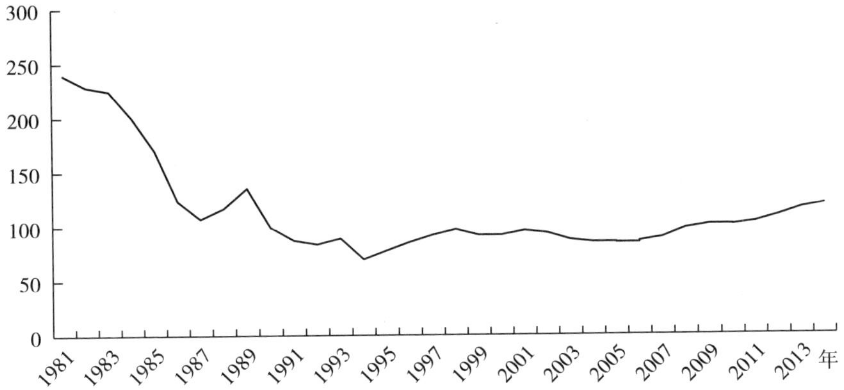

图 2－2　1981—2014 年人民币有效汇率变动情况

从图 2－2 中可以看出，人民币有效汇率在 1994 年以前基本上是下降的，而在 1994 年以后，则基本上呈上升的趋势，这基本上与我国的汇率制度改革的进程相适应。

第三章　汇率变动影响企业行为的基本理论

汇率是影响一国经济的重要因素，无论是宏观方面还是微观层面。因此研究汇率变动如何影响经济是学者们长期以来一直关注的问题，并由此形成了众多的贸易理论。理论来源于实践，反过来也推动了实践的发展。经济学家们正是从国际贸易实践中提炼出各种贸易理论来解释现实贸易世界中的现象，反过来这些理论也进一步促进了国际贸易的发展。因此，要研究汇率变动如何影响企业绩效，有必要对这些贸易理论进行介绍。

第一节　传统贸易理论

一、重商主义

重商主义产生于15～17世纪。这一理论主要起源于英国，产生的根源是西欧各国对货币的供给难以满足需求。

英国早期重商主义者持货币差额论。持该种观点的人认为，在对外贸易中应保持顺差，不要向外国购买超过本国向外国卖出的东西，不使货币流向国外。同时应尽可能地限制初级产品的出口。

英国晚期重商主义者持贸易差额论。持该种观点的人认为，国家不应该禁止货币输出，而应允许将货币输出到外国以便扩大对外国商品的购买。但是在对外贸易中必须保持贸易顺差，从而使国家积累货币财富；同时应限制本国能生产的消费品的输入。

重商主义学说对后来的国际贸易理论和政策产生了巨大影响，尤其是关于贸易顺差的概念。这一学说对加速资本的原始积累，推动资本主义生产方式的建立和发展起到了一定的积极作用。

二、绝对优势理论

英国在第一次工业革命后成为世界第一的商业强国，不再需要贸易保护，迫切需要废除重商主义，建立一个自由的经济学说体系。正是在这种背景下，18 世纪 50 年代，亚当·斯密（Adam Smith）提出经济自由主义的基本思想。

亚当·斯密在其 1776 年出版的《国富论》中集中体现了他的经济思想，其中最著名的就是绝对优势理论。所谓绝对优势，是在某种商品的生产上，一国所耗劳动成本绝对低于贸易伙伴国，在劳动生产率上占有绝对优势。从贸易角度来看，各国应该集中生产并出口其具有绝对优势的产品，进口其不具有绝对优势的产品。

三、比较优势理论

大卫·李嘉图（David Ricardo）在其 1817 年出版的名著《政治经济学及赋税原理》中发展了亚当·斯密的绝对优势理论，提出了比较优势理论。所谓比较优势，是与另一个国家相比较，一个国家在生产同种商品上拥有较低的机会成本（比较成本）的优势。该理论认为，每个国家都应集中生产并出口其具有比较优势的产品，进口其具有比较劣势的产品。或者可以说，在任何产品上均有优势的一国应专门生产其相对优势最大的产品，而另一国应生产其相对劣势较小的产品。

四、要素禀赋理论

1933 年伯梯·俄林（Bertil Ohlin）在其出版的《地区间贸易和国家贸易》一书中吸收了他的老师赫克歇尔（Hecksher）的观点，建立了要素禀赋理论。该理论也被称为 H – O 理论。该理论假设各种商品在要素需求量上是不同的，且要素密集度不可逆转，则商品可按要素密集度排列。各国在要素禀赋上是不同的，国家可按要素丰裕度排列。在此假设下，国际贸易以要素丰裕度的不同为基础，各国都倾向于生产其要素相对充裕的产品并出口，进口其要素相对稀缺的产品。根据要素禀赋理论，贸易应该在资源差异最大的那些国家之间发生，如发达国家和发展中国家之间。

五、里昂惕夫之谜

要素禀赋理论问世以后，逐渐成为国际贸易的主流理论。第二次世界大战后，国际贸易迅猛发展，贸易结构和地区分布发生了很大的变化，出现了一些用传统的国际贸易学说无法解释的新现象，从而引起了经济学家们对已有学说的怀疑。其中最著名的是里昂惕夫（Leontief）发现的“里昂惕夫之谜”。

（一）“里昂惕夫之谜”的内容

里昂惕夫计算了1947年美国国内生产100万美元进出口商品的资本和劳动的投入量（见表3－1）。

表3－1 1947年美国国内生产100万美元进出口商品的资本和劳动投入量

项目	100万美元商品要素投入量		
	出口商品	进口商品	进口比出口
资本（1947年价格）（美元）	2550780	3091339	1.21
劳动（人/年）	182.313	170.004	0.93
资本/劳动（美元）	13991	18184	1.30

从表3－1中可以看出，美国生产每百万美元出口商品的资本/劳动比率为13991，生产进口商品的资本/劳动比率为18184，两者之比等于1.30，即出口商品的资本密集度低于进口商品的资本密集度，即美国进口资本密集型商品。

由于美国为资本密集型国家，根据要素禀赋理论，应出口资本密集型商品，进口劳动密集型商品，而事实却相反。在这一问题上要素禀赋理论失效了，即出现“里昂惕夫之谜”。

（二）对“里昂惕夫之谜”的解释

关于“里昂惕夫之谜”，一些学者为了解释这种现象，进行了很多研究，提出了一些对“里昂惕夫之谜”的解释。主要有以下观点。

1. 人力资本的差异

要素禀赋理论假设各国同类要素是同质的。但实际情况是，美国的劳动与国外的劳动相比，具有更高的效率，而美国的高劳动生产率得益于劳动者对教育、职业培训、卫生保健等方面的投资，即人力资本投资。

2. 要素密集度逆转

在要素禀赋理论的基本模型里，假设 X 与 Y 的要素密集度之间的关系是不变的。但是，如果在某些要素价格下，X 是资本密集型产品，Y 是劳动密集型产品，但在另外一些要素价格下，X 变成劳动密集型产品，Y 变为资本密集型产品，这时就发生了要素密集度逆转。

3. 需求逆转

要素禀赋模型假设两国需求偏好是一致的，贸易模式完全决定于要素禀赋的差异。但是如果两国需求偏好的差异超过其在要素禀赋上的差异，就会出现所谓的需求逆转，从而造成与要素禀赋模型推论完全相反的贸易模式。

4. 自然资源稀缺

在要素禀赋理论中，只考虑劳动和资本两种生产要素，而忽略了诸如土地、森林、矿藏等自然资源要素。如果生产一种商品的自然资源不足，就必须采用先进、复杂的设备，投入大量的资本。

第二节　新贸易理论

一、理论产生的背景

传统贸易理论对贸易发生的原因作出了一些解释。如绝对优势理论认为两个国家生产相同产品时存在着的劳动生产率和生产成本差距是构成两国发生贸易的原因。各国应该集中生产并出口其具有劳动生产率和生产成本绝对优势的产品，进口其不具有绝对优势的产品。比较优势理论则认为只要两个国家生产同一种产品的机会成本不一样，则这两个国家之间就存在着发生贸易理由，每个国家都应集中生产并出口其具有比较优势的产品，进口其具有比较劣势的产品。而要素禀赋理论则认为，各国机会成本差异或比较优势差别的原因是它们的生产要素禀赋不同，各国应出口那些密集使用相对丰裕的生产要素生产的产品，进口那些密集使用相对稀缺的生产要素生产的产品。

按照传统贸易理论，贸易主要应该在存在一定要素禀赋差异的国家之间发生，即贸易应该主要在发达国家和发展中国家之间进行。但是第二次世界大战之后的国际贸易格局的发展却越来越背离传统贸易理论。大部分的国际贸易都发生在发达国家与发达国家之间，而不是发生在有着较大要素禀赋差异的发达国家与发展中国家之间。而且大量的贸易是发生在同一行业和同类产品之间。这就使理论与现实之间产生了偏离。很多学者针对这种状况提出了自己的理论观点，但是都没能从根本上解决这种困境。19 世纪 70 年代末到 80 年代，以克鲁格曼（Krugman）为代表的一些国际贸易学家，通过在贸易理论模型中引进规模经济、不完全竞争和差异化产品的因素，对上述困境作出了一定程度的合理解释，从而形成了新贸易理论。由于新贸易理论主要解释的是产业内贸易发生的原因，所以新贸易理论也称为产业内贸易理论。关于新贸易理论，我国的一些学者对此也作了一些介绍，如林发勤和崔凡（2008）、陆家骝（2008）等。本节对这一理论进行简单地表述。

二、克鲁格曼的规模经济理论

克鲁格曼（Paul R. Krugman）的新贸易理论集中体现在其 1979 年发表的论文《报酬递增、垄断竞争与国际贸易》中。克鲁格曼认为，传统贸易理论中关于企业规模收益不变或规模收益递减的假定与经济现实是不相符的。在现代产业中，特别是在制造业中，规模收益递增是企业降低成本的一个基本途径。因此，可以把以规模报酬递增为基础的分工与贸易同以要素禀赋为基础的分工和贸易区别开来，使两者都成为国际贸易发生原因的解释。克鲁格曼的观点突破了传统贸易理论中贸易只在完全竞争的市场结构下进行的假定。因为只要存在规模收益递增，产业的市场结构就不可能是完全竞争的，产业的产品是由或多或少具有垄断能力的企业来控制的。以规模收益递增的假定为前提，根据垄断竞争的市场结构，克鲁格曼推导出了以内部规模收益递增为基础的产业内贸易的理论模型。

在论文《报酬递增、垄断竞争与国际贸易》构建的垄断竞争模型中，以行业总的市场规模为既定约束，克鲁格曼认为在垄断竞争的行业中，因为行业中企业越多，竞争就越激烈，该行业产品的平均价格就越低，所以企业数目同产品的平均价格之间存在着反向变动的关系。而在行业总市场规模固定的情况下，企业数量越少，则企业规模越大，产品生产的平均成本就越低。所以企业数目同平均成本之间则存在着正向变动的关系。以这两种关系为基础，在既定市场规模条件下，垄断竞争行业的均衡企业数同均衡平均价格或均衡平均成本之间则存在以下关系。行业中企业越多，每家企业的平均定价就越低；行业中企业越多，每家企业的平均成本就越高。行业中各企业平均价格等于平均成本时，则达到了行业的长期均衡点，此时每家企业的垄断利润为零。当企业平均价格大于平均成本时，垄断利润存在，此时有企业进入行业；当企业平均价格小于平均成本时，企业亏损，此时有企业退出该行业。

上述考察的是国内均衡，接下来分析在国际贸易中的均衡。国际贸易使世界市场连为一体，使总的市场规模扩大。垄断竞争的行业中容纳了比单一国家更多的厂商，行业中每个企业的市场份额和生产规模也扩大了。随着企业数目的增加以及企业生产规模的扩大，企业的成本下降了，这将导致企业产品价格也下降。自由贸易的结果是，每个国家都能专业化生产更小范围的差异产品，并从别国进口本国不生产的产品，每个国家都为消费者提供数量和品种更多、价格更低的商品。两个国家同时进口和出口同一行业的产品，就构成了产业内的贸易。

克鲁格曼新贸易理论克服了传统贸易理论所遇到的困境，较好地解释了为什么大量产业内贸易的发生，是一种比较契合现阶段国际贸易现状的理论。

当然，克鲁格曼新贸易理论也有一定的局限性。其中最突出的就是该模型没有考虑企业的异质性，而是假定所有的企业都是一样的。而如果不考虑企业的异质性，则该理论对现实国际贸易中发生的很多现象不能解释。如该理论就没有办法解释为什么有的企业规模会扩大，有的企业会被淘汰，也没有办法解释为什么有些产品类型贸易规模扩大，而有些产品类型会被淘汰。而这些局限性也进一步促进了国际贸易理论的新发展，即基于异质性企业理论的新新贸易理论的产生。

三、产品生命周期理论

产品生命周期理论由美国经济学家雷蒙德·弗农（Raymond Vernon）于1966年在《生命周期中的国际投资与国际贸易》一文中提出。后来一些经济学家对该理论进行了验证，并进一步充实和发展了这一理论。该理论认为，凡是制成品都有一个生命周期：新生期、成长期、成熟期、销售下降期和让与期。在产品生命周期的不同阶段，各国在国际贸易中的地位是不同的。产品的创新国在开始时出口这种新产品，但随着产品的成熟与标准化，创新国逐渐丧失优势，最后变成这种产品的进口国。

产品生命周期理论考虑了生产要素密集性质的动态变化、贸易国比较优势的动态转移以及进口需求的动态变化，对第二次世界大战以后制成品贸易模式和国际直接投资，作出了一定程度的合理解释。

四、偏好相似说

偏好相似说是瑞典经济学家林德（Staffan B. Linder）在1961年提出的。林德试图从需求角度对工业国家之间的贸易和产业内贸易现象进行解释。林德认为，不同国家由于经济发展水平不同，对商品需求偏好也不同。一国厂商之所以进行生产，首先是为了满足国内市场的需求，然后才会考虑国际贸易。两国经济发展程度越相近，需求偏好也越相似，相互需求也就越大，互相发生贸易的可能性也就越大。一国潜在的出口品是该国国内市场具有代表性需求的产品，一国潜在的进口品的种类和数量也取决于该国的国内市场需求。

该理论把国际贸易看成是一国国内贸易跨越国界的延伸，比要素禀赋理论更适合解释贸易发生在发达国家之间的现象。

第三节　新新贸易理论

一、理论产生的背景

新贸易理论也有一定的缺陷，其中最突出的是新贸易理论模型中假定所有的企业是一样的，没有考虑企业的异质性。而现实中企业之间存在着很大差异，如企业之间存在生产率水平的差异，不同的企业其生产率水平可能不同。自 20 世纪 90 年代以后，一些在微观企业层面上的研究，发现了很多用以前的理论难以解释的现象。如有研究发现企业出口参与度普遍不高，即使在细分产业内，也只有很少一部分企业有出口行为，这与新贸易理论中所有企业都会从事出口的假设形成了鲜明对比；也有研究发现出口企业与非出口企业存在显著差异，出口企业通常具有更大的规模、更高的技术和资本密集度以及更高的生产率；还有研究发现贸易自由化促使低生产率企业退出出口市场、高生产率企业进入出口市场等。基于上述现象，2000 年前后出现了大量的尝试对这些现象进行解释的理论文献。这些模型都以异质性企业作为假设基础，从不同的视角进行理论构建与解释。其中影响力最为深远的是 Melitz（2003）的模型。Melitz 在 2003 年发表了关于异质性企业与行业资源配置效率的经典论文。文章认为，在存在异质性企业的情况下，国际贸易导致产业内资源重新配置引起的福利提高是一个重要的贸易利益来源。之后，国际贸易理论伴随着企业层面数据的不断丰富而不断发展。这一系列基于企业异质性的理论被称为新新贸易理论。关于新新贸易理论，我国的一些学者对此作了一些介绍，如李春顶（2010）、邵军和冯伟（2013）、崔凡和邓兴华（2014）等。

二、异质性企业贸易基准模型：Melitz 模型

Melitz（2003）模型是异质性企业贸易理论的基本理论框架，它用一个简单清晰的模型解决了两个基础性问题：不同的生产率水平如何影响

企业出口决策以及贸易自由化如何影响产业内资源再配置。

Melitz（2003）模型从本质上来说是克鲁格曼（1980）新贸易理论模型的扩展，因此该模型保留了大部分垄断竞争的同质性企业贸易理论的假设。Melitz（2003）在克鲁格曼（1980）的基础上，加入了两个重要的假设。第一，异质性企业假设——企业的生产率具有异质性。第二，沉没成本假设。企业进入一个行业必须付出进入成本或者说沉没成本，进入行业之后才得知自己的生产率水平，如果企业选择出口，还需进一步支付出口的固定成本，以及“冰山”运输成本。另外，企业在每一期都有可能受到随机的、负面的技术冲击，使其出现亏损而退出行业。基于这些假设，Melitz（2003）认为，在封闭经济向贸易开放经济转换的过程中，生产率最高的企业可以进入国外市场，从而扩大其在行业中的份额；生产率较低的企业无法支付出口固定成本，因此只能在国内销售；生产率最低的企业由于受到高生产率企业扩大规模带来的竞争压力，只能退出市场，停止生产。这样，虽然每个企业在开放后的生产率不变，但是整个行业的平均生产率上升了，整个社会福利水平也得到了提高。

从 Melitz（2003）的模型中可以看出，固定出口成本的存在是该模型的关键，它的存在使一部分低生产率企业因无法支付这项成本而不能进入出口市场，这使出口企业的生产率要比非出口企业更高。也正是由于这种“自选择”效应，贸易成本降低会对不同生产率企业产生异质性影响，进而通过产业结构调整来提高总体生产率水平。

三、多产品异质性企业模型

多产品指的是一个企业可以生产多种产品。参与国际贸易的企业中，往往更多的是多产品企业，而且国际贸易往往集中于少数大企业。这些企业不仅出口某一种产品的规模更大，而且还会出口更多种类的产品到更多的国外市场。异质性企业贸易理论为这类企业的出口多产品决策提供了理论解释。Bragdon 等（2010）和 Bernard 等（2011）基于 Melitz（2003）的模型，进一步引入贸易成本和多个国家的开放经济，构建了一个多产品、多目的地的异质性企业模型。

同 Melitz（2003）的模型不同，Bragdon 等（2010）认为，一个企业付出进入成本之后，企业需要设立一个总部来协调多产品的生产，付出总的生产固定成本，对每一种产品的具体生产还需要进一步付出固定成本。Bernard 等（2011）则进一步假设企业每出口一种产品，都需要额外的固定成本。在这种情况下，企业在将每种产品提供给每个市场时，都面临着固定成本。高生产率企业在产品性能较低的情况下，也能够获得足够的利润来弥补固定成本，因而就可以向每个市场提供更多种类的产品。低生产率企业在小部分产品上可能会获利，但所获利润并不能够覆盖出口到这个市场的固定成本，因此这类企业会选择退出这个市场。

基于这些假设，Bragdon 等（2010）和 Bernard 等（2011）得到的结论是，在存在贸易成本的情况下，开放贸易之后，企业会通过放弃一些性能较低的产品，专注于生产和出口性能较高的产品，企业的生产率也会提高。具体来说，能力最低的企业会被迫退出，能力中等的企业仅服务于国内市场，而能力最高的企业会选择出口。在出口企业中，性能最差的产品仅提供给国内市场，性能最好的产品则出口至国外市场。一方面是低生产率企业退出市场，另一方面是生产率高得多产品企业调整了内部产品结构，这就使行业的整体生产率也得到了提高。

四、基于异质性企业模型的跨国公司理论

该理论所关注的问题是，对于某个生产环节，企业应该是自己生产还是外包生产，应该是在本国生产还是通过对外投资在国外生产。Antras（2003，2005）把企业异质性加入了 Helpman - Krugman 的贸易框架，构建了一个企业边界的不完全合约知识产权模型，从而很好地解释了为什么资本密集型产业的公司贸易较多以及为什么跨国公司将处于生命周期早期的产品倾向在母国生产或者倾向于投资而非外包。Antras 和 Helpman（2004）构建了一个贸易模型来解释为什么国外生产通常发生在企业边界之内，而不是通过交易、外包或许可的方式进行。该模型结论显示，高生产率的企业选择在外国生产，而低生产率企业只能在本国生产。在一国内部企业的组织形式选择上，低生产率企业倾向于外包形式，而高生

产率企业倾向于垂直一体化形式，而在跨国外包地选择上，低生产率企业选择本国，而高生产率企业选择外国。

企业除了出口外，还有一个重要的方式是进口。Kasahara 和 Lapham（2013）通过在 Melitz（2013）的基础上引入进口的固定成本和企业生产中使用进口中间品的情形发现，由于企业通过进口可以优化中间品投入组合进而实现可变成本的下降，生产率高的企业更愿意支付进口的固定成本来实现产品质量的改善。

第四节 汇率与国际收支相关理论及分析方法

一、国际收支弹性理论

（一）理论产生的历史背景

第一次世界大战和 20 世纪 30 年代“大萧条”后，西方国家自动调节、自由放任的经济原则破产，自由竞争的市场机制受到限制，也使古典的国际收支调节理论失去了效用。正是在这种背景下，出现了国际收支调节理论中的国际收支弹性分析理论。该理论认为，国际收支调节不是一个自动调节的过程，而是政府政策起作用的过程，政府可以用汇率的变动来调节国际收支。

（二）马歇尔—勒纳条件（Marshall - Lerner condition）

1. 马歇尔—勒纳条件的假设条件

（1）贸易商品的供给弹性为无穷大；（2）经济处于充分就业状态；（3）没有资本移动，国际收支等于贸易收支；（4）贸易最初是平衡的。

2. 马歇尔—勒纳条件的含义

在上述假设前提下，该理论认为，只有出口商品的需求弹性与进口商品的需求弹性之和大于 1 时，贸易收支条件才能改善。这是本币贬值取得成功的条件，即马歇尔—勒纳条件。马歇尔—勒纳条件式的推导简述如下。

令 E 表示外汇汇率，X 表示以本币表示的出口额，M 表示以外币表示

的进口额，B 表示以外币表示的经常账户差额，则有

$$B = (X/E) - M \tag{3-1}$$

对汇率 E 求导，得

$$\frac{\mathrm{d}B}{\mathrm{d}E} = -\frac{X}{E^2} + \frac{1}{E} \cdot \frac{\mathrm{d}X}{\mathrm{d}E} - \frac{\mathrm{d}M}{\mathrm{d}E} \tag{3-2}$$

经过简单的代数变形，有

$$\frac{\mathrm{d}B}{\mathrm{d}E} = -\frac{X}{E^2}\left(1 - \frac{\mathrm{d}X}{X}\Big/\frac{\mathrm{d}E}{E} + \frac{ME}{X} \cdot \frac{\mathrm{d}M}{M}\Big/\frac{\mathrm{d}E}{E}\right) \tag{3-3}$$

设 ε_x 和 ε_m 分别表示贬值国出口商品和进口商品需求价格弹性的绝对值，则（3－3）式可表示为

$$\frac{\mathrm{d}B}{\mathrm{d}E} = -\frac{X}{E^2}\left(1 - \varepsilon_x - \frac{ME}{X}\varepsilon_m\right) \tag{3-4}$$

本币贬值是否能改善一国贸易收支状况，取决于 $\mathrm{d}B/\mathrm{d}E$ 的符号。

当 $\frac{\mathrm{d}B}{\mathrm{d}E} > 0$ 时，也就是 $\varepsilon_x + \frac{ME}{X}\varepsilon_m > 1$ 时，本币贬值能改善其贸易收支状况。假设一国贸易收支在贬值前的汇率水平上处于均衡状态，即 $ME = X$，则（3－4）式变形为

$$\frac{\mathrm{d}B}{\mathrm{d}E} = -\frac{X}{E^2}(1 - \varepsilon_x - \varepsilon_m) \tag{3-5}$$

于是问题就简化为判断（3－5）式的符号。

（1）如果 $\varepsilon_x + \varepsilon_m > 1$，那么 $\mathrm{d}B/\mathrm{d}E > 0$，国际收支因本币贬值而改善；

（2）如果 $\varepsilon_x + \varepsilon_m = 1$，那么 $\mathrm{d}B/\mathrm{d}E = 0$，国际收支状况保持不变；

（3）如果 $\varepsilon_x + \varepsilon_m < 1$，那么 $\mathrm{d}B/\mathrm{d}E < 0$，国际收支因本币贬值而恶化。

我们称 $\varepsilon_x + \varepsilon_m > 1$ 为马歇尔—勒纳条件。也就是说，只有在 $\varepsilon_x + \varepsilon_m > 1$ 的条件下，经常项目收支状况才会因本币贬值得到改善。

马歇尔—勒纳条件假定进出口商品的供给弹性无限大是不符合实际的。实际经济生活中，汇率变动后进出口的实际变化还取决于供给对价格的反应程度。为此，我们放松假设，假设进出口的供给弹性不是无穷大。则本币贬值改善经常项目收支状况的条件变为

$$\frac{\varepsilon_x \varepsilon_m(\eta_x + \eta_m + 1) + \eta_x \eta_m(\varepsilon_x + \varepsilon_m - 1)}{((\eta_x + \varepsilon_x)(\eta_m + \varepsilon_m))} > 0 \qquad (3-6)$$

上述条件为毕肯戴克—罗宾逊—梅茨勒条件（Bickerdike - Robinson - Metzler Conditio）。其中 η_x 和 η_m 分别表示出口供给价格弹性和进口供给价格弹性。可以看出，马歇—尔勒纳条件是毕肯戴克—罗宾逊—梅茨勒的特殊情况。马歇尔—勒纳条件和毕肯戴克—罗宾逊—梅茨勒条件合起来被称作马歇尔—勒纳—梅茨勒条件。

（三）J 曲线效应

J 曲线效应，指本币贬值后，最初发生的情况并不是经常项目收支得到改善，往往是正好相反。经常项目收支状况反而会比原先恶化，进口增加而出口减少，经过一段时间，出口收入才会增加。因为这一运动过程类似字母“J”，所以这一变化被称为“J 曲线效应”。

为什么会出现“J 曲线效应”？原因是在本币贬值最初的一段时期内，由于消费和生产行为的“黏性作用”，进口和出口的贸易量并不会发生明显的变化，但由于汇率的变动，以外国货币计价的出口收入相对减少，以本国货币计价的进口支出相对增加，从而造成经常项目收支逆差增加或是顺差减少。

在本币贬值最初的一段时期内，消费和生产行为的黏性作用是如何产生的呢？可能的原因有以下几点。一是在本币贬值之前已签订的贸易协议仍然必须按原来的数量和价格执行；二是对于供给方来说，即使在贬值后签订的贸易协议，出口增长仍然要受供给方决策、资源、生产等周期的影响，这导致供给方国内对商品和劳务的供应不能立即增加。另外，把商品和劳务运输到国际市场还需一段时间，也就是存在着交货时滞。三是对于国外消费者来说，汇率变动后需要花费一定时间来调整自己的消费行为。

由于这些原因的存在，本币贬值初期，出口价格降低但出口数量却没能同步增加，因而导致总的出口收入降低，从而使国际收支状况会进一步恶化。只有经过一段时间，本币贬值引起的出口价格降低使出口数量得到更大幅度的上升，国际收支状况才会逐步改善，才能达到本币贬值的实际效果。

二、蒙代尔—弗莱明—多恩布什模型

蒙代尔—弗莱明模型（Mundell－Flemming Model）系统地分析了在不同的汇率制度下，国际资本流动在宏观经济政策有效性分析中的重要作用。该模型利用了凯恩斯理论 IS－LM 模型，融入国际收支的均衡，研究了开放经济条件下内外均衡的实现问题。

蒙代尔—弗莱明模型是宏观经济的一般均衡分析模型，它包括三个市场，即商品市场、货币市场和外汇市场。在均衡状态的条件下，经常项目的盈余或赤字由资本项目的赤字或盈余来抵消。该模型不仅重视商品流动的作用，而且特别重视资本流动对政策搭配的影响，从而把开放经济的分析从实物领域扩展到金融领域。

通过引入理性预期概念，在继承了蒙代尔—弗莱明模型中不变价格假设和 IS－LM 模型的一般均衡分析框架的基础上，多恩布什（Dornbusch）将凯恩斯主义的短期分析与货币主义的长期分析结合起来，扩展和修正了蒙代尔—弗莱明模型，建立了汇率决定的黏性价格货币模型，也就是汇率的超调模型。该模型的核心内容是超调。超调指发生货币冲击时，货币市场和商品市场的调整速度存在着很大的差异。商品市场价格的调整速度较慢，过程较长，而金融市场的价格调整速度则较快。这种差异导致了短期内汇率对外部冲击做出的过度调整高于其长期均衡水平。“汇率超调”使购买力平价在短期内不成立，但在长期仍然成立。

多恩布什模型和蒙代尔—弗莱明模型是一脉相承的，是开放经济条件下宏观经济的重要理论模型，共同形成了蒙代尔—弗莱明—多恩布什模型（Mundell－Fleming－Dornbusch Model）的分析框架。

三、汇率变动与贸易收支调整：新开放宏观理论

新开放宏观理论的产生是以 Rogoff 和 Obstfeld（1995）在《政治经济学期刊》上发表的经典论文《汇率动态回归》为标志的。该论文首次考虑了微观基础，在开放宏观理论的基础上，融入了微观基础、名义价格刚性和不完全竞争市场结构等因素，使宏观经济学的分析更加接近现实

世界，从而能够更好地解释在开放经济条件下宏观经济变量之间的关系。新开放宏观理论的分析框架也为汇率变动与贸易收支关系的研究提供了新的研究视角和研究思路。自 Obstfeld 和 Rogoff（1995）的论文发表以来，经济学家不断对该模型进行补充和修正，使该模型的内容更为丰富且更加接近经济现实。其中涉及汇率变动及其影响的主要扩展如下所示。

（一）市场分割

在 Rogoff 和 Obstfeld（1995）的模型中，一个重要的假定是一价法则始终成立。但是在国际贸易中，总是存在着一些障碍和隐形的壁垒。这就使出口商可以在不同的市场中实行价格歧视。一些学者通过把国际市场分割和市场定价（Price to Market，PTM）引入 Rogoff 和 Obstfeld（1995）模型来对这一问题进行探讨。其中有代表性的工作是 Betts 和 Devereux（1996，2000）的工作。

Betts 和 Devereux（1996，2000）假定 PTM 存在，其中部分厂商选择以买方的当地货币定价（LCP），而其他厂商则选择生产者货币定价（PCP）。同时假定进口方的货币价格黏性，在此基础上建立了 LCP—PTM 模型。该模型认为，由于厂商实行当地货币定价，这会导致汇率变动的支出转移效应减少甚至消失。因此，当货币冲击发生时，为了满足货币市场均衡，就需要汇率有一个比在非当地货币定价下更大的变动。于是，汇率短期可能会表现出调整过度，也就是汇率短期超调。而当经济中不存在当地货币定价时，没有预期的货币冲击则不会造成汇率超调。

（二）汇率传递

新开放宏观理论之前的有关理论在分析汇率、贸易价格与贸易收支调节三者之间的关系时，通常假设汇率变动后是完全传递给以进口国货币标价的进口价格的，将汇率变动的概念等同于进口价格的变动。大量研究表明，进口价格的汇率传递效应并不是完全的，汇率变动并不一定等同于进口价格的变动。其中有代表性的研究有 Goldberg 和 Knetter（1996）以及 Devereux 等（2003）。这些研究发现，在名义价格黏性的情况下，出口商对产品标价货币的选择决定了汇率传递的程度。在随机一般均衡模型中，厂商按照利润最大化目标进行标价货币的选择。汇率波动的方差越大，厂商越倾向于采用生产者货币定价；当汇率和厂商边际成本相关性较大时，厂商则倾向于采用当地货币定价。当两国货币供给增长的波动性不同时，两国的出口厂商就会以货币供给增长相对稳定的那一国货币作为定价货币。

第四章 几种层面有效汇率的介绍及测算方法

提到汇率，人们普遍想到的可能是人民币对美元汇率。但这仅是汇率的一种。人民币除了对美元汇率外，还有对日元汇率、对欧元汇率等，这些汇率形式我们一般称之为双边汇率，也就是一种货币对另一种货币的汇率。但是一国不可能只同一个国家进行贸易，而往往是同时和很多国家都进行贸易。在这种情况下，如何衡量一个国家货币的综合汇率水平，这就涉及国家层面的有效汇率的概念。进一步，一个国家的经济往往又可划分为不同的行业，如纺织服装行业、设备制造行业等。不同的行业，对外贸易对象往往不同，因此面临的汇率也往往不同，这就引申出了行业有效汇率的概念。再进一步，即使在同一行业内的企业，对外贸易对象也往往不同，因此面临的汇率也往往不同，这就引申出了企业有效汇率的概念。

第一节 国家层面有效汇率

一、计算国家层面有效汇率的必要性

企业在对外贸易中，面临的并不只是人民币对美元汇率。如果支付中使用日元，那么就会面临人民币对日元汇率，同样，也会面临人民币对欧元汇率等。因此，就有必要计算一种汇率，该汇率能反映一个国家货币的综合汇率水平。现在普遍使用的度量方法是国家层面的有效汇率，如美元有效汇率、人民币有效汇率等。随着我国对外贸易的发展，对外贸易格局的日趋多元化，科学地测算人民币有效汇率以衡量人民币汇率的真实水平越来越重要。现在国际主流金融机构基本上都公布基于国家

层面的有效汇率。例如，国际货币基金组织（IMF）、国际清算银行（BIS）和经济合作与发展组织（OECD）等机构每年都公布基于不同方法测算的全球主要国家层面的有效汇率指标。本节将对国家层面的有效汇率，包括人民币有效汇率的测度方法等进行介绍。

二、国家层面实际有效汇率的测算公式

实际有效汇率是在名义有效汇率的基础上剔除物价水平对各国货币购买力的影响而得到的。实际有效汇率等于一国货币与该国所有贸易伙伴国货币双边实际汇率的加权平均。用公式可以进行如下表示。

如果特定货币篮子中有 n 种货币，本币对这 n 种货币的名义汇率分别为 $e_1, e_2, \cdots, e_n$，这 n 种货币相应地权重分别为 $w_1, w_2, \cdots, w_n$，则本币的实际有效汇率可以表示为

（1）如果用算术加权平均法进行加权

$$RER = \sum_{i=1}^{n} w_i E_i \quad i = 1, 2, \cdots, n \tag{4-1}$$

（2）如果用几何加权平均法进行加权

$$RER = \prod_{i=1}^{n} E_i^{w_i} \quad i = 1, 2, \cdots, n \tag{4-2}$$

其中，E_i 为实际汇率，对于实际汇率 E_i，在间接标价法下，如果本国货币对货币 i 的（名义）汇率为 e_i，P 为本国物价水平，P_i 为 i 国物价水平，则我们可以计算本国货币对 i 货币的实际汇率 E_i 可以写为

$$E_i = e_i \times (P/P_i) \tag{4-3}$$

因此，我们也可以把实际有效汇率写为

（1）如果用算术加权平均法进行加权

$$RER = \sum_{i=1}^{n} w_i(e_i \times (P/P_i)) \quad i = 1, 2, \cdots, n \tag{4-4}$$

（2）如果用几何加权平均法进行加权

$$RER = \prod_{i=1}^{n} (e_i \times (P/P_i))^{w_i} \quad i = 1, 2, \cdots, n \tag{4-5}$$

在基本要素相同的情况下，分别采用算术加权平均法和几何加权平均法计算有效汇率，得出的结果会不同。Brodsky（1982）计算并比较了

算术加权平均法和几何加权平均法形式的有效汇率，认为几何加权平均法有两大优点：第一，它可以完全对称地反映出参与计算有效汇率的各国货币的升值和贬值，而不会像算术加权平均法那样，由于某国货币对本币的升值而改变该国在计算有效汇率时的权重。第二，给定贸易权重后，几何加权平均法计算的有效汇率在任何两期的相对变动都不依赖于计算该指标时所选择的基期，因而它的变动是被唯一决定的，是一个无偏汇率指数。由于几何平均法具有算术平均法所无法具有的优势，目前在国际实践中，几何加权平均法的使用更为普遍，大部分中央银行和其他国际金融机构都采用这种方法。

三、计算实际有效汇率所需基本要素的确定方法

从有效汇率的计算公式可以看出，要计算实际有效汇率，需要确定以下基本要素。首先，样本货币选择。确定哪些国家的货币能够进入本国货币篮子；其次，权重确定。确定货币篮子中每种货币在货币篮子中的重要程度；再次，物价指数。选用何种物价指数来对名义汇率进行平减以剔除价格因素的影响；最后，基期确定。选择某个时间点作为指数计算的基期，以后期间的数据都要与基期数据进行比较，以反映指数的走势和变化。关于有效汇率的计算方法，我国的一些学者也对此进行了一些介绍，如巴曙松等（2007）、李红岗等（2010）、陆前进（2012）、王爱华（2016）和陈夙（2016）等。

（一）货币篮子的确定

有效汇率是根据一篮子货币进行计算的，因此确定本国货币篮子具体构成是首要步骤。由于货币篮子中不可能涵盖所有的贸易伙伴国家，因此在选择货币篮子组成的货币时，应该有一定的标准。一般来说，作为货币篮子中的货币，应该要满足以下要求：一是该种货币应该对本国货币有重要的影响力；二是篮子中货币的所属区域构成要合理，应该能包含世界不同区域的代表国家；三是数据要可得和可靠。不同国家和国际经济机构关注的对象不尽相同，因此编制的实际有效汇率所涵盖的货币也不同。

（二）汇率标价法的选择

在计算有效汇率时使用的汇率可以使用间接标价法或直接标价法。从数值上来看，使用间接标价法或直接标价法实质上并不影响有效汇率的测算。使用间接标价法计算出来的有效汇率的上升表示本币升值，有效汇率下降表示本币贬值；使用直接标价法计算的汇率则相反。目前，美联储、欧央行、国际清算银行（BIS）等大多数机构公布的有效汇率使用的都是间接标价法汇率。

（三）贸易流的选择

在确定了货币篮子中的样本货币以后，接下来需要确定依据什么类型的贸易流对各个双边汇率进行加权，即确定对篮子货币进行加权的基础。在计算实际有效汇率时确定权重最为广泛使用的贸易流是商品加权指数，它是以样本国的商品贸易量占测算国的总商品贸易量的比例作为权重进行加权。

随着全球贸易一体化的发展，服务贸易在贸易总体中所占的比重也越来越大，越来越成为计算有效汇率时不能忽视的内容。尤其是对一些贸易规模较小、开放程度较高的国家和地区来说，服务贸易在贸易中的重要性更大。因此包含了服务贸易的贸易加权指数逐步开始使用，这类指数是以样本国的商品和服务贸易量占测算国的总贸易量的比例作为权重进行加权。一些机构在实际有效汇率计算中考虑了服务贸易，如 IMF、英格兰银行等机构计算的实际有效汇率中的贸易流都包括了商品贸易流和服务贸易流。但由于服务贸易流数据的可得性以及数据质量不如商品贸易流，也有一些经济机构（如 BIS）在测算实际有效汇率时没有将服务贸易流包含在内，而是只使用了商品贸易流进行计算。

国际贸易不仅包括商品贸易和服务贸易，还包括国际资本流动。因此，从理论上来说，可以计算基于国际资本流动的有效汇率指数。而且随着国际资本流动的规模越来越大，计算以国际资本流动为基础的有效汇率能够更好地反映一国货币的总体货币价值。Makin 和 Robson（1999）提出了资本加权指数。他们基于国际投资中的国际资本流量和存量构造了有效汇率权重指标，即分别以经常账户下借贷方流量、资本账户下的资本流入和流出、国家外债存量和按货币分类的外国贷款存量为有效汇率计算权重。和服务贸易流一样，尽管计算以资本流为基础的有效汇率从理论上来说是合理的，但是同样是由于数据可得性问题，该种形式的有效汇率的计算成果仍然较少。

（四）权重构造方法

在确定了篮子中的货币以及贸易流后，还要确定每种货币在货币篮子中的比重，也就是确定有效汇率计算公式中的 w_i 。权重 w_i 表示的是样本国 i 对测算国经济和贸易的重要程度，越重要的贸易伙伴权重越大，其货币币值的变动对测算国汇率的影响也更大。在权重的具体构造上，不同机构，甚至同一机构的不同指标都采取了不同的方法，这主要是由构建有效汇率指数的目的来确定。

通常有效汇率指数用于衡量一国的国际竞争力，而国际竞争力又可以分为出口竞争力和进口竞争力。如果要计算的汇率指数主要是衡量一国出口竞争力，则可以采用出口权重构建有效汇率指数；如果要计算的汇率指数主要是衡量一国进口竞争力，则可以采用进口权重构建有效汇率指数；如果要衡量一国在国际市场上的总体竞争力，则需要既考虑进口，也要考虑出口，那就需要以出口和进口之和作为权重构建有效汇率指数。构造进口权重通常比较简单，直接采用双边贸易流数据进行计算就可以。而构造出口权重则相对复杂一些，可采用多种方式进行构造，主要有双边贸易加权模型、多边汇率模型、全球贸易加权模型和双重加权模型。主要贸易权重构造方法如图 4－1 所示（王爱华，2016）。

从图 4－1 中可以看出，综合权重是由进口权重和出口权重共同构成的，出口权重又具体分为双边出口权重、多边出口权重、全球贸易权重以及双重出口权重。将进口权重与每一种出口权重进行结合，就可以得到四种类型的综合权重计算方法，分别为双边贸易加权模型、多边汇率模型、全球贸易加权模型和双重加权模型。接下来我们以双重加权模型为例进行简单介绍。

双边贸易加权模型构造过程只考虑了测算国与样本国在两国国内的竞争，没有体现两国在第三方市场上存在的竞争关系。全球贸易加权模

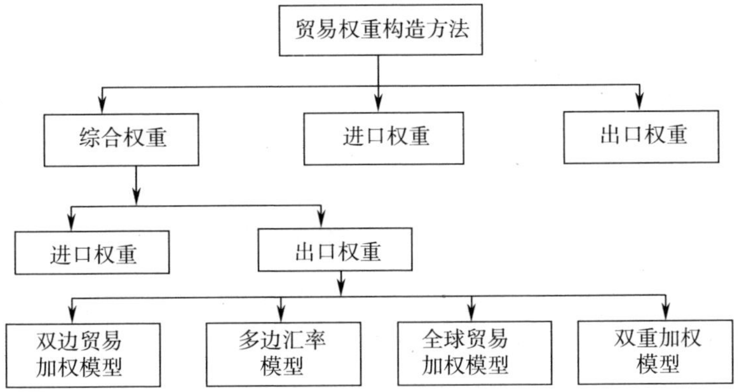

图 4-1　主要贸易权重构造方法

型计算时虽然考虑了两国在第三方市场上的竞争，但是没有考虑测算国与样本国具体的出口市场结构，而忽略了两国之间的直接竞争效应。针对上述缺陷，双重权重构造方法既考虑了出口商和国内生产商在某个特定出口市场的直接竞争，又考虑了来自两个不同国家的出口商在第三方市场的竞争，因而可以更好地衡量国际竞争力。目前，美联储、IMF、BIS 和欧央行等主要国际机构和中央银行都普遍采用这种权重构造方法。

巴曙松等（2007）和李红岗等（2010）都介绍了 BIS 的双重加权模型。BIS 的双重加权汇率模型的具体做法如下所示。

考虑经济体 j 的有效汇率货币篮子中经济体 i 的权重。设有 k 个外国市场和 h 个外国生产者。经济体 j 与 i 进行双边贸易，而且 j 国的出口与 i 国的出口及其他 k 个市场中的 h 个生产者的出口相竞争。这样 j 国的有效汇率货币篮子中 i 国的竞争力权重 w_i 需要反映进口、直接出口和第三国市场出口竞争。

总权重为

$$w_i = \frac{M_j}{M_j + X_j} w_i^M + \frac{X}{M_j + X_j} w_i^X \qquad (4-6)$$

其中，进口权重为

$$w_i^M = \frac{m_j^i}{m_j} \qquad (4-7)$$

出口权重为

$$w_i^X = \left(\frac{x_j^{\ i}}{x_j}\right)\left(\frac{y_i}{y_i + \sum_h x_h^{\ i}}\right) + \sum_{k \neq i}\left(\frac{x_j^{\ k}}{x_j}\right)\left(\frac{x_i^{\ k}}{y_k + \sum_h x_h^{\ k}}\right) \quad (4-8)$$

其中，$x_j^{\ i}$（$m_j^{\ i}$）表示经济体 j 对 i 的出口量（进口量），x_j（m_j）表示经济体 j 的总出口量（进口量），y_i 表示经济体 i 国内总的制造业产出中对本国的供应量，$\sum_h x_h^{\ i}$ 为除 j 外的 h 国对经济体 i 的出口之和。

总权重由 j 国总出口和总进口量占总贸易量的相对规模，通过进口和出口权重加权构成。进口权重采用了简单的双边份额的形式，而出口权重是双权重，可被分解为直接出口竞争和第三国市场竞争。

出口权重右边第一项衡量了 j 国向 i 国出口与 i 国国内制造业之间的直接竞争。直接出口权重是双边出口份额乘以 i 国开放程度的一个度量，其中 $x_j^{\ i}/x_j$ 表示 i 国这个市场对 j 国的重要程度，其值较大说明 i 国是 j 国的重要市场；$y_i/(y_i + \sum_h x_h^{\ i})$ 是 i 国开放程度的度量，其值较大说明 i 国贸易相对不够开放，其制造业一大部分用于供给国内，j 国的出口在 i 国市场面临 i 国本地制造业较大的竞争。当对 j 国出口而言 i 国是一个重要市场时，或当 i 国是贸易相对不够开放时，i 国应在 j 国的实际有效货币篮子里占有更大的权重。

第三国市场竞争由出口权重公式右边第二项表达。考虑 i 与 j 相互竞争的所有其他市场 k：对 j 国而言，如果 k 是 j 国出口的重要市场（$x_j^{\ k}/x_j$ 较大），或者 i 国的出口占 k 市场的较大份额［$x_i^{\ k}/(y_k + \sum_h x_h^{\ k})$ 较大］，即在第三国市场 k 上 i 国是 j 国更重要的一个竞争者，这也会使 i 国在 j 国的有效汇率货币篮子里占有更大权重。

在计算实际有效汇率时，使用的加权权重除上述几种形式外，Bems 和 Johnson（2012）提出了基于以增加值作为加权权重的有效汇率计算方法。这一计算方法增加值数据替代了传统的贸易流数据作为加权权重。这一计算方法的理论依据是，国家生产不同种类的增加值（而非最终产品），消费者消费不同种类的增加值，国家间在全球价值链的各个环节展开竞争。

（五）平减指数的选择

在计算实际有效汇率指数时，需要在名义有效汇率指数的基础上剔除价格因素的影响，因此需要考虑平减指数的选择。选择何种平减指数要结合具体的研究目的，还要考虑平减指数数据的可得性以及数据公布的频率。

从各种不同的算法来看，平减指数的选择可以分为两类：一是价格指数，二是成本指数。前者主要包括消费者价格指数（CPI）、生产者价格指（PPI）、批发价格指数（WPI）和出口价格指数（EPI）等，成本指数常见的有 GDP 平减指数和单位劳动力成本指数（ULC）等。

1. 价格指数选择

CPI 和 PPI 是比较常见的平减指数。两种指数都可以对贸易品项目和非贸易品项目进行平减，但侧重衡量的项目不同。CPI 侧重对非贸易品项目进行平减，如消费者服务项目。PPI 侧重衡量贸易品项目，主要用来衡量企业购买的一篮子商品或服务的总费用，是衡量企业出厂价格变动的指数，可以反映一定时期内生产领域价格变动情况。批发价格指数（WPI）是根据大宗商品批发价格的加权平均计算得到的，反映原材料、中间产品、最终产品和进出口商品的价格水平变化情况。出口价格指数（EPI）也可以用来对名义有效汇率指数进行平减，该指数是测度贸易商品价格的最直接方法，但是不同国家的出口价格指数涵盖的商品类型可能不同。

2. 成本指数选择

成本指数主要对生产成本部分进行平减，常用的成本指数有 GDP 平减指数和单位劳动力成本（ULC）指数。GDP 平减指数是名义 GDP 与实际 GDP 之比，是对总体价格水平的宏观测量，能够更加准确地反映一般物价水平。单位劳动力成本（ULC）是劳动报酬与劳动生产率的比值，可以反映一个产业或国家的劳动力成本优势，也可以用来衡量国际竞争力。

一些国际机构同时采用了多种物价指数，如欧央行在窄口径指标中采用的平减指数有消费者价格指数、生产/批发价格指数、制造业单位劳动力成本；而在宽口径指标中使用的物价指数为消费者物价指数。IMF 在计算发展中国家实际有效汇率指数时使用消费者物价指数；在计算发达国家实际有效汇率时采用制造业单位劳动力成本。

（六）基期的确定

计算有效汇率指数需要确定计算的基期。理论上说应选择国际收支平衡的均衡汇率那一年作为计算有效汇率的基期。但为了保持国际可比性，大多数经济机构都将基期定为2000 年，如 BIS、OECD 等。同时，由于不同机构和国家的具体情况有差异，基期的选择也有例外，如欧央行的有效汇率基期为 1999 年第一季度，原因是欧元自 1999 年 1 月 1 日起发行。

四、主要机构和经济体对有效汇率的计算

由于有效汇率指数在国际经济和贸易中的重要作用，主要国际机构如 IMF、BIS 和欧洲中央银行（EBC）等都编制了各个国家或地区的有效汇率指数。此外，主要国家中央银行和大型预测机构也编制了本国的有效汇率指数，如美联储、英格兰银行等。

（一）IMF 有效汇率指数编制

IMF 在编制有效汇率指数过程中先后采用过两种权重构造体系。第一种权重构造方法分为全球体系和工业体系。工业体系包括主要的工业化国家，考虑了每个市场的国内竞争部分，计算实际有效汇率指数时采用单位劳动力成本指数（ULC）进行平减。全球体系涉及 184 个国家，只考虑双边贸易流，未考虑国内竞争部分，在计算实际有效汇率时采用 CPI 进行平减。两种体系均考虑货物贸易和服务贸易。在测算权重时都考虑了国家之间的双边贸易流和第三方市场竞争效应。服务贸易方面都只考虑了旅游贸易，而且只针对以旅游业为主要支柱产业的国家。

2006 年 IMF 提出了新的权重构造方法。新的权重体系做了如下几个方面的改变。首先，在处理第三方市场竞争效应时，将原有的工业体系采用的方法扩展到全部 164 个国家。其次，在服务贸易方面不再仅仅考虑旅游服务，同时也考虑其他服务。

（二）BIS 有效汇率指数编制

BIS 从 1964 年开始公布有效汇率指数。其货币篮子中包含 27 个发达经济体，称作窄指数。随着国际贸易的发展，BIS 又对原有的货币篮子进行了扩展，在 27 个经济体的基础上加入了亚洲、中欧、东欧和拉丁美洲的新兴市场国家，使样本国家扩展为 54 个经济体，基于这些国家构建的指数称作宽指数。

BIS 有效汇率的权重体系没有考虑服务贸易。权重由进口权重和出口权重两部分构成，进口权重采用直接权重，出口权重采用双重权重。在计算出口权重时，不仅考虑直接出口关系，还考虑第三方市场竞争效应。

BIS 在计算名义有效汇率和实际有效汇率时均采用几何加权平均法对一系列双边汇率进行加权平均，采用消费者价格指数对名义汇率进行平减。BIS 在构造权重时采用时变权重，每 3 年调整一次。

（三）美元有效汇率指数

美联储公布的有效汇率指数一共有 4 种。1971 年开始公布的有效汇率指数包含 10 个主要国家的货币，也被称作 G10 指数。第二种货币指数包含美国主要贸易伙伴国货币，也被称作宽指数，包括 35 个国家。除 G10 国家外，还包括西班牙、中国、韩国、新加坡等国家。第三种和第四种汇率指数均为宽指数的分支，将宽指数涵盖的 35 个国家分为两个部分，一部分涵盖主要国际货币，称作主要货币指数，包括 16 个样本国家，如德国、法国、意大利等国家。宽指数中剩余 19 个币种构成第四种指数，即其他重要贸易伙伴指数，该指数涉及的国家是美国在拉丁美洲、亚洲、中东和东欧的重要贸易伙伴。随着国际金融格局的改变，尤其是 1999 年 1 月欧元诞生，美联储对四种指数包含的主要货币进行了相应调整。调整后原有 G10 国家变成了 G6，包括加拿大、日本、英国、欧元区、瑞士和瑞典 6 个国家或地区。宽指数包括的国家数量变成了 26 个，主要货币指数涵盖币种数量变成 7 个，其他重要贸易伙伴指数国家数量保持不变。

美元有效汇率指数权重基于贸易流构造。样本国权重由进口权重和出口权重两部分构成，进口权重为双边权重，出口权重为双重权重。在四种指数中，只有 G10 指数的权重是固定不变的，宽指数、主要货币指数和其他重要贸易伙伴指数的权重是时变权重，每年更新一次。美元有效汇率指数采用几何加权平均法进行计算，计算实际有效汇率指数时采用 CPI 进行平减。

五、人民币有效汇率指数的编制

在 2005 年 7 月人民币汇率形成机制改革之前，人民币实际上是以美元为货币锚，盯住美元的。在此阶段官方机构和公众主要关注人民币与美元双边汇率，有效汇率的概念还没有引起重视，也没有机构公开发布人民币有效汇率指数。自 2005 年 7 月，我国实行以市场供求为基础、参考一篮子货币进行调节、有管理的浮动汇率制度以后，有效汇率逐步被官方机构和公众所关注。一些机构和研究者开始探索编制人民币有效汇率指数。目前，编制并公开发布人民币有效汇率指数的机构有《第一财经日报》（CBN）、复旦大学金融研究院和北京航空航天大学。2015 年 12 月 11 日中国外汇交易中也发布了人民币有效汇率指数及指数算法说明，这是我国首次以官方的形式发布本国有效汇率指数。此外，一些学者也在有效汇率指数编制方面进行了有益探索。

（一）主要国际机构对人民币有效汇率的编制

前文介绍了一些国际机构对有效汇率的编制方法，其中就包括对人民币有效汇率指数的编制，此处就不再进行介绍。

（二）CBN 有效汇率指数

2006 年 7 月，《第一财经日报》（CBN）发布了人民币有效汇率指数。该指数包括人民币名义有效汇率指数和人民币实际有效汇率指数。该指数共选取了 11 种主要货币构造货币篮子，分别是美元、欧元、日元、韩元、新加坡元、英镑、林吉特、卢布、澳大利亚元、泰铢和加拿大元。该指数以 2005 年 1 月 3 日作为基期，对应的人民币名义有效汇率指数为 100。贸易权重则根据 BIS 发布的中国对主要贸易伙伴的贸易权重数据推算得出。该数据库每三年更新一次。该指数对名义汇率进行平减所采用的原始数据来自 OECD 发布的各经济体物价指数月度数据。中国物价指数是在 OECD 发布的同比数据基础上经基期调整计算得出；而贸易伙伴物价指数则在主要货币对应经济体物价指数的基础上通过贸易加权计算得出。①

（三）复旦人民币汇率指数

复旦大学金融研究院编制的汇率指数包括人民币汇率指数和人民币汇率模拟指数两个部分。人民币汇率指数又包括人民币名义有效汇率指数和实际有效汇率指数，人民币汇率模拟指数则包括人民币盯住一篮子货币汇率模拟指数、人民币盯住一篮子货币对特别提款权（SDR）模拟指数和人民币盯住一篮子货币对美元模拟汇率指数。该系列指数选择中国的主要贸易伙伴国和主要竞争对手作为样本，包括 24 个国家和地区，总计约占我国进出口总额的 86%。

贸易流作为构成加权平均权重的经济变量，构成竞争力权重的贸易流主要包括两种：商品贸易和服务贸易。考虑到服务贸易数据难以及时获得，复旦人民币汇率指数的贸易流仅考虑商品贸易流，权重计算方法采用大多数国际机构计算有效汇率时采用的几何加权平均法。考虑到第三国贸易数据的可得性问题，复旦人民币汇率指数仅考虑与主要伙伴国的直接进出口贸易影响，而不考虑第三国影响。复旦人民币汇率指数分别选择 2000 年和 2005 年作为计算基期，以便与国际组织的指数进行比较，并且以基期各交易日的算术平均值为 100。复旦人民币汇率指数的权重每个月更新一次。以样本国（或地区）过去 12 个月（即 1 年）的对我国进口额和出口额占同期中国对样本国进口额和出口总额的比重计算。②

（四）CFETS 人民币汇率指数

2015 年 12 月 11 日，中国外汇交易中心正式发布了 CFETS 人民币汇率指数。这是官方机构首次发布人民币有效汇率指数。CFETS 人民币汇率指数参考 CFETS 货币篮子，具体包括中国外汇交易中心（CFETS）挂

---

① 汇改两周年纪念 CBN 人民币指数是如何编制的？[N]．第一财经日报，2007-08-10.

② 参见复旦大学人民币汇率指数主页，http：//ifsfd. fudan. edu. cn/rmbei/nominal. html。

牌的人民币对外汇交易币种，样本货币权重采用考虑转口贸易因素的贸易权重法计算而得。篮子货币取价是当日人民币外汇汇率中间价和交易参考价。指数基期是2014年12月31日，基期指数是100点。指数计算方法是几何加权平均法。最初的货币篮子币种包括13种货币，分别是美元、欧元、日元、港元、英镑、澳大利亚元、新西兰元、新加坡元、瑞士法郎、加拿大元、林吉特、卢布和泰铢。

中国外汇交易中心还公布了参考BIS货币篮子和参考特别提款权（SDR）货币篮子的人民币有效汇率指数。

参考BIS货币篮子计算的人民币汇率指数主要参考BIS货币篮子，样本货币权重采用BIS货币篮子权重。对于中国外汇交易中心挂牌交易的人民币对外汇交易币种，样本货币取价是当日人民币外汇汇率中间价和交易参考价（例如泰铢），对于非中国外汇交易中心挂牌交易的人民币外汇交易币种，样本货币取价是根据当日人民币对美元汇率中间价和该币种对美元汇率套算形成。指数基期是2014年12月31日，基期指数是100点。指数计算方法是几何加权平均法。参考SDR货币篮子计算的人民币汇率指数主要参考SDR货币篮子，样本货币权重由各样本货币在SDR货币篮子的相对权重计算而得。样本货币取价是当日人民币外汇汇率中间价。指数基期是2014年12月31日，基期指数是100点。指数计算方法是几何加权平均法。

2017年1月1日起，按照CFETS货币篮子选样规则，CFETS货币篮子新增11种2016年挂牌人民币对外汇交易币种，CFETS篮子货币数量由13种变为24种，新增篮子货币包括南非兰特、韩元、阿联酋迪拉姆、沙特阿拉伯里亚尔、匈牙利福林、波兰兹罗提、丹麦克朗、瑞典克朗、挪威克朗、土耳其里拉、墨西哥元。篮子货币权重采用考虑转口贸易因素的贸易权重法计算而得，本期调整采用2015年度数据。本次新增篮子货币权重累计加总为21.09%，基本涵盖我国各主要贸易伙伴币种，进一步提升了货币篮子的代表性。通过货币篮子调整后的新版指数以当年最后一个银行间外汇市场交易日为重新定基日，以该最后交易日的老版指数为重新定基基期指数，自次年1月1日起按照新版货币篮子和权重计算新版指数。货币篮子中的货币及权重见表4－1。

表4－1　　新版CFETS货币篮子和权重

币种	权重	币种	权重
美元	0.224	泰铢	0.0291
欧元	0.1634	南非兰特	0.0178
日元	0.1153	韩圆	0.1077
港元	0.0428	阿联酋迪拉姆	0.0187
英镑	0.0316	沙特阿拉伯里亚尔	0.0199
澳大利亚元	0.044	匈牙利福林	0.0031
新西兰元	0.0044	波兰兹罗提	0.0066
新加坡元	0.0321	丹麦克朗	0.004
瑞士法郎	0.0171	瑞典克朗	0.0052
加拿大元	0.0215	挪威克朗	0.0027
林吉特	0.0375	土耳其里拉	0.0083
卢布	0.0263	墨西哥元	0.0169

此外，中国外汇交易中心将分别参考官方BIS货币篮子、官方SDR货币篮子，必要时对BIS货币篮子人民币汇率指数、SDR货币篮子人民币汇率指数的货币篮子进行调整。2017年参考BIS货币篮子的人民币汇率指数的货币篮子和权重保持不变。由于2016年10月1日人民币正式加入SDR货币篮子，IMF对SDR货币篮子权重进行了调整，中国外汇交易中心据此相应地调整2017年参考SDR货币篮子的人民币汇率指数的货币篮子和权重，重新定基规则与CFETS人民币汇率指数调整规则相同。[①]

（五）其他一些学者进行的研究

巴曙松等（2007）评述了主要国际经济机构对实际有效汇率算法的不同角度和发展趋势，由此提出了构建人民币实际有效汇率指数的一些借鉴意义。文章认为，首先，对于样本国的选择范围，应该选择最近一年（或最近若干年）与中国贸易量较大的若干样本国，其中欧元区可作为单个指标，英国也应作为单独的样本国；其次，应该考虑不同区域国

① 中国外汇交易中心公告〔2016〕81号。

家贸易的互补性和中国对外贸易地区结构的特点；最后，样本国货币的选择可以考虑涵盖中国外汇储备构成货币（美元、欧元、日元、韩元等）。对于竞争力权重的构造，可选用对人民币与样本国货币的间接汇率月度中间价进行几何加权平均计算。贸易流的构成主要是中国与样本国双边商品贸易。在服务贸易月度数据暂时不可得的情况下，可用已有的旅游服务贸易的年度数据代表服务贸易额；关于基期和频率，可将汇改后的2015年8～12月的月度实际有效汇率的算术平均作为基期数值。考虑到中国贸易的国别结构相对稳定，权重构造可每3年重新编制一次。

黄薇和任若恩（2008）采用时变贸易权重以及IMF方法，对1980年至2007年21个国家基于单位劳动成本的实际有效汇率进行了测算。在测算基础上，分析了国际制造业贸易格局的基本变化，并将中国的单位劳动成本状况与同样在制造业贸易中表现突出的爱尔兰进行了比较。郭琨和成思危（2012）对转口贸易与双边贸易数据不统一等问题进行处理和修正后，确定了人民币货币篮子的两种构成，并使用加入第三方市场竞争的贸易竞争力权重分别编制了人民币名义和实际有效汇率指数。分别构造了狭义货币篮子和广义货币篮子来计算人民币有效汇率指数。狭义的货币篮子中涉及的币种是美元、欧元、日元和韩元，广义的货币篮子不仅包括上述4种货币，还包括澳元、新加坡元、英镑和卢比，共计8种货币。文章考虑了第三方市场效应，但是选择的样本货币数量较少。基期选择为2006年1月。在计算实际有效汇率指数时采用CPI对名义汇率进行平减。陆前进（2012）也计算了人民币有效汇率。文章采用双边贸易加权计算货币权重，选择了美元、欧元、日元、韩元、港元等21种货币作为篮子货币，权重基期选取2007—2009年，基期选择在2005年。选择平减指数时，采用CPI。徐国祥等（2014）设计了一套能全方位多角度反映我国在不同市场特征下进出口竞争力状况，包含人民币发达市场汇率指数、人民币新兴市场汇率指数和人民币全市场汇率指数的指数体系编制方案。具体编制时，引入第三方市场效应，以全面反映我国与其他经济体之间的竞争关系，并使用除数修正法，对指数因成分货币或权重调整引起的非汇率价格因素变动进行修正，以保证指数的连续性。

除此之外，肖立昇和郭步超（2014）通过匹配中国与主要经济体的双边金融联系，构建了金融资产权重，运用资产价格作为平减指数，首次测算出中国的金融实际有效汇率，并分解了名义汇率与资产价格对金融实际有效汇率的贡献。

通过介绍关于人民币汇率的各种研究成果，可以看出，无论是国际机构还是国内学者进行的研究，有效汇率指数各种编制方法各有侧重点，不同的机构编制的方法可能也会有所不同，因此，判断一种货币的总体变动趋势可以参考不同机构的有效汇率指数来综合评估，计算人民币有效汇率也需要综合各种计算方法的优缺点来进行。

第二节　行业层面有效汇率

一、使用行业层面有效汇率的必要性

虽然计算国家层面汇率已经是比较成熟的做法，但是如果使用国家层面汇率来考察其对微观经济的影响，还存在一些问题。主要体现在以下两个方面。一方面，国家层面有效汇率的计算实际上假定一国之内经济中的各行业的外贸结构是无差异的。但实际情况并不是这样。一国之内不同的行业之间，往往在进出口结构、进出口份额以及价格水平上都存在很大的差异。因此，如果在考察行业层面的问题时使用国家层面的汇率，可能就不能准确度量行业层面所面临的汇率水平。另一方面，由于国家层面有效汇率计算公式中的加权权重以及价格水平都是国家层面加总的数据，因此，行业之间的信息在加总时容易被平均，行业之间的差异容易被互相抵消，从而会产生“加总谬误”。徐建炜和田丰（2013）通过例子表明，如果价格水平或者对外贸易水平在行业之间存在较大差异，加总国家层面的实际有效汇率会忽视行业间的差异性，仅仅提供平均值。当这两个关键变量在不同行业之间反向运动时基于相互抵消的作用，计算出的加总实际有效汇率不能准确反映行业竞争力，反而会传递错误的信息。

徐建炜和田丰（2013）统计了2000—2009年中国与主要国家的分行业贸易结构，发现不同行业的外贸结构相差较大。其统计结果见表4-2。

表4-2　2000—2009年中国与主要国家的分行业贸易结构比例　单位：%

行业	出口				进口			
	美国	欧洲国家	日本	其他国家	美国	欧洲国家	日本	其他国家
食品、饮料、烟草制造业	13	13	32	42	8	11	2	79
纺织、服装、皮革及鞋类制造业	19	24	15	42	2	8	17	73
木材加工制造业	23	26	21	30	11	10	1	78
造纸、印刷、出版制造业	29	19	6	46	20	16	9	55
化工、橡胶、塑料及燃料制品业	19	20	10	51	9	13	15	63
其他非金属矿物制造业	17	22	9	52	10	20	29	41
基础金属及压延金属制造业	16	20	9	55	7	17	16	60
机械及设备制造业	20	20	8	52	8	23	23	46
运输设备制造业	17	20	7	56	20	36	21	23

资料来源：徐建炜和田丰（2013）。

从表4-2中可以发现，不同行业的外贸结构相差较大。这主要体现在以下两个方面。一是不同行业对同一国家的出口比例差异很大。如造纸、印刷、出版制造业对美国的出口占行业总出口额的比例为29%，而食品、饮料、烟草制造业对美国的出口占行业总出口额的比例仅为13%。二是不同行业对同一国家的进口比例差异很大。如造纸、印刷、出版制造业从美国的进口占行业总进口额的比例为20%，而纺织、服装、皮革及鞋类制造业从美国的进口占行业总进口比例仅为2%。三是不同行业对不同国家的出口比例差异很大。如食品、饮料、烟草制造业对美国、欧洲国家和日本的出口占其总出口的比例分别为13%、13%和32%，其主要的出口方向是日本，而对欧洲国家的出口比例就相对较小。而运输设备制造业对美国、欧洲国家和日本的出口占其总出口的比例分别为17%、20%和7%，其主要的出口方向是欧洲国家，对日本的出口的比例就非常小。四是不同行业对不同国家的进口比例差异很大，如造纸、印刷、出版制造业从美国、欧洲国家和日本的进口占其总进口额的比例分别为

20%、16%和9%，美国是我国最大的进口来源国。而纺织、服装、皮革及鞋类制造业从美国、欧洲国家和日本的进口占其总进口额的比例分别为2%、8%和17%，从美国的进口仅占其进口的很小一部分。

可以看出，在中国，不同行业在进出口结构方面存在显著的行业间差异，测算分行业实际有效汇率对于理解中国的行业国际竞争力以及考察其变动对中国经济的影响都非常有必要。

二、行业层面有效汇率计算方法介绍

（一）Goldberg（2004）中的计算方法

行业层面有效汇率的研究和计算始于 Goldberg（2004），作者利用美国的分行业贸易数据构造了20个产业的实际有效汇率，以此来度量美国不同行业的相对国际竞争力的差异。

具体来看，Goldberg（2004）利用下面的3个方程分别计算出口加权、进口加权和贸易加权的实际有效汇率：

（1）出口加权有效汇率

$$XER_t^i = \sum_c w_t^{ic} RER_t^c \tag{4-9}$$

其中，$w_t^{ic} = \dfrac{X_t^{ic}}{\sum_c X_t^{ic}}$ （4-10）

（2）进口加权有效汇率

$$MER_t^i = \sum_c w_t^{ic} RER_t^c \tag{4-11}$$

其中，$w_t^{ic} = \dfrac{M_t^{ic}}{\sum_c M_t^{ic}}$ （4-12）

（3）贸易加权有效汇率

$$TER_t^i = \sum_c w_t^{ic} RER_t^c \tag{4-13}$$

其中，$w_t^{ic} = 0.5 \times \left(\dfrac{M_t^{ic}}{\sum_c M_t^{ic}} + \dfrac{X_t^{ic}}{\sum_c X_t^{ic}} \right)$ （4-14）

其中，RER 是美元与其他国家货币的双边实际汇率指数，是利用美国和其他对应国家的消费物价指数对名义汇率进行调整而得到。(4－9)(4－11)和(4－13)3个方程的权重分别采用行业的出口、进口以及贸易(即出口与进口之和)计算得到。

(二) Lee 和 Yi (2006) 中的计算方法

Lee 和 Yi (2006) 指出，Goldberg (2004) 方法仅在贸易加权时选择行业层面的数据，价格水平的选取仍然是加总层面的物价指数，所以也无法准确度量实际有效汇率。因此，Lee 和 Yi (2006) 利用行业层面的 PPI 而不是加总价格指数，采用 Goldberg (2004) 的权重构造方法对韩国的分行业实际有效汇率进行了测算。

(三) 徐建炜和田丰 (2013) 中的计算方法

徐建炜和田丰 (2013) 认为，传统方法测算的加总国家层面的实际有效汇率忽视了其中的异质性特征。文章测算了人民币分行业实际有效汇率。测算结果显示，人民币实际有效汇率在国内不同行业之间存在显著差异。

对于行业实际有效汇率的测算公式如下

$$
\begin{aligned}
REER_{CN,s} &= \prod_{j=1}^{n} RER_{CN,js}^{\frac{Trade_{CN,js}}{\sum_{j=1}^{n} Trade_{CN,js}}} \\
&= \prod_{j=1}^{n} \left(\frac{XRAT_{CN,j}}{XRAT_{CN,jo}} \times \frac{P_{CN,s}}{P_{js}} \right)^{\frac{Trade_{CN,js}}{\sum_{j=1}^{n} Trade_{CN,js}}} \qquad (4-15)
\end{aligned}
$$

其中，$REER_{CN,s}$ 是中国在行业 s 的实际有效汇率，$Trade_{CN,js}$ 是中国与 j 国在行业 s 中的贸易额，$RER_{CN,js}$ 是中国与 j 国在行业 s 的双边实际汇率，$XRAT_{CN,j}$ 是中国与 j 国的当期双边名义汇率，$XRAT_{CN,jo}$ 是中国与 j 国的基期双边名义汇率，$P_{CN,s}$ 和 P_{js} 分别是中国和 j 国行业 s 产品的价格水平。

徐建炜和田丰 (2013) 行业有效汇率计算的特点是，其使用了行业层面的 CPI 对名义汇率进行平减。文章使用的是来自生产方面的增加值平减指数(即 PPI)而不是使用 CPI 进行平减。文章之所以使用 PPI 而不是使用 CPI 进行平减，原因在于：(1) 行业 CPI 数据相比较于行业 PPI 数据，更加难以获得；(2) CPI 较 PPI 更容易受到零售商定价的影响，不能完全度量一个行业面临的国际价格竞争力。

第三节　企业层面有效汇率

一、企业层面有效汇率计算的必要性

关于汇率变量，从已有的研究来看，对于汇率的测度方法有多种，包括人民币对单一国家货币汇率、国家层面的有效汇率、行业层面的有效汇率等。具体到研究企业层面问题所使用的汇率，已有的研究多是采用上述的汇率测度方法作为替代。我们认为，使用上述测度方法来度量企业层面的汇率是存在一定问题的。

第一，不同的企业，其贸易对象国可能是不同的，这会导致企业在对外贸易时会面临不同的货币。而且不同的货币，其汇率变动的幅度以及升值或贬值的方向是不同的，这就会导致不同的企业面临着不同的汇率。所以如果用各企业间相同的汇率水平来研究汇率变动对企业行为和绩效造成的影响，研究结果就会出现偏差。

第二，就同一企业来说，研究汇率变动对企业行为和绩效的影响，使用同一汇率水平也是不合适的。因为对同一企业来说，其可能既有出口，也有进口，由于企业的进口和出口对企业行为和绩效影响的方向可能是不一致的，而且企业的进口和出口所对应的国家以及相应的货币可能也是不一样的，所以企业的进口和出口所面临的汇率以及其对企业的影响也可能是不相同的。因此，我们认为，对于同时既从事进口也从事出口的企业，并且在贸易对象国不相同的情况下，区分企业的进口汇率和出口汇率也是有必要的。

戴觅和施炳展（2013）认为，采用加总的有效汇率在使用加总数据的经验研究中是合适的，可以得到关于汇率影响的一致估计。但是一旦用于微观层面的研究，就会使估计结果产生严重偏误。相反，在微观层面的研究中使用企业层面的有效汇率可以得到汇率影响的一致估计。文章通过一个例子说明了不使用企业层面有效汇率会出现计算的偏差。并通过例子进一步进行说明：（1）使用加总有效汇率带来的估计偏误并不仅限于估计出口的汇率弹性，事实上，这一偏误对于任何从微观层面研究汇率对企业影响的研究均存在。（2）偏误的大小取决于企业有效汇率变动在企业间的差异程度。有效汇率在企业间的差异性越大，采用加总有效汇率进行估计带来的偏误就越大。

二、企业层面有效汇率计算方法介绍

近年来，一些学者也计算了企业层面的有效汇率。我们对这些成果进行简单介绍。

（一）李宏彬等（2011）中的计算方法

李宏彬等（2011）利用中国海关数据计算了企业层面有效汇率。文章对企业在 t 期面对的人民币有效汇率 $REER_t$ 定义如下。

$$REER_t = 100 \times \prod_{j=1}^{n} \left(\frac{E_{jt}}{E_{j0}} \times \frac{CPI_t}{CPI_{jt}} \right)^{w_{jt}} \tag{4-16}$$

其中，对每个 j $\sum_{j=1}^{n} w_j = 1$ （4－17）

其中，E_{jt} 是 t 期外币 j 的人民币价格，即外币 j/CNY。E_{j0} 是基期时外币 j 的人民币价格，基期定在 1999 年。CPI_t 是 t 期中国的 CPI（1999 = 100）。w 是贸易权重，对于经营出口业务的企业而言，其等于该企业 t 期出口到 j 国的出口值占其 t 期总出口值的比例；对于经营进口业务的企业而言，其等于该企业 t 期从 j 国进口的进口值占其 t 期总进口值的比例。因此，基期时的 $REER$ 值为 100，REER 上升，表示人民币实际有效汇率升值；REER 下降，表示人民币实际有效汇率贬值。公式采用的是几何加权平均的形式。

李宏彬等（2011）在计算贸易加权的有效汇率时，在出口企业样本中，根据出口到各国及地区的贸易权重，采用了 14 种货币对人民币的汇率进行计算，包括美元、欧元、英镑、港元、日元、韩元、新台币、新加坡元、马来西亚林吉特、印度尼西亚卢比、泰铢、菲律宾比索、澳大利亚元和加拿大元。对于其他目的地的货币汇率，文章均采用美元对人民币的汇率来代替。在进口样本中，文章根据我国企业进出口商品来源地比出口商品目的地更具多样性的特征，除了使用上述 14 种货币外，还增加了瑞典克朗和瑞士法郎。同样，对于其他进口来源地的货币汇率，也由美元对人民币的汇率来代替。

（二）戴觅和施炳展（2013）中的方法

戴觅和施炳展（2013）参照李宏彬等（2011）的做法，采用以下公式计算企业层面的有效汇率。

$$FNEER_{it} = 100 \times \prod_{k=1}^{n} \frac{e_{kt}}{e_{k0}}^{w_{ikt}} \tag{4-18}$$

$$FREER_{it} = 100 \times \prod_{k=1}^{n} \frac{e_{kt}}{e_{k0}} \frac{p_{CHt}}{P_{kt}}^{w_{ikt}} \tag{4-19}$$

其中，$FNEER_{it}$ 与 $FREER_{it}$ 分别代表企业 i 在时间 t 的名义有效汇率与实际有效汇率。e_{kt} 为国家 k 在时间 t 的名义汇率。采取间接标价法衡量汇率，即 1 元人民币兑换 e_{kt} 外币。选取 2000 年作为基期。P_{kt} 与 p_{CHt} 分别为 k 国与中国的 CPI（2000 年 =100）。w_{ikt} 为企业 i 在 k 国的贸易份额，即在 k 国的贸易额除以企业贸易总额。为了与 IMF 等机构所公布的有效汇率计算方法相对应，文章采用企业的进口额加出口额来计算贸易权重，但随后也采取了仅用进口额或仅用出口额的方法来对权重进行计算。文章采用国家层面的价格指数来度量相对价格，也没有考虑第三国竞争效应。

（三）余淼杰和王雅琦（2015）中的计算方法

余淼杰和王雅琦（2015）也利用中国海关数据库计算了企业出口有效汇率。其对李宏彬等（2011）的方法作了改进。李宏彬等（2011）在测算企业实际有效汇率时仅使用了包括美元、欧元和英镑在内的 14 种国家货币对人民币的名义汇率。而将其余国家货币对人民币的名义汇率以美元对人民币的名义汇率给予替换。而文章对企业有效汇率的测算精确到了 190 个国家每一个出口地的汇率。不过余淼杰和王雅琦（2015）方法计算的是名义有效汇率而不是实际有效汇率。

第五章　企业有效汇率的测算

本书主要考察的是企业层面有效汇率对企业绩效的影响，因此测算企业层面有效汇率就成为关键步骤。本章介绍了所使用的数据库和测算企业有效汇率的方法，也对测算结果进行了分析。

第一节　数据库介绍

一、国家统计局中国工业企业数据库

（一）数据库简介

中国工业企业数据库是基于国家统计局进行的规模以上工业统计报表统计取得的资料整理而成。数据库的统计对象为规模以上工业法人企业，包括全部国有和年主营业务收入500万元及以上的非国有工业法人企业，与《中国统计年鉴》的工业部分和《中国工业统计年鉴》中的覆盖范围一致。区别是本数据库是企业层面的原始数据，而“年鉴”是按不同维度得到的加总数据。

该数据库共收录了中国33万多家工业企业，产值占中国工业总产值的95%左右，覆盖了中国工业40多个大类、90多个中类、600多个小类，每个企业提供超过上百个变量，是目前国内最为全面和权威的企业层面数据。该数据库是我国经济学和管理学研究领域的重要资料，利用该数据库很多学者得到了非常有价值的研究成果。

（二）数据库概况

数据库里的企业用法人代码作为标记。数据库包含的企业每年都有新增企业和减少企业，不过绝大部分企业的资料是连续的。

数据库对每个企业给出两类信息，一是企业经营成果有关的信息，

包括资金流量表、资产负债表和损益表的主要信息，以及雇用员工和生产活动信息；二是对企业身份、生产经营活动内容和状态进行定性描述的信息，这些信息都是以代码的形式出现，在使用时需要参照代码表。

数据库涵盖的主要变量包括法人代码、省地县代码、行业类别、登记注册类型、开工时间、营业状态等企业基本信息，也包括了企业的损益表、资产负债表和现金流量表 3 张表的财务信息，共 100 多个会计变量。如工业总产值、工业销售产值、出口交货值、全部从业人数、工业增加值、固定资产年平均余额、产品销售收入、营业利润、利润总额、本年应付工资总额等。

（三）对数据库的整理

为了得到研究中所需要的数据，我们对源数据进行了两个方面的调整和筛选。

第一，由于数据调查中的各种纰漏和差错，以及实际经营中的某些原因，导致企业的部分指标缺失或者取值不合理，因此，本书剔除了数据库中固定资产净值年平均余额、主营收入、主营成本、销售产值现价、总产值现价、出口交货值、总产值现价、中间投入、应付工资、全部从业人数、总资产等项目中值为零、为负数或者缺失的数据。

第二，由于我国 2002 年颁布了新的国民经济行业分类体系（GB/T 4754—2002），并于2003 年正式实施，新的分类体系新增了“C43 废弃资源和废旧材料回收加工业”，将原行业分类体系（GB/T 4754—1994）中的“H6290 再生物资回收批发业”归到此类。因此，本书的源数据中 2001 年和 2002 年的数据是按照原行业分类体系（GB/T 4754—1994）进行行业分类的，而 2003 年以后的数据则是按照新的国民经济行业分类体系进行分类的，为了统一口径，本书根据新的行业分类标准对 2001 年和 2002 年数据中的行业类别进行了相应调整，保留了 35 个两位数行业。

二、中国海关数据库

中国海关进出口企业数据来自中国海关总署。该套数据包括位于全国717个县市的30多万家进出口企业，涉及200多个贸易国与地区和8000多种产品。对每种产品，数据包括了三类信息。第一，5个关于贸易的基本变量，包括贸易额（由美元度量）、贸易状态（进口/出口）、贸易的产品数目、交易单位、每单位产品贸易额除以产品数目。第二，6个关于贸易模式和方式的变量，包括出口或进口的对象国家或地区、路线（是否途经第三国或地区）、贸易类型（加工贸易或一般贸易）、贸易模式（海运、卡车、航空或邮政）、进出的海关。第三，7个关于企业的基本信息，包括企业名称、海关编码、所在城市、电话、邮编、CEO的姓名、企业所有制类型（国有企业、外资企业、民营企业）。

三、数据库的合并

由于我们考察的是人民币汇率变动对企业行为和绩效的影响，因此涉及企业面临的汇率以及出口、投资、雇用人数、利润等变量，而这些变量不是同时存在上述两个数据库中的单个数据库中的。我们需要从海关数据库中获取企业的进口额和出口额以及进出口所对应的国家，并以此为依据计算企业面临的进口汇率和出口汇率，从工业企业数据库中获得企业的利润、投资、雇用人数等数据。因此我们需要把两个数据库进行合并。由于同一家企业在这两个数据库中的代码不同，因此我们需要对这两个数据库进行匹配。由于这两个数据库在变量内容、数据格式等方面的限制，我们主要对2000—2006年期间的数据进行匹配。我们参考Ying Ge（2011）等的方法采用3个步骤对这两套数据库进行配对合并。第一步，用企业名称和年份进行匹配；第二步，对第一步没有匹配成功的数据，用企业所在地邮政编码、联系人以及年份进行合并；第三步，对以上两步没有匹配好的数据，用企业联系电话进行匹配。通过这3步合并以后，我们得到的合并后的数据库包括了126963个企业，约占海关数据库样本期间企业数量315718个的40%。

第二节　企业有效汇率的测算

一、企业有效汇率的测算公式

我们计算企业每一期贸易加权并剔除本国和贸易地区的物价水平变动后的实际有效汇率。

参考李宏彬等（2011）、戴觅和施炳展（2013）以及吴国鼎（2015）的计算方法，我们对企业 i 在 t 期的人民币有效汇率（ $BEER_{it}$ ），定义如下。

$$BEER_{it} = 100 \times \prod_{j=1}^{n} \left(\frac{E_{jt}}{E_{j0}} \times \frac{CPI_t}{CPI_{jt}}\right)^{w_{ijt}} \qquad (5-1)$$

其中，对每一个 t，$\sum_{j=1}^{n} w_{ijt} = 1$ （5－2）

其中，E_{jt} 是 t 期外币 j 的人民币价格，即外币/CNY。E_{j0} 是基期外币 j 的人民币价格，本书的基期定在 1999 年，CPI_t 是 t 期中国的 CPI（基期也定在 1999 年，即 1999 年 =100），CPI_{jt} 是 t 期 j 国的 CPI（基期也定在 1999 年，即 1999 年 =100）。w_{ijt} 是企业 i 在 t 期的对国家 j 的贸易权重。

二、几种企业层面有效汇率的测算方法

我们计算企业面临的 3 种汇率：加总有效汇率、进口有效汇率和出口有效汇率。

（一）加总有效汇率

$$w_{ijt} = \frac{Export_{ijt} + Import_{ijt}}{Export_{it} + Import_{it}} \qquad (5-3)$$

其中，w_{ijt} 是企业 i 在 t 期对国家 j 的贸易权重，$Export_{ijt}$ 是企业 i 在 t 期对国家 j 的出口额，$Import_{ijt}$ 是企业 i 在 t 期对国家 j 的进口额。

$Export_{it}$ 是企业 i 在 t 期对所有国家的出口额，即

$$Export_{it} = \sum_{j=1}^{n} Export_{ijt} \qquad (5-4)$$

$Import_{it}$ 是企业 i 在 t 期对所有国家的进口额，即

$$Import_{it} = \sum_{j=1}^{n} Import_{ijt} \tag{5-5}$$

（二）出口有效汇率

$$w_{ijt} = \frac{Export_{ijt}}{Export_{it} + Import_{it}} \tag{5-6}$$

（三）进口有效汇率

$$w_{ijt} = \frac{Import_{ijt}}{Export_{it} + Import_{it}} \tag{5-7}$$

可以看出，这 3 种汇率测度方式的区别是加权的贸易额的区别：对于加总有效汇率的计算，我们用企业的进口额和出口额的加总作为贸易权重。对于企业进口有效汇率的计算，我们以企业的进口额作为权重，对于企业出口有效汇率的计算，我们以企业的出口额作为权重。具体到计算时，为避免内生性问题，按照 Goldberg（2004），我们以企业滞后一期的进出口比例作为加权权重。

从计算公式可以看出，基期时的 BEER 值为 100。BEER 上升，表示人民币实际有效汇率升值；BEER 下降，则表示人民币实际有效汇率贬值。

对于使用的双边汇率，根据样本中企业的进出口贸易对象国，我们采用了美元、英镑、欧元、港元、新台币、韩元、日元、澳大利亚元、加拿大元、瑞典克朗、瑞士法郎、泰铢、印度尼西亚卢比、新加坡元、马来西亚林吉特和菲律宾比索 16 种货币对人民币的汇率进行计算。

第三节　企业有效汇率测算结果分析

一、测算结果与 IMF 测算结果的比较

我们可以把我们测算的 2000—2006 年企业各年的进口有效汇率和出口有效汇率的平均值与 IMF 计算的人民币实际有效汇率作比较。结果见图 5－1。

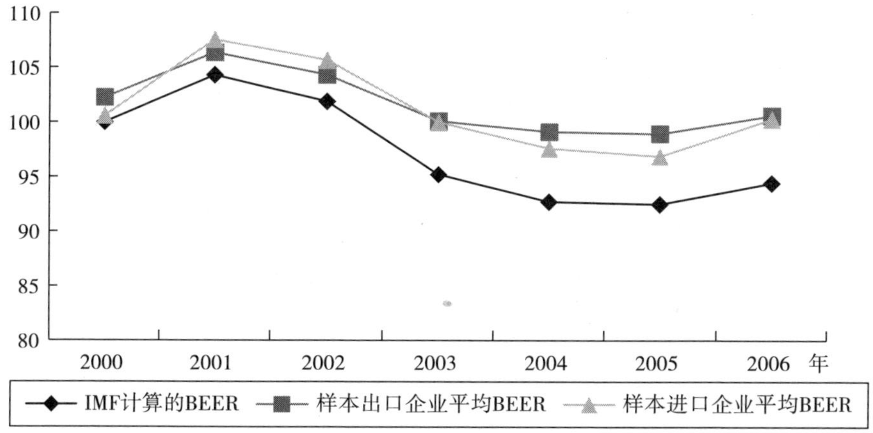

图 5-1　样本企业平均有效汇率与 IMF 计算的人民币有效汇率

图 5-1 中是将我们测算的企业出口有效汇率和进口有效汇率的平均值与 IMF 计算的人民币实际有效汇率所做的比较。从图中可以看出，不论是样本企业出口有效汇率的平均数，还是样本企业进口有效汇率的平均数，都与 IMF 计算的人民币实际有效汇率十分相近。这说明我们的计算方法是合理的。

二、对测算结果的具体分析

既然本书强调使用企业层面有效汇率，那么使用企业层面有效汇率和使用其他层面汇率相比有哪些优势呢？我们可以对测算出的企业层面有效汇率同其他层面汇率进行比较分析。

（一）企业层面有效汇率的统计分析

可比较的汇率类型有国家层面汇率、行业层面汇率等。国家层面汇率的代表就是 IMF 计算的人民币实际有效汇率。如果使用人民币有效汇率应用于我们的样本计算，那么汇率变量每年就只有一个变量值，这显然缺乏差异性。

虽然各行业之间汇率变量的差异性变大，但是相对于样本中几万家企业以及企业之间汇率的差异性来说，行业层面之间有效汇率的差异性还是不够大。但是，企业层面有效汇率之间的差异还是很大的，可以对我们计算的企业层面有效汇率进行描述性统计（见表5－1）。

表5－1　　企业层面有效汇率的描述性统计

变量名称	均值	标准差	最小值	最大值
加总名义有效汇率	100.20	6.25	79.27	143.39
加总实际有效汇率	99.49	9.71	72.91	127.35
出口名义有效汇率	100.28	6.10	79.27	143.39
出口实际有效汇率	100.12	10.40	72.91	127.35
进口名义有效汇率	100.34	7.00	79.27	143.39
出口实际有效汇率	100.16	10.21	72.91	127.35

可以看出，样本企业的加总实际有效汇率的最大值为127.35，最小值为72.91，标准差为9.71；样本企业的出口实际有效汇率的最大值为127.35，最小值为72.91，标准差为10.40；样本企业的进口实际有效汇率的最大值为127.35，最小值为72.91，标准差为10.21。

我们也可以分年度对企业实际有效汇率进行描述性统计（见表5－2）。

表5－2　　企业实际有效汇率分年度描述性统计

年份	变量名称	均值	标准差	最小值	最大值
2000	加总实际有效汇率	101.65	4.83	94.73	115.29
	出口实际有效汇率	102.07	4.80	94.73	115.29
	进口实际有效汇率	100.72	5.45	94.73	115.29
2001	加总实际有效汇率	106.43	5.44	96.47	125.47
	出口实际有效汇率	106.15	5.71	96.47	125.47
	进口实际有效汇率	107.38	5.22	96.47	125.47
2002	加总实际有效汇率	104.14	6.31	93.13	122.28
	出口实际有效汇率	104.14	6.92	93.13	122.28
	进口实际有效汇率	105.30	6.03	93.13	122.28
2003	加总实际有效汇率	98.95	7.41	81.44	125.51
	出口实际有效汇率	99.62	8.39	81.44	125.51
	进口实际有效汇率	99.75	7.67	81.44	125.51

续表

年份	变量名称	均值	标准差	最小值	最大值
2004	加总实际有效汇率	97.18	8.83	79.42	127.35
	出口实际有效汇率	98.27	10.16	79.42	127.35
	进口实际有效汇率	97.51	9.05	79.42	127.35
2005	加总实际有效汇率	96.29	10.12	76.60	122.57
	出口实际有效汇率	97.46	11.41	76.60	122.57
	进口实际有效汇率	96.25	10.77	76.60	122.57
2006	加总实际有效汇率	97.95	12.66	72.91	125.17
	出口实际有效汇率	98.58	13.39	72.91	125.17
	进口实际有效汇率	99.01	14.16	72.91	125.17

从表5－2中可以看出，样本企业的企业有效汇率的标准差基本上在样本区间内呈逐渐增大的趋势。有效汇率的标准差越大，说明企业之间汇率的差异越大。在这种情况下，如果不考虑企业之间汇率的差异，而是采用在各个企业之间无差异的行业层面有效汇率或者国家层面汇率，会导致检验结果的偏差。

（二）企业有效汇率差异的来源

表5－1和表5－2显示，企业有效汇率之间存在着很大的差异，那么企业间有效汇率差异是哪些原因导致的呢？可能这是由企业所处的行业之间的差异（行业间差异）以及企业之间的差异（行业内差异）造成的。如果企业间汇率的差异主要是由行业之间差异造成的，那就说明企业之间的汇率差异不大，使用企业层面汇率对于检验结果的改进有限。使用行业层面汇率考察企业问题的学者大多认为，不同行业之间，行业特征、行业外贸方向是有差异的，这些差异导致了行业间汇率的差异，而对于行业内的企业，其外贸方向等都基本一致，所以其面对的汇率也都基本相同。而如果企业间汇率的差异主要是由企业之间的差异造成的，那就说明不同的企业，即使处在同一行业中，其汇率也有很大的差异。在这种情况下，如果使用行业层面汇率来考察微观企业问题，检验结果就会有偏差。

为了测度行业间和行业内差异对企业有效汇率差异的贡献度，我们可以参照 Helpman 等（2017）的方法，将企业有效汇率的总差异分解为行业内与行业间差异。

我们以 2006 年计算出的企业有效汇率为例对企业有效汇率进行分解。我们根据中国工业企业数据库里所提供的 4 位数行业代码来划分企业所处行业。表 5 -3 汇报了 2006 年的分解结果。

表 5 -3　企业有效汇率差异中行业内差异与行业间差异贡献率（2006 年）

单位：%

有效汇率种类	行业内差异贡献率	行业间差异贡献率	合计
加总实际有效汇率	97.3	2.7	100
出口实际有效汇率	96.8	3.2	100
进口实际有效汇率	98.3	1.7	100

从表 5 -3 可以看出，企业有效汇率之间的差异，主要是由于行业内差异造成的。如 2006 年的企业加权有效汇率之间的差异中，有 97.3% 是由行业内之间的差异造成的，即由企业之间的差异造成的，而来自行业间的差异仅占 2.7%。在这种情况下，如果使用对行业内各个企业都相同的行业层面有效汇率来考察企业问题，就会抹杀大部分的企业之间的汇率差异，从而容易造成检验结果的偏差。而如果使用企业层面的汇率，那么就能够捕捉到绝大部分的企业间汇率的差异，从而能够减少检验结果的偏差。

第六章 企业有效汇率变动对企业出口的影响

汇率变动对企业最直接的影响就是对企业出口的影响。有很多学者已经对这一问题进行了研究。但是已有的研究使用的多是国家层面的有效汇率，而很少有学者使用企业层面有效汇率对这一问题进行研究。本章使用前面章节测算出来的企业层面有效汇率分别从汇率变动对企业出口金额、企业出口产品价格、企业是否出口、企业出口产品种类等角度进行研究。本章还考察了企业有效汇率波动率对企业出口金额的影响。

第一节 企业有效汇率变动对企业出口金额的影响

一、问题的提出

汇率变动对企业出口额的影响是汇率变动对企业贸易影响的一个基本问题。无论是在学术研究文章中，还是在有关国家经济形势的分析中，这一问题都屡屡被涉及。从理论上分析，本币贬值，企业出口产品在出口目的地国家的价格会下降，从而引起销售量的增加，进而可能导致企业出口额的增加。本币升值的情况则反之。当然，本币贬值引起企业出口额的上升是有一定前提条件的，这个前提条件就是马歇尔—勒纳条件。如果马歇尔—勒纳条件不满足，那么本币贬值就不会导致企业出口的增加。另外，汇率变动对出口的影响还存在“J曲线效应”。也就是本币在贬值后一段时期不但不会导致出口增加，反而会导致出口下降，这一段时期过后才会导致企业出口增加。

我国企业的出口受汇率变动的影响情况如何？虽然对这个问题已经

有了很多研究，但大多数的研究是从宏观角度来进行的，也就是研究汇率变动对一个国家或地区等宏观层面上的出口的研究，而且所使用的汇率多为宏观层面汇率，也就是人民币有效汇率或者人民币对美元汇率或者是行业层面汇率。因此，本部分使用企业层面有效汇率对这一问题进行分析和检验就很有意义。

二、研究综述

关于汇率变动对出口影响的研究，可以分为两个层面，一个层面是研究汇率变动对包括出口和进口在内的贸易收支的影响，另一个层面是研究汇率变动对出口的影响。

（一）汇率变动对贸易收支的影响

在研究汇率变动对贸易收支影响的文献中，国内外学者研究的重点主要是马歇尔—勒纳条件以及“J 曲线效应”是否成立。马歇尔—勒纳条件（M—L 条件）指的是，在出口商品需求价格弹性与进口商品需求价格弹性之和大于 1 时，本币贬值能够改善一国贸易收支。而两者弹性之和小于 1，则本币贬值会使贸易收支恶化。“J 曲线效应”指由于货币合同、汇率传导和商品数量调整存在时滞，本币贬值可能会在短期内使贸易收支恶化，但长期则会改善国际收支。

在相关研究中，由于各自研究的对象、样本区间和计量方法存在差异，因此并没有得到较为一致的结论。

1. 有研究认为，马歇尔—勒纳条件成立以及“J 曲线效应”存在

这些研究包括国外的研究以及利用中国数据进行的研究。

（1）国外的研究

Dornbusch（1976）在研究汇率变动对国际收支的影响时考虑了资本流动因素。他认为金融资产货币价格变动可瞬间完成，但贸易和国民收入变动则相对迟缓，因此贸易收支必然出现“J 曲线效应”。Krugman 和 Baldwin（1987）研究了美元汇率变动和美国贸易收支之间的关系，发现美元实际汇率贬值可以改善美国的贸易收支。Olugbenga（2003）研究了 1982—2001 年东南亚四国本币汇率与贸易收支状况，发现这四个国家与

美国和日本的贸易都符合马歇尔—勒纳条件。

（2）用中国数据进行的研究

也有一些学者利用中国的数据得出了类似的结论。

戴祖祥（1997）对人民币汇率变动对中国贸易收支的影响进行了研究。研究结果发现，我国出口产品需求的短期价格弹性为 -1.0331。文章再根据 IMF（1994）统计的我国的进口需求关于相对价格的长期弹性约为 -0.3，则得到我国进出口需求价格弹性之和为 -1.3331，满足马歇尔—勒纳条件。也就是说，人民币贬值能够改善我国的贸易收支。马丹和徐少强（2005）的研究发现，人民币实际有效汇率的贬值能够改善中国贸易收支，而人民币实际有效汇率的升值将导致中国贸易收支的恶化。卢向前和戴国强（2005）的研究结果发现，人民币实际汇率变动对我国进出口存在着显著的影响，马歇尔—勒纳条件成立。文章同时也发现，人民币实际汇率变动对进出口的影响存在“J 曲线效应”。文章认为，人民币汇率盯住美元，且我国进出口多以美元报价结算是“J 曲线效应”存在的重要原因。范方志和赵大平（2007）使用中国和其 14 个主要贸易伙伴的贸易数据，检验了人民币双边汇率与双边贸易收支的关系。检验结果发现，在长期，人民币汇率贬值能改善我国对所有贸易伙伴的贸易收支，马歇尔—勒纳条件成立。陈学彬和徐明东（2007）在控制了外国直接投资（FDI）存量和我国加工贸易特征影响后运用 VAR 方法对我国贸易收支与人民币实际汇率变动进行了研究。研究结果发现，人民币实际汇率的变动显著影响了我国进口、出口和净出口贸易；人民币实际汇率升值会引起我国进、出口下降和贸易顺差减少；人民币实际汇率变动对贸易收支影响的“J 曲线效应”存在，时滞约为 5 个月。周杰琦和汪同三（2010）检验了 1994 年 1 月至 2009 年 4 月人民币实际汇率变动对我国进出口以及贸易收支的影响。研究结果发现，人民币实际汇率变动对贸易收支的影响十分显著，马歇尔—勒纳条件在长期中成立。人民币实际汇率波动对贸易收支的影响存在“J 曲线效应”。高运胜等（2011）对欧元汇率变动对中欧贸易相对差额的影响进行实证分析。研究结果表明，人民币对欧元汇率贬值初期会引起中国对欧元区贸易收支的短期恶化，但经过一段时间后由于我国对欧元区出口数量增加，贸易盈余趋于稳定，因此中国对欧元区贸易存在汇率贬值的“J曲线效应”。刘园和韩斌（2012）对中国和东盟5国的贸易收支和人民币实际有效汇率之间的关系进行实证研究。研究发现：人民币实际有效汇率和中国—东盟5国贸易收支之间存在因果关系，短期内人民币升值会改善贸易收支。因此，中国与东盟5国的双边贸易收支状况可以通过变动人民币实际有效汇率来调整。

2. 有研究认为，马歇尔—勒纳条件不成立，“J曲线效应”也不存在

这些研究也包括国外的研究和利用中国数据进行的研究。

（1）国外的研究

克鲁格曼（1989）的研究发现，在1985—1987年，美元的贬值并没有造成美国赤字状况的改善，反而造成赤字的持续增加。Wilson（2001）利用1970—1996年美国、日本和韩国的相关数据对三国间的多边贸易进行研究，发现实际汇率对美韩和日韩之间的贸易收支没有显著的影响。Rose（1991）对美国、英国、加拿大、德国、日本等国1974—1986年的数据的检验表明，上述国家的进出口与实际汇率之间不存在协整关系，马歇尔—勒纳条件不成立。Bahmani - Oskooee和Goswami（2003）利用日本对外贸易情况进行的研究发现，无论长期还是短期，日本对外贸易均不存在明显的“J曲线效应”。

（2）用中国数据进行的研究

谢建国和陈漓高（2002）研究了中国贸易收支与人民币汇率之间的关系，认为人民币贬值并没有显著改善中国的贸易收支，中国贸易收支短期主要取决于国内需求状况，而长期则取决于国内供给状况。因此，短期控制国内需求，长期增加国内供给是改善中国国际收支状况最根本的手段。沈国兵（2005）使用1994—2002年和1998—2003年的中美贸易数据进行研究，研究结果发现中美贸易收支与人民币汇率之间没有长期稳定的协整关系，仅仅依靠人民币汇率变动无法解决美中贸易逆差问题。梁琦等（2005）分别对中美及中日双边贸易收支的影响因素进行了实证研究。研究结果显示，中美双边实际汇率对中美双边贸易收支变动的影

响微乎其微，但中日双边实际汇率在长期中却是中日双边贸易收支变动的主要影响因素。对于中美和中日之间双边贸易收支影响因素的差异，文章主要从贸易结构和贸易条件的角度进行分析，认为存在差异的部分原因是中美之间的产业内贸易水平和当地货币定价（LCP）高于中日之间。许统生和涂远芬（2006）估计了中国1994—2005年的贸易弹性。研究结果发现，汇率变动对我国进出口贸易没有显著的影响作用，通过调整人民币汇率来改善中国贸易顺差的方法很难达到预期效果。原因在于，中国出口的商品主要是劳动密集型产品，而这类产品在发达国家处于“夕阳产业”，商品价格偏高。因此，我国的贸易顺差并不是由汇率水平引起的，而是由贸易国之间的经济结构和政策安排所导致的。周逢民等（2009）利用季度经济数据对中俄贸易收支与人民币实际有效汇率的关系进行了实证分析。研究结果发现，人民币实际有效汇率和中俄双边贸易收支之间不存在因果关系，因此人民币实际有效汇率上升并不能改变中俄贸易顺差现状。原因在于，中国主要向俄罗斯出口工业制成品，俄罗斯主要向中国出口能源和原材料等初级产品，中俄双边贸易具有很强的互补性，这也就决定了汇率对中俄贸易收支的影响是有限的。李宏彬等（2011）使用2000—2006年的中国进出口数据，分别估计了人民币实际有效汇率对我国企业出口和进口产生的影响，从微观层面上估计了我国进出口的汇率弹性。研究结果发现，人民币实际有效汇率每升值1%，则企业出口值减少0.99%，但同时，企业进口值也降低0.71%。文章认为这主要是由于我国产业链造成的影响。我国的很多进口是为出口提供原材料和中间品，人民币升值带来出口需求的减少，会直接影响到对进口产品的需求，从而降低进口。所以人民币升值对减少宏观层面上的中国贸易顺差所起到的作用比较有限。

周文贵和陈梁（2011）从毕肯戴克—罗宾逊—梅茨勒条件的视角，分析了人民币名义汇率、中美物价水平、中美国民收入、劳动力成本和储蓄率之间的关系。研究结果发现，人民币对美元的名义汇率与中美贸易顺差呈负相关关系，即中美贸易中毕肯戴克—罗宾逊—梅茨勒条件不成立。人民币汇率贬值，中美贸易差额反而会恶化。因此人民币升值并没有改善中美贸易逆差问题。之所以出现这种情况，文章认为有以下几个原因。第一，本币贬值可以改善本国的贸易收支的前提条件之一，是本币汇率变动仅仅通过改变国内外产品之间以及本国生产的贸易品和非贸易品之间的相对价格而影响一国的出口供给与进口需求，从而作用于国际收支。然而事实上，本币汇率变动时，其他条件并不是一成不变的，本币贬值可以通过货币工资机制、生产成本机制、货币供应机制和收入机制等多重渠道导致国内工资和物价上涨。同理，本币贬值也将导致贸易伙伴国物价下降，这样就可能抵消本币贬值带来的净出口增长效应，甚至还可能恶化该国的国际收支。第二，美国对中国产品需求的价格弹性较小，因此美元对人民币的贬值反而可能会恶化美国对中国的贸易逆差。第三，中美产业结构和贸易结构二者之间具有明显的互补性。美国对中国出口的商品主要是技术和资本密集型产品，中国则主要向美国出口劳动密集型产品，且美中贸易逆差主要集中在劳动密集型产品和资本技术相对成熟的产品上，在高技术产品方面，美国对我国的贸易则呈顺差状态。美国从中国进口的产品，如纺织品、服装、鞋类、玩具等，大多是美国国内已经不再生产的产品。因此，美国大量进口此类产品是必然的。

3. 有研究认为马歇尔—勒纳条件及“J 曲线效应”仅对部分国家成立

Irandoust 和 Parmler（2006）以瑞典和其八个贸易伙伴国的贸易作为研究对象进行了检验。检验结果发现瑞典对其中两国的贸易符合马歇尔—勒纳条件，而对其他国家的贸易则不符合马歇尔—勒纳条件。辜岚（2006）利用中国 1997—2004 年的贸易数据，考察了马歇尔—勒纳条件是否成立以及是否存在“J 曲线效应”。研究发现，马歇尔—勒纳条件只在中国和美国、欧元区国家之间成立。“J 曲线效应”仅在中国和美国、欧元区国家的贸易之间存在。

（二）汇率变动对出口的影响

上述研究主要是汇率变动对贸易收支的影响的研究，也有些研究重点考察了汇率变动对出口的影响。

1. 有学者认为汇率变动对出口贸易有影响

Marquez 和 Schindler（2007）的研究发现，人民币实际升值 10% 会使中国出口份额降低将近 1 个百分点。Yu（2012）利用 2002 年至 2008 年的工业面板数据探讨了人民币升值对中国对美国出口的影响。研究结果表明，人民币对美元升值显著地减少了中国对美国的出口。Liu 等（2013）的研究发现，本币升值对出口有显著的负向影响，本币升值 1% 能导致出口总额下降 1.61%。于津平等（2014）的研究也发现，人民币对进口国货币的实际升值会对出口规模产生显著的负面影响。从数值上来看，人民币对进口国货币的双边实际汇率每上升 1%，出口规模会减少 0.56%。

戴世宏（2006）的研究发现，人民币对日元升值反而促进了中国对日本出口的增加。文章认为，这是由中日双边贸易结构、跨国公司全球生产布局、汇率制度等原因造成的。在中国对日本的出口商品中，初级产品和劳动密集型产品占 60%，资本、技术密集型产品仅占 40%；在中国从日本的进口商品中，资本、技术密集型产品占 71%，初级产品和劳动密集型产品仅占 29%。正是由于这样的贸易结构特征，决定了中国对日本出口的汇率弹性为正。首先，对于初级产品而言，其需求的收入弹性和价格弹性均比较低，且可替代性相对较差，所以对价格的反应欠缺灵敏度。因此该部分产品的出口并不一定随着人民币对日元升值而下降。其次，对中国向日本主要出口的劳动密集型产品而言，中国同东亚其他新兴工业国家相比仍具有较大的劳动力价格优势。与此同时，由于东亚地区主要贸易竞争对手的汇率制度同中国类似，在人民币对日元实际汇率升值的同时，贸易伙伴对日元的实际汇率也跟随美元升值，因此升值带来的需求转移效应很小。同时，对于资本类产品而言，中国对日本的实际汇率升值通过降低从日本的进口成本，改善了贸易条件而扩张了出口。再次，在中日贸易结算中，使用日元进行结算的比重并不是很高。如果人民币对美元保持稳定而对日元升值，在日本进口的美元价格不变的条件下，日本进口商的进口利润（用日元衡量）反而会上升，从而会增加日本对中国的进口。最后，全球生产配置格局和跨国公司的转移出口也影响我国对日本出口的汇率弹性。跨国公司将生产基地转移到中国，不仅旨在降低综合成本、获取中国市场份额，也可以间接实现对其他国家的出口，中国在世界生产格局中扮演“世界工厂”的角色。正是因为这样，中国的出口格局越来越受到外国直接投资和母公司定价策略的影响，而使汇率和价格因素减弱。因此，传统的汇率升值会降低出口的关系在此不成立。

2. 有学者认为汇率变动对出口贸易没有显著影响

Lau 等（2004）研究了中国出口贸易对人民币汇率的弹性。研究结果发现，在 1995—2003 年，中国出口贸易对人民币汇率的弹性很小，人民币升值对中国出口贸易的负向影响十分微弱。Thorbecke（2006）研究了人民币汇率变动对中国整体出口贸易的影响以及对其 30 个主要贸易伙伴出口的影响。研究结果发现，从国别角度来看人民币实际汇率贬值对中国出口贸易的影响有正有负，从总体角度来看人民币实际汇率贬值对中国出口贸易影响不大。

3. 有研究认为汇率变动对部分国家的出口有影响，对部分国家的出口没有影响

孙宵翀和宋逢明（2008）使用 1995—2006 年的中国对外贸易数据，通过建立中国与美国、欧盟、日本、韩国的贸易协整模型分析了汇率对贸易的影响。研究发现，汇率是影响我国对欧盟、日本、韩国出口的显著性因素，人民币升值对中国向欧盟、日本、韩国的出口有显著的抑制作用。但人民币升值对中国向美国的出口没有显著影响。文章认为可能有以下三个方面的原因。（1）中国贸易顺差、美国贸易逆差是中美经济结构失衡的宏观表现，中国储蓄过剩和美国的消费过剩促成了美国巨额贸易逆差，人民币升值对中国向美国的出口影响不大。（2）汇率变动对中美和别的国家作用机制不同。从 1994 年到 2005 年 7 月人民币汇率一直盯住美元，中美实际汇率的变动不大，且主要来自两国 CPI 的相对变化，即中美两国实际汇率对贸易的影响实际是两国通货膨胀相对变化对贸易的影响，而不是像欧盟、日本、韩国那样主要来自名义汇率的波动，两者的传导途径不同。（3）盯住美元的固定汇率制有效地控制了人民币对

美元的汇率风险，因此汇率并非贸易重要的影响因素。文章也认为，随着人民币对美元的升值和逐步灵活的汇率形成机制，汇率将会逐渐在中美贸易中发挥作用。

三、实证研究

（一）数据

本部分使用的数据库包括两个。第一个数据库是国家统计局中国工业企业数据库，第二个数据库是中国海关数据库。数据库的详细介绍见第五章。

（二）相关变量

1. 汇率变量

我们使用计算出来的企业出口有效汇率作为汇率变量。

2. 其他变量

除了汇率因素外，还有一些其他因素也会影响企业的出口。

早期的国际贸易理论主要是从宏观视角来探寻一国（地区）的出口决定因素的。经典理论既有强调要素禀赋的国家间差异以及对出口有决定作用的新古典贸易理论，也有强调市场的不完全竞争、规模经济和产品差异因素对出口有决定作用的新贸易理论等。新新贸易理论的出现，则主要从微观企业角度研究了影响企业出口的一些因素，包括企业规模、生产率、融资约束等。近年来，对出口决定因素的研究，呈现出一种从宏观转向微观，或者说是宏观视角与微观视角相融合的趋势。

Jones（2000）等发现，要素禀赋产生的比较优势与规模经济等是解释全球价值链形态下出口的决定因素；Hanson 和 Slaughter（2005）等发现，贸易成本、低技术工人工资水平、东道国的税收收入等因素也对行业出口起着决定性的作用。

也有一些文献关注企业生产率、企业规模等企业特性对企业出口决策的影响，认为企业特性差异构成了某些企业成为出口企业的原因。Roberts 和 Tybout（1997a）对哥伦比亚制造企业出口决定影响因素的实证研究发现，规模越大、成立时间越长、属于有限公司的企业更有可能成为出口企业，这也说明出口企业与非出口企业在企业规模、年龄和所有制结构上存在显著差异。Tushar Poddar（2004）基于印度的实证研究发现，企业的盈利能力、所有权结构以及地理位置因素也是企业进行出口决策的影响因素。盈利能力高的企业更有可能成为出口企业，且相对于国有企业，私营企业和外资企业成为出口企业的可能性更大。另外，位于临海城市的企业出口可能性也较大。Bernard 和 Jensen（2004b）利用美国制造业企业层面的数据，考察了某些企业成为出口企业的原因，结果发现，企业特性差异是构成企业成为出口企业的重要原因。这些特性包括规模、生产率、劳动力质量、所有权结构以及产品特性等。

综合已有的国际贸易理论对出口决定因素的分析，结合中国企业的特征，本部分研究企业有效汇率变动对企业出口影响时考虑的影响因素主要包括以下几个方面。

（1）资本密集度因素。企业的资本密集度高低会影响中国企业的出口。对中国当前企业资本密集度与出口之间的关系有着不同的观点。一种观点是中国的出口贸易结构，正经历从纺织、衣鞋等传统产品和原材料转向为以机械类产品出口为主的过程，甚至电子类产品等高技术产品也已占据了相当大的出口份额，由此判断中国企业的出口发生了由劳动密集型竞争优势向资本密集型竞争优势的动态转移过程。也就是说，现阶段我国的出口产品中，资本密集型产品已经拥有了比较优势。另一种相反的观点是，虽然中国的出口扩张带来了数量型经济增长以及出口统计中出现了大量较高技术含量产品，但这只是一种统计现象，大量的高技术产品出口仅有高科技产业的形式而没有高科技的实质，出口的高技术产品大多仍是密集利用劳动力和资源的低端产品。也就是说，现阶段我国的出口产品中劳动密集型产品仍然占有比较优势。因此，我们需要加入资本密集度变量来控制这一因素对企业出口的影响。

在本部分中，企业的资本密集度变量我们用人均固定资产来表示。

（2）企业规模因素。在新贸易理论框架下，Bonaccorsi（1992）和 Yeaple（2003）等认为，规模经济对出口的推动作用不仅体现在市场容量上，更主要体现在企业自身所具有的规模所形成的成本优势上。与国内贸易相比较，出口会面临运输、国外市场开拓等额外成本。同时出口企业面临国际市场的高度不确定性和国外市场的政治经济环境变化所带来的风险。因此，如果企业没有足够的经营规模和风险承受能力，就不可能做到顺利出口。规模较大的企业通常在市场势力、品牌建设与维护、国外市场开拓、产品质量、产品定价策略以及与当地政府关系协调等方面更具有优势。因此与小规模企业相比，大规模的企业应该具有更强的出口能力。

然而，也有学者认为大规模企业不一定具有出口优势。如 Patibandla（1995）认为，如果大企业在国内市场有较高的市场份额和市场力量，同时这些市场又没有进入成熟期，他们可以在国内市场上取得较高的利润率。在这种情况下，这些大企业并没有进入国际市场的强烈愿望。相比而言，小企业则可能有更大的动力寻求国际扩张，以在国内市场以外的地方获得市场份额的增长。因此，我们需要加入企业规模变量来控制这一因素对企业出口的影响。

关于企业规模因素的度量，一般用企业产出（如产值和销售收入）或投入（如资本和人力）的多少来衡量，但在不同的研究中学者们具体使用的定义不尽相同。例如，有的使用销售收入，有的使用职工人数，有的使用总资产，也有的使用固定资产。从理论上讲，规模变量的定义不同不应当对模型估计结果产生质的影响。但是决定采用某一定义必须要考虑该变量与其他解释变量可能存在的多重共线性问题。由于本节考察的因变量是企业的出口额，而且解释变量中含有人均资本等相关因素，因此本节不使用企业总产值、销售收入和从业人数作为企业规模的代理变量，而采用企业的总资产作为企业规模的代理变量。

（3）工资因素。企业的工资水平会影响企业的出口。按照传统的要素禀赋理论，那些利用国内有比较优势资源的行业应该有较高的出口密集度。中国拥有大量的剩余劳动力，劳动力的价格比较低，并且所从事的也多是出口加工工业，需要的技术水平比较低。因此中国出口企业的工人的工资应该相对较低。但也有理论认为，只有劳动生产率比较高、对人力资本要求比较高的企业才会选择出口，为了吸引更多的优秀人才来企业工作，企业也许会给工人更高的工资。

因此，我们需要加入人均工资变量来控制这一因素对企业出口的影响。对于人均工资变量，我们用企业年度工资总额除以员工人数得到。

（4）企业的生产率因素。有理论认为，企业生产率的差异是企业出口行为的决定因素。由于企业在从事对外贸易活动中不可避免地面临各种风险、不确定性和各项费用等出口的固定成本，因而只有那些生产率较高的企业才有可能支付出口所必需的固定成本以及在出口后克服各种风险因素，从而能够顺利出口。而那些生产率较为低下的企业由于无法克服固定成本，只能供应国内市场或者在出口过程中因不能克服各种风险而使经营绩效受损。因此我们需要在模型中加入企业生产率这一变量。

关于企业生产率的估算，文献中通常通过计算全要素生产率的方法来计算。通过设定一个生产函数（通常是 Cobb – Douglas 生产函数），利用成本最小化方法或者回归方法来估计产出弹性，然后通过最小二乘法（OLS）方法计算索洛剩余（ Solow residual）。计算出来的索洛剩余就是企业的全要素生产率。

有学者指出，用这一方法来计算企业的生产率存在问题，并提出了更合理的计算企业生产率的方法，即 OP 方法。我们可以对 OP 方法作简单介绍（聂辉华和贾瑞雪，2011；余淼杰，2010；鲁晓东和连玉君，2012）。

假设生产函数为 Cobb – Douglas 形式，即

$$Y_{it} = \Omega_{it} L_{it}^{\beta_l} M_{it}^{\beta_m} K_{it}^{\beta_k} \tag{6-1}$$

其中，Y 表示产出，Ω 表示全要素生产率，L 表示劳动，M 表示中间投入，K 表示资本。两边取对数，得到

$$y_{it} = \beta_0 + \beta_l l_{it} + \beta_m m_{it} + \beta_k k_{it} + \mu_{it} \tag{6-2}$$

根据索洛残值法，方程（6 – 2）中的常数项和误差项就是全要素生产率（TFP）。但是，这种估计会产生两个问题。第一是同步偏差问题，至少有一部分全要素生产率变化能够被企业更早觉察出，因此企业

能够改变投入决策来使利润最大化。这意味着误差项与解释变量相关，此时简单的 OLS 估计是有偏的。第二是样本选择偏差问题。被观察到的企业都是存活下来的企业，一些破产和退出市场的低劳动生产率的企业没有被包括在数据库里。这意味着回归中包含的样本并不是随机选择的，这反过来也造成了估计的偏差。一般来说，留在市场上的企业都是生产率更高的企业，因此仅仅根据企业样本来估计 TFP，会高估企业的 TFP。

我们将误差项分解为两项

$$\mu_{it} = \omega_{it} + \eta_{it} \tag{6-3}$$

其中，ω 表示全要素生产率，η 表示误差项。假设资本积累按照永续盘存法形成，即

$$k_{t+1} = (1-\delta)k_t + i_t \tag{6-4}$$

其中，i 表示投资，δ 表示折旧率。为了解决上述两个内生性问题，Olley 和 Pakes（1996）首先假定企业的投资决策是生产率、资本和中间投入的函数，即

$$i_t = i_t(\omega_t, m_t, k_t) \tag{6-5}$$

将（6-5）代入（6-2）式中，可得到

$$y_{it} = \beta_l l_{it} + \varphi_t(i_{it}, m_{it}, k_{it}) + \eta_{it} \tag{6-6}$$

方程（6-6）是一个半参数回归方程，它解决了同步偏差问题。为了解决样本选择偏差问题，还需要估计一个企业生存概率方程

$$\begin{aligned} Pr\{\chi_{t+1} = 1 \mid \widetilde{\omega}_{t+1}(k_{t+1}, m_{t+1}), J_t\} &= \rho_t\{\widetilde{\omega}_{t+1}(k_{t+1}, m_{t+1}), \omega_t\} \\ &= \rho_t(i_t, m_t, k_t) \equiv P_t \end{aligned} \tag{6-7}$$

其中，J 表示当期的全部信息。于是，第一步，运用四阶多项式估计方程（6-6），得到 β_l 和 φ_t；第二步，利用 Probit 模型估计方程（6-7），得到 P_t；第三步，联立方程（6-6）和（6-7），然后通过最小化残差平方和得到 β_m 和 β_k；最后，通过索洛剩余法得到企业的生产率（TFP）

$$TFP_{it} = \exp(y_{it} - \hat{\beta}_l l_{it} - \hat{\beta}_m m_{it} - \hat{\beta}_k k_{it}) \tag{6-8}$$

本文采用上述 OP 方法来测算企业的生产率。参考聂辉华和贾瑞雪（2011）、鲁晓东和连玉君（2012）等的做法，我们用工业企业数据库中

的企业销售额衡量产出，用职工人数衡量劳动，用固定资产净值余额衡量资本存量，用中间投入额衡量中间品投入。我们根据 $I_{it} = K_{it} - K_{it-1} + D_{it}$ 估算企业的年度投资，其中 I_{it} 表示企业 i 在 t 年的投资，K_{it} 表示企业 i 在 t 年的资本存量，D_{it} 表示企业 i 在 t 年的折旧。为了得到经济学而非会计意义上的企业生产率，我们还对相关指标进行价格指数平减，我们采用各省工业品出厂价格指数对销售额和中间品投入进行价格平减，采用各省固定资产投资价格指数对资本存量进行价格平减。

（5）企业的融资约束。企业的融资约束状况能够影响企业的出口。在企业面临融资约束的情况下，如果企业得不到足够的资金，则企业的出口就会受到影响。反之，则可能会促进企业的出口。我们用企业的资产负债率来表示企业的融资约束状况。

（6）其他影响因素。企业的出口是受多方面影响的。这些因素包括企业的一些不随时间变动而变动的一些因素，如企业的所有制因素、行业因素、地理位置因素等。还有一些其他因素对企业的出口也会造成影响，如前面提到的贸易结构因素等。

（三）模型设置

根据上述分析，我们可以设置检验模型。由于汇率变量序列是非平稳的，如果我们直接用水平值来进行回归，就容易出现回归偏差，因此我们设置一阶差分模型进行估计。

$$\Delta \ln Export_{it} = \beta_0 + \beta_1 \Delta \ln Asset_{it} + \beta_2 \Delta \ln K/l_{it} + \beta_3 \Delta \ln Wage_{it} + \beta_4 \Delta \ln EER_{it} + \beta_5 \Delta \ln Tfp_{it} + \beta_6 \Delta \ln Lev_{it} + \mu_t + \varphi_i + \varepsilon_{it} \quad (6-9)$$

其中，$\Delta \ln Export_{it}$ 表示企业出口额对数值的一阶差分值；$\Delta \ln EER_{it}$ 表示企业出口有效汇率对数值的一阶差分值；$\Delta \ln Asset_{it}$ 表示企业总资产对数值的一阶差分值；$\Delta \ln K/l_{it}$ 表示企业人均资本对数值的一阶差分值；$\Delta \ln Wage_{it}$ 表示企业人均工资对数值的一阶差分值；$\Delta \ln Tfp_{it}$ 表示企业生产率对数值的一阶差分值；$\Delta \ln Lev_{it}$ 表示企业的资产负债率对数值的一阶差分值；μ_t 表示时间变量；φ_i 表示企业不随时间变动而变动的变量，如企业的行业分类、所有制性质等；ε_{it} 表示随机扰动项。

（四）描述性统计

表 6－1 是对主要变量的描述性统计。

表 6－1　　主要变量的描述性统计

变量	均值	标准差	最小值	最大值
ln*Export*	15.708	2.014	10.422	19.475
ln*Asset*	10.473	1.450	7.937	14.118
ln*K/L*	3.690	1.342	0.652	6.567
ln*Wage*	2.666	0.615	1.290	4.241
ln*Tfp*	1.046	0.196	0.645	1.661
ln*Lev*	－0.748	0.654	－2.981	0.101

（五）检验结果

由于模型为一阶差分模型，模型进行差分时已经消除了固定效应，所以我们使用最小二乘法（OLS 方法）对模型进行估计。回归结果见表6－2。

表 6－2　　企业有效汇率变动对企业出口额的影响

	回归结果（1）	回归结果（2）
	$\Delta \ln Export_{it}$	$\Delta \ln Export_{it}$
$\Delta \ln Asset_{it}$	0.235***	0.227***
	(0.008)	(0.008)
$\Delta \ln K/l_{it}$	－0.071***	－0.069***
	(0.005)	(0.005)
$\Delta \ln Wage_{it}$	0.085***	0.073***
	(0.006)	(0.006)
$\Delta \ln EER_{it}$	－0.851***	
	(0.075)	
$\Delta \ln ER\_Imf_t$		－2.749***
		(0.084)
$\Delta \ln Tfp_{it}$	0.257***	0.253***
	(0.015)	(0.015)
$\Delta \ln Lev_{it}$	0.015***	0.014**
	(0.006)	(0.006)
年度虚拟变量	是	否
行业虚拟变量	是	是
常数项	0.002	－0.042***
	(0.014)	(0.012)
观测值	169577	172181
R^2	0.03	0.02

注：①括号中的数字为回归系数相应的稳健标准差。

②＊表示在 10% 的水平上显著；＊＊ 表示在 5% 的水平上显著；＊＊＊ 表示在 1% 的水平上显著。

在表6－2的回归结果（1）中，$\Delta \ln EER_{it}$ 的回归系数等于－0.851，为负而且显著。说明企业有效汇率升值对企业出口有负向影响。企业有效汇率增加，企业出口额下降。从数值上看，企业出口有效汇率每增加1%，企业的出口额就减少0.851%。这是符合理论预期的。虽然从总量上来看，企业出口额是上升的，但是从微观企业角度来看，企业的出口的增长率是随着人民币的升值而下降的。尤其是2005年汇率改革以后，人民币有效汇率升值，中国的企业出口受到一定程度的负向影响。中国的出口额一直在上升，是因为中国的总出口总额，除了受到汇率的影响外，还受到中国其他政治和经济基本面因素，包括市场规模和前景、生产成本、投资回报率以及政治稳定、法律制度和市场准入条件等因素的影响。

在表6－2的回归结果（1）中，$\Delta \ln Asset_{it}$ 的回归系数等于0.235，为正而且显著。说明企业的资产规模增加对企业的出口额是有正向影响的。企业的规模越大，企业出口就越多。从数值上来看，企业的规模（总资产）每增加1%，企业的出口额增加0.235%。企业的规模与出口正相关，这与钟昌标（2007）等利用中国电子行业层面数据所得出的规模与出口之间呈显著正相关关系的结论是一致的。

在表6－2的回归结果（1）中，$\Delta \ln K/l_{it}$ 的回归系数等于－0.071，为负而且显著。说明企业的人均资本增加对企业的出口额有负向影响。企业的人均资本越大，企业出口就越少。从数值上来看，企业的人均资本占有量每增加1个百分点，企业的出口额就会下降0.071个百分点。企业的人均资本变量对企业出口的影响为负，说明在当前中国的出口企业中，劳动密集型企业仍然是占据比较优势的企业。近年来，在中国的制造业中，虽然资本密集型企业有了很大的发展，出口产品中资本密集型产品占的份额越来越大，但是在出口市场中，中国的劳动密集型企业仍然比资本密集型企业更占有比较优势。

在表6－2的回归结果（1）中，$\Delta \ln Wage_{it}$ 的回归系数等于0.085，为正而且显著。说明企业的员工工资增加对企业的出口额有正向影响。企业的员工工资越高，企业出口就越多。从数值上来看，企业的员工工资每增加1个百分点，企业的出口额就会增加0.085个百分点。这符合理论分析。

在表6-2的回归结果（1）中，$\Delta\ln Tfp_{it}$的回归系数等于0.257，为正而且显著。说明企业的生产率提高对企业的出口额有正向影响。企业的生产率越高，企业出口就越多。这符合理论分析。

在表6-2的回归结果（1）中，$\Delta\ln Lev_{it}$的回归系数等于0.015，为正而且显著。说明企业资产负债率的增加对企业的出口额有正向影响。企业资产负债率高，能在一定程度上说明企业的融资能力强。企业融资能力强，就能够促进企业的出口的增加。这也和理论分析是一致的。

表6-2的回归结果（2）是以IMF计算出来的宏观层面的人民币有效汇率对这一问题进行的稳定性检验，也得出了基本一致的结论。

四、进一步的讨论

上文考察了企业有效汇率变动对企业出口额的影响。接下来我们对这一问题作进一步的分析。

虽然本节考察的是汇率变动对企业出口金额的影响，但是我们应该意识到，汇率变动是通过一定的影响渠道才对企业的出口金额产生影响的。其中最首要的就是价格效应和数量效应。也就是说，汇率变动首先是通过影响企业出口产品的价格或者数量才影响到企业的出口额。

我们可以对这一情况作简单的分析。

设中国对某国的出口额可以表示为

$$X = PQ \tag{6-10}$$

其中，X是用本币表示的出口额，P是用本币表示的出口价格，Q是出口量。假设P固定不变，则出口额的名义汇率弹性可表示为：

$$\frac{\partial X}{\partial ER} = P\frac{\partial Q}{\partial P^*}\frac{\partial P^*}{\partial ER} \tag{6-11}$$

其中，ER是以直接标价法表示的双边名义汇率，ER上升表示本币贬值；P^*是用进口国货币表示的价格。

从（6-11）式可以看出，汇率变动对出口额的影响由两部分组成。第一部分$\partial P^*/\partial ER$是以外币表示的出口价格对汇率变动的反应；第二部

分 $\partial Q/\partial P^*$ 是进口国需求对以进口国货币表示的价格变动的反应。显然，要想通过汇率贬值来达到增加出口的目的，也就是 $\partial X/\partial ER$ 的符号为正，则需要 $\partial Q/\partial P^*$ 和 $\partial P^*/\partial ER$ 同时为负而且数值都足够大。但是这种情况在现实中不一定能同时得到满足。第一，有些产品的替代弹性可能很小。当人民币升值时，若国外市场对本国产品十分依赖，则即使本国产品出口价格上升，出口也不会下降很多，也就是 $\partial Q/\partial P^*$ 的数值可能不大。反之，本国产品出口价格下降，出口也可能不会增加很多。第二，本币汇率变动可能不会完全传递到出口价格中，也就是 $\partial P^*/\partial ER$ 数值不大。这就会导致汇率的变动对于企业出口的影响可能并不大。

上述分析是假设企业以本币表示的出口价格（P）不随汇率的变动而变动。若放松这一假设，也就是假设 P 也会随着本币汇率的变动而变动，那么还有两个原因可能导致出口对本币汇率变动的反应不大。第一，以本币表示的出口价格（P）会随着汇率变动而发生变动。本币贬值时企业可能提高出口价格，本币升值时企业可能降低出口价格。第二，本国出口商的供给没有足够的弹性。在本币贬值时，企业可能没有足够的生产能力来扩大生产以便进行更多的出口。

总之，如果要通过汇率变动来达到改善出口的目的，必须满足以下三个条件。第一，汇率变动要传递到出口和进口价格；第二，产品替代弹性要足够大；第三，出口供给弹性要足够大。如果这些条件得不到满足，那么依赖汇率变动来影响企业出口的目的还是不能达到。

除此之外，还有一些因素可能会影响到汇率变动对企业出口的影响，其中企业异质性特征就在其中起到很关键的作用，包括企业生产率高低、企业融资约束、企业进口行为、企业所有制类型、企业所从事的贸易类型等，都会制约汇率变动对企业出口的影响效果。也就是说，不同类型的企业，汇率变动对其出口的影响也会不同。

正是由于这些方面问题的存在，使汇率变动对企业出口以及其他行为的影响，呈现出各不相同的特征。

第二节　企业有效汇率变动对企业出口产品价格的影响

一、问题的提出

根据传统的国际收支理论，只要满足马歇尔—勒纳条件，一国货币贬值就可以改善本国的贸易收支。但该理论有一个前提，即汇率变动是完全传递的，也就是说汇率变动可以完全反映在以进口国货币表示的贸易品价格上，然后通过价格变化效应影响贸易收支。但是一些研究者发现，贸易品进口价格的变动幅度往往小于汇率的变动幅度，也就是汇率并不是完全传递的。在汇率并不是完全传递的情况下，即使贸易品的需求弹性足够大，贸易金额仍然可能对汇率变动不敏感。

从 20 世纪七八十年代开始，学者们就汇率对贸易品价格的传递效应进行了大量研究。Kreinin（1977）最早将汇率变动的价格传递效应定义为汇率变动转化为以进口国货币标价的进口价格变化和以外币标价的出口价格变化的程度。后续的一些研究者对汇率传递也给出了多种不同的定义。学术界对汇率传递的普遍定义为，汇率变动对一国贸易品的进出口价格和国内物价水平的影响程度。本节要考察的汇率传递，主要是一种狭义意义上的汇率传递，也就是汇率变动对一国贸易品的出口价格的影响程度。

关于汇率传递的研究主要围绕着以下两个基本问题。一是汇率不完全传递的影响因素，也就是哪些因素导致了汇率不完全传递。二是汇率传递水平究竟是多少，也就是对汇率传递程度的具体测度。接下来我们对这两个问题的研究状况进行综述并使用企业有效汇率对这一问题进行实证检验。

二、汇率不完全传递的原因

关于汇率不完全传递原因，西方学者最早开始探讨，并提出了很多理论和模型。近几年来，随着人民币汇率制度改革，我国学者对这一问题的研究和介绍也逐渐增多，如施建淮和傅雄广（2010）、文争为（2012）、高伟刚（2014）和刘旸（2014）等。造成汇率不完全传递的原因有很多，我们分别从微观和宏观角度进行介绍。（施建淮和傅雄广，2010；高伟刚，2014）。

（一）微观因素

从微观角度考察汇率不完全传递的原因，主要有按市场定价、特定市场结构、产品不完全替代性、跨国公司内部交易以及非关税壁垒等。

1. 由供需原因导致的 PTM

贸易品的出口价格会随汇率变动而调整，这是导致汇率不完全传递的一个原因。之所以贸易品出口价格会随着汇率变动而调整，加成和边际成本随汇率调整是其两大来源。Krugman（1986）和 Dornbusch（1987）最早提出了按市场定价（PTM）的概念。PTM 指假定汇率变动不影响出口商的边际成本，汇率变动与出口价格调整之间的关系实质上是出口商随着汇率变动而对加成调整的幅度。也就是出口商面对不同市场，选择不同的加成调整幅度，从而导致同一商品在彼此分割的不同市场以同一货币标价的价格的差异。其本质上仍旧是三级价格歧视。在市场分割的前提下，可以从需求面或供给面角度分析 PTM 行为。

（1）由需求角度导致的 PTM

①价格歧视。汇率完全传递是以完全竞争市场为前提的，但是当前世界市场大多为不完全竞争市场，各市场间总是存在着各种壁垒，因此企业有能力通过在不同市场制定不同价格，实现企业利润最大化。

一般地，厂商定价方式主要有三种——成本加成定价、需求弹性定价和边际成本定价。三种定价方法的汇率传递弹性均不相同。成本加成定价汇率传递弹性最大，需求弹性定价汇率传递弹性最小。厂商采用何种定价方式与产品的市场竞争力、对市场的依赖程度以及厂商的市场垄断能力有关。一般来说，产品市场竞争力越强、市场垄断能力越大，厂商越有可能选择成本加成定价法，此时汇率传递较大；相反，厂商越有可能选择需求弹性定价法，此时汇率传递较小。

②市场份额。厂商在特定市场上都有一定的市场份额。如果不考虑产品质量等因素，市场份额是由厂商的定价策略决定的，如果厂商提高其产品价格，那么其市场份额将减少，反之市场份额将扩大。

当出口厂商面临一个有利的汇率变动（如出口地货币对本币升值）时，它既可以选择享受由此带来的利润的增加，也可以选择降低出口地货币价格来扩大市场份额。反之，当面临一个不利的汇率变动（如出口地货币对本币贬值）时，出口厂商可以保持价格不变以维持市场份额，也可以通过提高出口地货币价格来减少损失，但可能会失去一些客户。面对一定的汇率变动，厂商会综合考虑改变价格导致的市场份额的变动，而采取按市场定价行为，这将导致现实中汇率不完全传递。

（2）由供给角度导致的 PTM

Baldwin（1988）建立了一个厂商动态跨时行为模型，研究了在汇率冲击下由沉没成本导致的进口价格迟滞现象。厂商进入出口市场时会发生进入成本，如为宣传自己的产品投入的广告费以及建立营销网络进行的投资等。这些成本往往是沉没成本。Baldwin（1988）模型表明，只要汇率变动发生在一定的区间内，市场上的竞争状况将保持不变，进入市场伴随的沉淀成本越大，这个区间越宽，这将导致一个低的汇率传递率。然而，如果汇率变动足够大以至于厂商将作出进入或退出市场的决策，这将导致市场结构持久性地改变，这时汇率传递率将会上升。

除了沉没成本会导致汇率不完全传递外，Kasa（1992）还考察了由于调整成本的存在导致的汇率不完全传递，Corsetti 和 Deldola（2005）还考察了由于不可贸易成本等导致的汇率不完全传递。

2. 市场结构

不同的厂商竞争形式，即不同的市场结构可能会导致厂商有不同的定价策略，所以在不同的竞争形式下，外国出口厂商根据汇率变动调整价格的策略也会不同。

Dornbusch（1987）建立了一个古诺（Cournot）竞争模型来分析这一问题。模型认为，企业出口产品所处的市场竞争越激烈，汇率传递程度越大；进口品在市场总销售中的比例越大，汇率传递程度也越大。Fisher（1989）则通过建立一个伯特兰德（Bertrand）竞争模型来研究厂商定价策略对汇率传递程度的影响。研究结果显示，汇率传递程度受市场结构以及汇率制度安排的影响。如果本国市场的垄断性越强以及外国市场的竞争性越强，那么汇率变动对进口价格的传递程度就越高。

3. 产品不完全替代

Yang（1997）扩展了Dornbusch（1987）的模型，分析了产品在不完全替代的情况下的汇率传递问题。模型认为，进口商品价格的汇率传递率依赖于本国和外国产品的替代程度、边际成本对产出的弹性以及外国厂商的市场份额。替代弹性越高意味着产品价格的增加就越容易失去消费者，所以汇率发生变动时外国厂商会更倾向于保持现地货币价格不变，即汇率传递与替代弹性负相关。

4. 跨国公司内部交易

跨国公司内部交易的存在可以影响贸易产品的定价行为，因而也可能导致汇率对贸易品价格的不完全传递。有学者指出，跨国公司内部通常都采用相对比较宽松的、有弹性的支付形式。这就使各子公司能够更加独立地按照当地市场情况来制定价格，这也就导致了汇率变动对进口价格的传递程度减小。总之，跨国公司会采用很多工具和策略来规避汇率变动的风险，而这些策略往往导致子公司所在国的销售价格对汇率变动不敏感，也就导致了汇率对进口价格的传递程度减小。

5. 非关税壁垒

有研究发现，非关税壁垒是影响汇率传递的另一个因素。非关税壁垒是一国政府采取除关税以外的各种办法，对本国的对外贸易活动进行调节、管理和控制的一切政策与手段的总和，其目的是试图在一定程度上限制进口，以保护国内市场和国内产业的发展。例如当有进口数量限额存在时，面对进口国货币贬值，如果进口限额仍然有效，那么进口国产品供给没有改变，因而需求也不变，从而使进口价格不变，汇率传递率为零。只有当进口国货币贬值使进口限额无效时，货币贬值才导致进口价格上升，进而有完全的汇率传递。

（二）宏观因素

造成汇率不完全传递的原因，除微观因素外，也有一些宏观层面的因素，比如通货膨胀环境以及货币政策等。从 20 世纪 90 年代后期开始，不完全汇率传递的研究逐渐从微观视角转向宏观层面。Obstfeld 和 Rogoff（1995）开创性地将名义价格黏性和垄断竞争融入动态的一般均衡模型（Redux Model）中，建立了新开放宏观经济学（NOEM）的理论分析框架，这为国际宏观经济研究提供了新范式，也为不完全汇率传递研究提供了全新视角。

1. 计价货币

Giovannini（1998）最早从计价货币选择的角度分析了汇率不完全传递的原因。Giovannini（1998）认为，当出口品以生产者货币定价（PCP）计价时，汇率的不完全传递源于价格歧视和按市场定价（PTM）的存在；而当出口品以当地货定价（LCP）计价时，价格歧视和预期效应同时导致了汇率的不完全传递。Devereux 和 Engel（2007）认为用 LCP 计价的名义价格具有黏性，在浮动汇率制和按市场定价（PTM）情况下，外币冲击不会影响国内消费；相反，当以 PCP 计价时，本国居民对外国商品所支付的价格会随汇率的波动而变化，而且外国商品占消费的比重越大，消费对外币冲击的反应越大。

2. 通货膨胀

Taylor（2000）指出，一国通胀环境是影响汇率传递的重要因素，认为造成厂商产品价格变动的主要原因是一国通货膨胀的环境。在一个低通货膨胀的环境下，货币贬值造成的通货膨胀是临时性的，厂商无法将增加的成本转嫁给消费者，所以厂商价格变动较少，汇率传递弹性较低；而在一个高通货膨胀环境下，汇率贬值使厂商可以将增加的成本较多地转嫁给消费者，这会导致产品价格上升，此时汇率传递弹性较高。Campa 和 Goldberg（2005）以及 Choudhri 和 Hakura（2006）的研究结果均发现，通货膨胀率越高，汇率传递效应越强。

3. 货币政策

有研究认为，货币政策也会影响到汇率传递。Devereux 和 Yetman

(2002) 构建了一个开放经济的黏性价格模型，发现汇率传递与本国货币政策之间存在内生性。Devereux 等（2004）认为，其他条件相同时，进口国货币政策越不稳定，汇率传递效应越强。Devereux 和 Yetman（2010）发现，在小型开放经济中，当厂商能调整价格变动的频率时，宽松的货币政策会导致价格调整更为频繁，汇率传递效应也相应提高。

三、汇率传递程度的测算

(一) 国外研究

基于数据的可得性及经济发展程度等原因，汇率传递系数测算的早期研究大多是针对发达国家进行的。Marson（1990）根据 1980—1987 年日本部分行业价格指数数据实证检验了美元对日元汇率变动对价格的影响。研究发现汇率变动对这些行业价格的平均影响约为 50%。Gagnon 和 Knetter（1995）利用美国、英国、日本、德国 4 国汽车行业的数据，测算了汇率变动对其出口价格的影响。文章测算的汇率传递程度约为 30%。Campa 和 Goldberg（2002）对 25 个 OECD 成员的汇率传递系数进行了测算。测算结果表明，样本期间内各国的平均短期汇率传递系数为 0.61，而平均长期汇率传递系数则为 0.77。Anderton（2003）计算了欧元区工业制造品部分的汇率传递系数。发现长期传递系数为 50%，短期传递系数为 70%。

也有一些研究发现，汇率传递效应是不稳定的。Mccarthy（2000）使用 9 个工业化国家的数据测算了不同时期的汇率传递效应。研究结果发现，这几个国家 1982 年以前的汇率传递系数要比 1982 年以后的汇率传递系数高。Marazzi 和 Sheets（2007）通过测算得出，汇率对美国整体进口价格指数的传递程度从 20 世纪 70 年代的 0.5 下降到了 80 年代的 0.2 左右。

(二) 对人民币汇率传递效应的研究

近年来，随着人民币汇率形成机制的逐步市场化，越来越多的学者开始研究人民币汇率的传递效应。

卢向前和戴国强（2005）认为，人民币汇率盯住美元，并且我国进出口多以美元报价结算是我国“J曲线效应”存在的重要原因。文章还认为，从理论上来说，J曲线在发达国家应当更平缓。原因如下。一般来说，小国是国际价格的接受者，在签订合同时也主要采用的是国际通行货币，本币的升值或贬值对报价没有影响，因此没有价格（外币标价）调整的过程。而对大国来说，由于进出口均采取本币报价，在本币币值发生变动时，需要有一段时间的价格调整过程，进而产生“J曲线效应”。中国在国际贸易中，多以美元作为计价与结算货币，这在一定程度上可由人民币外汇市场交易中美元所占比例得到反映。1994—2003年人民币外汇市场交易中美元所占比例都在90%以上，2001年更是达到了98%以上。由于人民币盯住美元，中国进出口实际上就是使用人民币作为计价和结算货币。邢予青（2010）估计了人民币汇率变动对美国和日本从中国进口商品价格的传递效应。实证结果表明，人民币名义升值1%，将导致美国的进口价格短期上涨0.23%，长期则上涨0.47%。日本从中国的进口价格对人民币对日元双边汇率的变动更为敏感。如果人民币对日元名义汇率上升1%，日本的进口价格短期提高0.5%，长期则提高0.9%，具有完全的传递效应。日本从中国的进口价格对人民币对日元双边汇率的变动更为敏感，原因在于中国实行的是盯住美元的汇率政策，而美元是中国对日本出口贸易的主要计价货币。在控制了计价货币因素后，自2005年7月以来人民币的累计升值并未传递到日本的总体进口价格或分类商品进口价格上。范方志和赵大平（2007）的研究发现，人民币汇率变动对发达市场经济伙伴的贸易收支敏感度高于对其他贸易伙伴的敏感度。可能的原因是，市场经济发达的贸易伙伴比市场不发达的贸易伙伴的汇率价格传递机制完全，汇率变动对进出口商品价格传递更迅速，因而汇率变动对贸易收支反应更敏感。人民币双边汇率对中美双边贸易收支反应敏感度比对其他贸易伙伴高得多。可能的原因是，我国进出口商品主要以美元定价，当进出口商品以美元定价时，对非美元货币国家来说，人民币对其货币汇率的变动不一定影响以美元定价的进出口商品价格，只有当进出口商品的非美元货币价格变化对最终消费者需求的影响传递到中间进出口商时，汇率变动对贸易收支的影响才能表现出来。也就是说，对非美元货币国家，进出口商品以美元定价时，人民币汇率对进出口商品价格的传递还有一个更复杂的汇率传递过程，因而人民币汇率对非美元货币国家进出口商品价格传递速度相对较慢，汇率对贸易收支的敏感度也就相对较低。文章还认为，随着人民币汇率制度改革的深入，汇率的价格传递机制会逐渐完善，美元的储备地位会逐渐下降，这些差别就会逐渐缩小。

有研究认为，在不同的汇率变动方向和变动幅度下，汇率传递弹性是不同的。姜昱等（2010）利用中国 17 个主要贸易伙伴 1994—2008 年的年度数据对人民币汇率传递的不对称性进行研究发现，在不同的汇率变动方向下，汇率传递弹性是不同的。人民币汇率贬值时的汇率传递弹性为负，升值时的汇率传递弹性为正。在不同的汇率变动幅度下，汇率传递同样是不对称的。当人民币汇率变动幅度小于 2.68% 时，汇率传递弹性为 -0.5815；当汇率变动幅度大于 2.68% 时，汇率传递弹性为 -0.0578。文章认为，之所以汇率变动方向不同，汇率传递弹性也不同，原因在于：由于出口商的盯市定价策略，当进口国货币升值时，出口商为了扩大市场份额，会降低商品进口国货币价格；当进口国货币贬值时，出口商为了保持市场份额，则会尽量保持商品的进口国货币价格不变或者较小变动。这就造成进口国货币升值时的汇率传递效应要强于贬值时的汇率传递效应。另外，如果出口商生产商品时既使用出口国当地的原料也使用进口国的原料，也会造成进口国货币升值时的汇率传递效应要强于贬值时的汇率传递效应。不过，由于贸易配额或者生产能力的限制，外国出口商的产品在本国的销售会受到一定的限制。此时，当进口国货币升值时，外国出口商会固定商品的进口国货币价格，从而增加边际收入而不是增加销售总量。但是当进口国货币贬值时，外国出口商则可允许商品的进口国货币价格上升。这样，进口国货币升值时的汇率传递效应就会弱于贬值时的汇率传递效应。因此，汇率传递的实际情况要根据这三种效应相对强弱来确定。文章认为，之所以汇率变动幅度不同，汇率传递弹性也不同，原因在于：汇率变动幅度的大小是出口商决定调价的重要依据，由于菜单成本的存在，出口商面临汇率变动时，总会衡量调价的利弊得失。出口商一方面必须考虑调价所产生的菜单成本，另一方面也要考虑不调价带来的市场份额冲击。因此，出口商是否进行调价，要权衡利弊。当汇率变动幅度较小时，出口商可能不调整价格，此时汇率完全传递。当汇率变动幅度较大时，出口商可能会调整价格，此时汇率不完全传递。

四、实证检验

（一）数据

本节使用的数据库包括两套。第一套数据库是国家统计局中国工业企业数据库，第二套数据库是中国海关数据库。数据库的详细介绍见第五章。

（二）相关变量

1. 企业出口产品价格

企业出口产品价格是用企业年度出口额（美元）除以出口数量来计算得到的。

2. 汇率变量

汇率变量使用我们计算出来的企业出口有效汇率。

3. 其他变量

综合已有的国际贸易理论对出口决定因素的分析，结合中国企业的特征，本节研究汇率变动对企业出口产品价格影响时考虑的其他影响因素主要包括以下几个方面。

（1）资本密集度因素。企业的资本密集度因素会影响中国企业的出口价格。在本节中，企业的资本密集度变量用人均固定资产来表示。

（2）企业规模因素。在新贸易理论框架下，规模经济对出口的推动作用不仅体现在市场容量上，更主要体现在企业自身所具有的规模所形成的成本优势上。因此与小规模企业相比，大规模的企业应该具有更高的出口价格。关于企业规模因素的度量，本节采用企业的总资产作为企业规模的代理变量。

（3）工资因素。企业的工资水平影响企业的出口价格。一些对人力资本要求比较高的企业，其为了吸引更多的优秀人才来企业工作，会给工人更高的工资。这样的企业往往更具有竞争优势，因而出口价格往往也越高。

（4）企业的生产率因素。生产率越高的企业，其产品可能会更具有竞争优势，因而其出口价格可能会越高。我们用OP方法计算企业的生产率。

（5）企业的资产负债率。企业的资产负债率会影响到企业出口产品价格。企业的资产负债率越高，企业的经营以及财务状况可能会越差。企业为了在竞争中生存，可能会以更低的价格来出售自己的产品。

（6）其他因素。企业的出口价格是受多方面影响的。这些因素包括企业的一些不随时间变动而变动的因素，如企业的所有制因素、行业因素、地理位置因素等。还有一些其他因素对企业的出口也会造成影响，如前面提到的贸易结构因素等。

（三）检验模型

考虑到本节分析的核心变量（汇率、价格等）几乎都为非稳定序列，如果我们直接用水平值形式来进行回归，就容易出现回归偏差，因此我们设置一阶差分模型进行估计。

具体而言，检验方程设定如下：

$$\Delta \ln Price_{it} = \beta_0 + \beta_1 \Delta \ln Asset_{it} + \beta_2 \Delta \ln K/l_{it} + \beta_3 \Delta \ln Wage_{it} + \beta_4 \Delta \ln EER_{it} + \beta_5 \Delta \ln Tfp_{it} + \beta_6 \Delta \ln lev_{it} + \mu_t + \varphi_i + \varepsilon_{it} \quad (6-12)$$

其中，$\Delta \ln Price_{it}$ 表示企业出口产品平均价格对数值的一阶差分值；其他变量的含义如模型（6－9）中所示。

（四）检验结果

由于模型为一阶差分模型，模型进行差分时已经消除了固定效应，所以我们使用最小二乘法（OLS方法）进行估计。回归结果见表6－3。

表6－3　企业有效汇率变动对企业出口产品价格的影响

	回归结果（1）	回归结果（2）
	$\Delta \ln Price_{it}$	$\Delta \ln Price_{it}$
$\Delta \ln Asset_{it}$	0.014***	0.014***
	(0.001)	(0.001)

续表

	回归结果（1）	回归结果（2）
$\Delta \ln Tfp_{it}$	0.081 ***	0.083 ***
	(0.002)	(0.001)
$\Delta \ln K/l_{it}$	-0.003 ***	-0.003 ***
	(0.000)	(0.000)
$\Delta \ln Wage_{it}$	0.001 *	0.001 **
	(0.000)	(0.000)
$\Delta \ln EER_{it}$	0.026 ***	
	(0.005)	
$\Delta \ln Lev_{it}$	-0.015 ***	-0.015 ***
	(0.001)	(0.000)
$\Delta \ln ER\_Imf_t$		0.047 ***
		(0.006)
年度虚拟变量	是	否
行业虚拟变量	是	是
常数项	-0.002 **	-0.002 **
	(0.001)	(0.001)
观测值	169578	193274
R^2	0.05	0.05

注：①括号中的数字为回归系数相应的稳健标准差。

②*表示在10%的水平上显著；**表示在5%的水平上显著；***表示在1%的水平上显著。

在表6-3的回归结果（1）中，$\Delta \ln EER_{it}$ 的回归系数等于0.026，为正而且显著。说明企业出口有效汇率升值，企业的以美元标价的出口价格会上升。这体现了一般的理论逻辑。人民币升值，如果企业以人民币标价的出口价格不发生变化，企业出口产品以美元标价的出口价格会上升。即使出口企业调低其以人民币标价的出口价格，如果调整的幅度不大于人民币的升值幅度，那么企业产品以美元标价的出口价格还是会上升的。

回归结果另一方面也显示了汇率的不完全传递。从数据上来看，企业出口有效汇率每上升1%，企业的出口产品价格会上升0.026%。也就是说，在人民币升值时，企业并不是等比例地提高其产品的国外价格，而仅是部分地调整其出口价格，这也就是汇率的不完全传递。至于不完全传递的原因，除了上述原因外，还可能是出口企业降低了其出口产品的人民币价格。人民币升值时，如果企业不降低其产品以人民币标价的价格，那么其在国外的售价会提高，这就会影响到其产品的销售。因此企业在面临人民币升值时，会降低其出口产品以人民币标价的价格，以维持国外市场。

我们看其他因素对企业出口产品价格的影响。表6－3回归结果（1）中，$\Delta \ln Asset_{it}$ 的回归系数为0.014，为正而且显著。说明企业的规模对企业出口产品价格有正向影响，企业规模越大，企业出口产品的售价会越高。这符合我们的理论假设。$\Delta \ln Tfp_{it}$ 的回归系数为0.081，为正而且显著。说明企业生产率对企业出口产品价格有正向影响。企业生产率越高，企业产品的售价会越高。$\Delta \ln K/l_{it}$ 的回归系数为－0.003，为负而且显著。说明企业的资本劳动比率对企业出口产品价格有正向影响。企业资本劳动比率越高，企业出口产品的售价会越低。这说明了我国的出口比较优势情况。相对于劳动密集型产品来说，资本密集型产品的竞争优势还是相对较低。$\Delta \ln Wage_{it}$ 的回归系数等于0.001，为正而且显著。说明企业的工资越高，企业产品的出口价格越高，这也符合我们的理论假设。$\Delta \ln Lev_{it}$ 的回归系数等于－0.015，为负而且显著。说明企业的资产负债率越高，企业的出口产品价格越低。这也符合我们的理论分析。

表6－3的回归结果（2）是以IMF计算出来的人民币有效汇率进行的稳定性检验。检验也得出了一致的结论，人民币有效汇率升值，企业出口产品以外币表示的价格都会提高，但是中间存在着不完全传递。

也有研究发现，不同企业在生产率、中间品进口强度、融资约束等方面存在差异，因而在面临汇率冲击时往往呈现出不同的调价倾向，导致不同的汇率传递率。这是需要进行进一步研究的问题。

第三节　企业有效汇率变动对企业是否出口的影响

一、问题的提出

企业决策其出口行为有多个维度，出口企业除了需要决策其出口的数量、价格外，还需要决策其是否出口。如果企业预期进行出口不利于其绩效的增加，其可能会选择不出口或者退出已经进入的出口市场。自 Melitz（2003）开创性地将一个国家的出口总量增长分解成集约边际（intensive margin）（一国出口增长主要来源于现有出口企业和出口产品在单一方向上量的扩张）和扩展边际（extensive margin）（一国出口增长主要是基于新的企业进入出口市场以及出口产品种类的增加）以来，一些学者开始从不同层面来研究出口贸易的二元边际。

企业决策其是否进入或退出出口市场就是企业的扩展边际的问题。由于企业的出口行为会受到汇率变动的影响，所以企业的出口的扩展边际可能也会受到汇率变动的影响。本节主要考察企业有效汇率变动对企业是否进入出口市场的影响。

二、文献综述

（一）关于出口二元边际问题的研究

在 Melitz（2003）之后，一些学者用微观数据对二元边际问题进行了更为深入的研究。Hummels 和 Klenow（2005）将一国出口分解为产品广度和产品深度，并进一步进行了跨国比较。研究发现，贸易大国往往是在更多种类的商品上实现了出口，而不是在同种商品上出口了更多的数量。Amiti 和 Freund（2008）对中国出口增长进行了二元边际的分解，发现已有出口产品的集约边际是中国出口增长的主要来源，而新产品的扩展边际仅对中国出口增长产生了很小的贡献。Bernard 等（2009）研究了 20 世纪 90 年代在美国企业层面的贸易增长，发现扩展边际是美国贸易增长的主要方向。

随着研究角度的扩展以及研究数据的获得，国内对这一问题的研究逐渐增多。有些学者研究了中国出口的二元边际问题。

钱学锋（2008）采用一个企业异质性贸易模型分析框架，从企业层面出发，将中国出口总量增长分解为集约边际与扩展边际，并在此基础上模拟了可变贸易成本和出口固定成本对二元边际的影响。研究发现，尽管在2003—2006年，中国经历了高速的出口扩张，但这种扩张主要集中在少数规模较大、生产率较高的企业，即中国的出口扩张主要是沿着集约边际而实现的。文章通过模拟可变贸易成本和出口固定成本的变化对中国出口总量增长及其二元边际的影响后发现，贸易成本的变动对中国出口总量增长的影响主要是通过促进扩展边际来实现的。也就是说，贸易成本下降推动了更多的企业参与出口从而带动中国出口贸易的总量增长。文章还发现，与可变贸易成本相比，出口固定成本的下降更能促进扩展边际。文章认为原因在于：中国融入多边贸易体制以及众多的双边贸易协定的签订极大地削减了双边贸易壁垒尤其是非关税壁垒，2004年新的对外贸易法对外贸经营权的放开以及长期的鼓励出口的退税和补贴政策，也是导致这一结果的原因。而可变贸易成本的下降，在导致更多的企业参与出口活动（扩展边际）的同时，也使现有出口企业扩大出口量（集约边际）。

钱学锋和熊平（2010）基于企业异质性贸易理论框架，利用1995—2005年海关编码（HS）6位数国际贸易数据，客观描述了中国出口增长二元边际结构的特征性事实。文章发现，无论在多边层次还是在双边层次上，中国的出口增长主要是沿着集约边际实现的，扩展边际占据的比重很小。文章进一步发现，经济规模、多边阻力、固定成本、生产率水平、区域经济一体化、中间产品属性等对二元边际并不具备相同的影响机制。具体来说有以下几点：第一，经济规模有助于提升出口的集约边际，但对出口的扩展边际却构成了一种障碍。这意味着，要想提升中国出口增长结构中扩展边际的比重，中国的出口企业应该实施多元化的市场战略，而不仅仅将目光盯在经济规模较大的欧洲、美国、日本等传统出口市场。第二，多边阻力对于集约边际没有正向的作用，但却能帮助其实现出口的扩展边际。因此，对中国来说，当多边贸易自由化进程受阻时，中国应该加紧促进扩展边际的出口。第三，外部冲击显示出了对集约边际的显著负面冲击，但却为出口扩展边际提供了发展契机。因此，中国出口的稳定增长和贸易利益的有效改善，都依赖于出口结构中扩展边际的比重的进一步提升。第四，固定成本对总贸易流量的影响主要是通过对扩展边际的影响来实现的。因此，中国未来的贸易自由化路径应注重内部的制度改革以获取贸易伙伴的对等让步，从而降低中国出口所面临的固定成本，最终促进出口的扩展边际的提升。

杨春艳和孔庆峰（2011）利用2003—2009年贸易数据，分解了中国对美国高新技术产品出口的增长结构。研究结果显示：总体而言，中国对美国高新技术产品出口增长主要依赖于集约边际，而扩展边际的贡献不足10%。就具体技术类别而言，生物医药与医疗器械、环境保护和现代农业产品的扩展边际作用较大，所占比重达到27%以上。其他技术类别产品的扩展边际比重则较小，其中电子信息类产品的扩展边际仅为6.12%。这说明，一方面，中国现阶段高新技术产业技术水平较低，高新技术的产品出口（扩展边际）较少；另一方面，生物医药与医疗器械、环境保护和现代农业等类别新产品贸易（扩展边际）发展迅速，未来增长潜力巨大。研究还发现，我国对美国高新技术产品出口内部结构失衡，电子信息、光机电一体化和新材料三大类出口占据中国对美高新技术产品出口的88%以上，其他六个类别产品出口所占比重仅为8%左右。因此，我国应该重视对美高新技术产品出口结构问题，通过出口退税等政策，逐步调整各技术类别产品出口的比重。

宗毅君（2012）通过HS6位数微观贸易数据，计算了中美两国对世界出口增长的二元边际，实证分析了二元边际对两国出口竞争优势的影响及贡献。文章发现，由于中美两国在出口产品结构上存在很大的差异，其出口竞争优势的贡献来源也会存在很大的不同。来自产品种类创新或新产品创造的扩展边际贡献，已是美国出口竞争优势的最重要来源（47%左右），但中国在此方面则存在较大差距（27%左右）。出口企业为增加新产品创造所进行的投入，短期内可能会对中国出口的整体竞争优势产生一定的负面影响，但从长期来看，有利于中国出口的结构性调整和竞争优势的提升。因此，尽管出口的集约边际和扩展边际都会对出口竞争优势的提升产生影响，但由于扩展边际的影响力要大得多，我国应把进一步提升竞争优势的重点放在扩展边际贡献上。文章认为，中国应该大力鼓励出口企业和研究机构进行新产品种类的研发与创新，不断拓宽企业的出口广度，使我国从内涵上真正提升出口的国际竞争优势。

施炳展（2010a）首创了贸易增长的三元分解框架，并且利用1995—2004年海关编码（HS）6位数贸易数据，将中国出口增长分解为广度增长（集约增长）、数量增长与价格增长，在此基础上利用非参数技术研究了中国出口增长模式。研究发现，中国出口产品价格低、数量高；出口数量增长速度最快，广度增长速度次之，两者共同成就了中国出口的迅速增长；价格对出口增长几乎没有贡献。

一些文献进一步研究了二元边际的决定因素。宗毅君（2011）采用微观贸易数据，计算了1996—2009年中国制造业行业层面的出口增长二元边际，并运用制造行业面板数据，实证分析了本地市场效应对中国出口增长二元边际的影响。本地市场效应指的是在存在报酬递增和贸易成本的世界中，那些拥有相对较大国内市场需求的国家将成为净出口国。实证结果表明，本地市场效应对中国出口增长的集约边际和扩展边际都有促进作用，但对集约边际的影响更大；同时，本地市场效应对中高技术行业出口增长二元边际的促进作用大于中低技术行业。盛丹等（2011）运用中国工业部门1998—2001年的企业数据，采用Heckman两阶段选择模型考察了基础设施对中国企业出口行为的影响。研究结果表明，除网络基础设施外，其他各项基础设施的建设对中国企业的出口决策和出口数量均具有显著的促进作用。而且从标准化系数来看，基础设施的建设对出口决策的影响相对较大，这说明基础设施的建设对中国贸易增长的影响更多地体现在扩展边际，而不是集约边际上。此外，研究还发现，基础设施的建设能够促进内资企业的出口决策和出口数量的增加，但对外资企业却起到了相反的作用。原因在于对内资企业来说，铁路、公路等基础设施的完善，减少了出口过程中的运输成本和协调成本，降低了对外贸易中的不确定性，有利于内资企业的出口决策和出口数量的增加。然而对外资企业而言，基础设施的改善对外资企业的出口决策和出口数量均起到了抑制的作用。可能的原因有以下两方面。一方面，基础设施投资的增加改善了外资投资和经营的环境，吸引了更多外国直接投资（FDI）的流入，国内良好的市场环境和优惠的政策待遇，使更多的外资企业由原来的出口贸易改为在当地市场进行内销，从而减少了企业的出口。另一方面，基础设施的改善使更多的内资企业选择出口，这在一定程度上加大了国际市场的竞争程度，缩小了市场份额，从而不利于外资企业的出口。

（二）关于汇率变动对出口二元边际的影响的研究

有些研究则具体研究了汇率变动对企业出口二元边际的影响。

Baggs 等（2009）使用加拿大 1986—1997 年微观企业层面的数据进行的研究发现，汇率升值加快了加拿大企业的出口退出，并且对其出口额产生了显著的负向影响。Dekle 等（2010）基于多产品企业的视角，认为汇率变动可能通过以下几个渠道影响企业的出口行为：（1）企业层面的扩展边际，即企业在出口市场的进入和退出行为；（2）产品层面的扩展边际，即持续在出口市场存在的企业的出口产品的进入和退出行为；（3）集约边际，即持续存在的产品出口量的增减。Tang 和 Zhang（2012）利用 2000—2006 年中国出口贸易的月度数据，研究了实际汇率变动对企业出口行为的影响。文章发现，人民币实际汇率升值 10%，导致企业进入出口市场的概率下降 1%，退出出口市场的可能性增加 0.2%，对外商投资企业的进入和退出的影响几乎翻倍。Li H 等（2015）使用 2000—2006 年中国企业层面数据来检验汇率变动对企业出口行为的影响。研究发现，本币升值降低了企业出口概率。

张会清和唐海燕（2012）以 2005—2009 年中国工业企业的样本数据，采用 Heckman 选择模型评估人民币升值对出口贸易的整体影响和结构影响。研究表明，人民币升值从集约边际和扩展边际两方面对企业出口产生了显著的负面冲击。从具体数值来看，人民币汇率每升值 10%，中国企业参与出口贸易的概率下降约3.8%。人民币汇率每升值10%，中国企业退出海外市场的概率上升约0.6%。佟家栋等（2016）基于2000—2007年中国工业企业数据和中国海关数据，考察了人民币实际有效汇率变动对中国企业出口行为的影响。研究结果显示，人民币实际有效汇率升值对中国工业企业的出口决策、出口数量、出口价格和出口额均有显著的抑制作用，并且从标准化系数来看，其对出口数量、出口价格和出口额的影响相对较大。这说明人民币实际有效汇率变动对企业出口的影响更多地体现在集约边际上，并且在集约边际内部，企业主要通过调整出口数量来应对人民币实际有效汇率升值对其出口的冲击。

三、实证检验

（一）数据

本节使用的数据库包括两套。第一套数据库是国家统计局工业企业数据库，第二套数据库是中国海关数据库。数据库的详细介绍见第五章。

（二）相关变量

1. 汇率变量

我们使用计算出来的企业出口有效汇率作为汇率变量。

2. 其他相关变量

综合已有的国际贸易理论对出口决定因素的分析，结合中国企业的特征，本节研究汇率变动对企业是否出口的影响时考虑的其他因素主要包括以下几个方面。

（1）资本密集度因素。企业的资本密集度因素会影响中国企业是否出口。在本节中，企业的资本密集度变量用人均固定资产来表示。

（2）企业规模因素。与国内贸易相比，出口会面临出口成本。同时出口企业会面临国际市场的风险。规模较大的企业通常在销售终端渠道开拓、产品升级、产品定价策略以及与当地政府关系协调等方面具有比小企业更大的优势。因此与小规模企业相比，大规模的企业应该更有能力进行出口。关于企业规模因素的度量，本节采用企业的总资产作为代理变量。

（3）工资因素。企业的工资水平影响企业的出口价格。一些对人力资本要求比较高的企业，可能会给工人更高的工资。这样的企业往往更具有竞争优势，因而更有可能进行出口。

（4）企业的生产率因素。生产率越高的企业，其产品竞争优势可能会越大，因而其更有可能进行出口。我们用 OP 方法计算企业的生产率。

（5）企业的融资约束。企业的融资状况能够影响到企业是否出口。在企业面临融资约束的情况下，如果企业得不到足够的资金，则企业可能就不会出口。反之，则企业可能会进入出口市场。我们用企业的资产负债率来表示企业的融资约束状况。

（6）其他因素。企业是否出口是受多方面因素影响的。这些因素包括企业的一些不随时间变动而变动的因素，如企业的所有制因素、行业因素、地理位置因素等。还有一些其他因素对企业的出口也会造成影响，如前面提到的贸易结构因素等。

考虑到本节分析的核心变量（汇率等）为非稳定序列，因此我们在基准模型中采用一阶对数差分的模型设定。我们设置如下 Probit 检验模型：

$$EX\_Dum_{it} = \beta_0 + \beta_1 \Delta\ln Asset_{it} + \beta_2 \Delta\ln K/l_{it} + \beta_3 \Delta\ln Wage_{it} + \beta_4 \Delta\ln EER_{it} + \beta_5 \Delta\ln Tfp_{it} + \beta_6 \Delta\ln Lev_{it} + \mu_t + \varphi_i + \varepsilon_{it} \tag{6-13}$$

其中，EX_Dum_{it} 表示企业是否出口的虚拟变量。如果企业 i 在 t 年度有出口行为，则 $EX\_Dum_{it}=1$，否则 $EX\_Dum_{it}=0$；$\Delta\ln EER_{it}$ 表示企业出口有效汇率对数值的一阶差分值；其他变量的含义如模型（6－9）中所示。

（三）检验结果

根据理论假设，我们预期人民币升值，企业进入出口市场的概率会降低。回归结果见表 6－4。

表 6－4　　企业有效汇率变动对企业是否出口的影响

	回归结果（1）	回归结果（2）
	EX_Dum_{it}	EX_Dum_{it}
$\Delta\ln Asset_{it}$	0.269***	0.085***
	(0.089)	(0.019)

续表

	回归结果（1）	回归结果（2）
	EX_Dum_{it}	EX_Dum_{it}
$\Delta\ln Tfp_{it}$	3.026 ***	0.010
	(0.235)	(0.048)
$\Delta\ln K/l_{it}$	-0.215 ***	0.016
	(0.073)	(0.013)
$\Delta\ln Wage_{it}$	0.498 ***	-0.025
	(0.098)	(0.018)
$\Delta\ln EER_{it}$	-0.381 ***	
	(0.009)	
$\Delta\ln Lev_{it}$	0.166 **	0.027
	(0.084)	(0.017)
$\Delta\ln ER\_Imf_t$		-0.103 ***
		(0.010)
年度虚拟变量	是	否
行业虚拟变量	是	是
常数项	10.130 ***	2.687 ***
	(0.999)	(0.046)
观测值	5487	193274

注：①括号中的数字为回归系数相应的稳健标准差。

②*表示在10%的水平上显著；** 表示在5%的水平上显著；*** 表示在1%的水平上显著。

表6-4回归结果（1）中，$\Delta\ln EER_{it}$ 的回归系数等于-0.381，为负而且显著。说明企业出口有效汇率升值，企业的出口概率会下降。这体现了一般的理论逻辑。人民币升值，保持不变的以人民币标价的产品价格其以外币标价的价格会上升，企业产品的市场竞争力就会降低，出口形势会恶化。这就会导致原来的出口企业退出出口市场，或者更多的企业选择不出口。

我们看其他因素对企业出口概率的影响。表6-4回归结果（1）中，$\Delta\ln Asset_{it}$ 的回归系数为0.269，为正而且显著。说明企业的规模对企业出口概率有正向影响。一个可能的原因是，企业规模越大，资金可能越充足，为出口进行融资的能力越强，成为出口企业的可能性也就越大。这符合我们的理论假设。$\Delta \ln Tfp_{it}$ 的回归系数为3.026，为正而且显著。说明企业的生产率对企业出口概率有正向影响。企业生产率越高，企业出口的可能性会越高。$\Delta \ln K/l_{it}$ 的回归系数为 -0.215，为负而且显著。说明企业的资本劳动比率对企业出口概率有负向影响。企业资本劳动比率越高，企业出口的可能性会越低。这说明了我国现阶段的出口贸易中，相对于劳动密集型产品，资本密集型产品的竞争优势相对较低。$\Delta \ln Wage_{it}$ 的回归系数等于0.498，为正而且显著。说明企业的员工工资越高，企业的出口可能性越高。这里的工资水平可能不仅反映了成本因素，还反映了其他的一些因素。比如，工资水平高，说明企业雇佣了技能水平更高的员工，因而能够生产出竞争优势更大的产品，企业产品也就越容易出口。$\Delta \ln Lev_{it}$ 的回归系数等于0.166，为正而且显著。说明企业的资产负债率越高，企业的出口可能性越大。可能的原因是，企业的资产负债率越高，说明企业的融资能力越强，更有能力克服出口所需的成本而进行出口。这说明我国很多企业面临着融资约束，如果没够足够的资金支持，企业就不能出口。而如果企业通过负债获得足够支付其出口成本的资金，则就扩大了其出口的概率。

表6-4回归结果（2）是以IMF计算出来的人民币有效汇率进行的稳定性检验。检验也得出了一致的结论，那就是人民币有效汇率升值，企业出口概率会下降。

第四节　企业有效汇率变动对企业出口产品种类的影响

一、问题的提出

出口企业的二元边际中的扩展边际是企业出口行为的一个重要方面，其中企业出口产品种类的多少以及出口种类的增减是一个重要的维度。

随着国际贸易的发展，越来越多的企业出口多种类型的产品。随着以Melitz（2003）模型为代表的新新贸易理论的发展，一些研究开始从企业出口产品种类角度进行研究。

Hummels和Klunow（2005）指出一国出口的增长包括出口产品数量增加、出口市场增加以及每个市场每种产品出口额的增加这三个部分。Bernard等（2014）将企业的出口分解为集约边际和扩展边际两部分，其中扩展边际包括企业出口目的地数目、企业出口产品数目、产品覆盖率等。

多产品出口企业占出口企业中的绝大部分，很少有企业只出口一种产品。Bernard等（2007）发现，美国的多产品出口企业数量占总的出口企业数量的比例为58%，而这些企业的出口值占所有出口企业总出口值的90%以上。Bernard等（2014）则发现，2005年，比利时出口企业中的多产品出口企业的数目占比约为65%，这些企业的出口值占所有出口企业总出口值的98%。钱学锋等（2013）利用2000—2005年的中国海关数据库和中国工业企业数据库，刻画了中国多产品出口企业及其产品范围的特征性事实。文章发现，多产品出口企业主导了中国的出口贸易。特别是在2000—2005年，中国出口增长大约44%来自企业内的扩展边际，集约边际不是中国出口增长的主导力量。陈婷（2015）对2006年中国海关数据的描述分析结果显示，多产品出口企业的数目占比约为80%，其出口额占比高达93.4%。

在汇率变动时，多产品出口企业将会如何调整自己的出口产品种类决策，是增加出口产品种类还是减少出口产品种类，本节拟用企业层面有效汇率对这些问题进行研究。

二、研究综述

随着新新贸易理论对企业异质性的强调以及微观数据的可获得性，一些文献从企业出口产品种类等方面来研究汇率冲击的影响。

Bernard等（2011）认为，当企业面临的汇率变动幅度增大时，企业低效率产品的利润率会降到可以覆盖该产品的生产和出口所需的固定成本以下的水平，因此企业会放弃低效率产品的生产，将更多的资源配置到核心产品的出口上。Berthou 和 Fontagne（2013）采用法国企业层面的数据研究了由于欧元的诞生而导致的贸易成本的下降对企业出口商品种类、出口额等方面的影响。研究结果显示，欧元产生导致了欧元区内国家间汇率波动幅度减弱，从而促进了企业出口产品种类的增加。Chatterjee 等（2013）通过建立理论模型推导了企业如何根据汇率变动调整产品种类和产品分布。该模型假设每一个企业都存在着产品梯度，即企业拥有一种生产效率最高的核心产品。在这一假设下，当汇率贬值时，企业会扩张其产品范围，产品集中程度会下降，即企业会出口更多非核心产品，这导致资源在企业内部的重新分配。文章采用巴西 1997—2006 年海关数据对理论模型进行实证检验，得到了与模型预测一致的结果。

有些学者利用中国数据对这一问题进行了研究。主要包括以下几个方面。

余森杰和王雅琦（2015）分析了人民币名义有效汇率变动对中国企业产品出口决策的影响。文章发现，人民币名义有效汇率的变动是解释企业出口产品决策的重要因子。人民币名义汇率的升值会使企业出口种类减少，同时也使企业出口商品中核心产品的比重显著上升。人民币有效汇率的贬值会导致企业出口种类的扩张。从数值上来看，人民币贬值 10%，企业出口种类上升约 2%。研究还发现，人民币汇率变动时，出口企业之间的产品决策也具有很强的异质性。当人民币贬值时，规模大或者高生产率的企业能够更明显地增加其出口品种。而规模大的企业其出口产品分布的非核心化也较为明显。而当人民币升值时，规模大或者高生产率的企业会更为明显地缩减产品线并且会倾向于更集中生产核心产品。

陈婷（2015）在借鉴 Chatterjee 等（2013）等研究的基础上，利用 2000—2006 年中国工业企业数据库和中国海关数据库，从微观企业层面对汇率对企业出口产品的范围和偏度进行了研究。文章发现，人民币升值 10%，企业出口产品范围显著减少 0. 137%。文章对汇率与出口产品偏度的研究结果发现，人民币升值将使产品销售偏度增加。人民币升值

10%，将使出口额最大和出口额第二大的两种产品销售额增加 0.68%，出口额最大的产品和所有其他产品的销售额之比将增加 0.7%，而赫芬达尔指数将增加 0.08%。这说明，当人民币汇率升值时，市场竞争更加激烈，出口企业将更加集中于具有核心竞争力的产品，导致产品偏度增加。当生产不属于自身核心竞争力的产品时，每个企业将面临边际成本的上升，在汇率面对升值冲击时，企业成本也会增加，企业出于自身利益最大化考虑，会减少边缘产品的出口，增加核心产品的出口。

陈婷和向训勇（2015）利用 2000—2006 年中国工业企业数据库和中国海关数据库，从微观企业层面对汇率与多产品企业出口二元边际的四个维度进行了研究。文章将二元边际分解为四个维度。其中企业出口目的地数目、企业出口产品数目、产品覆盖率这三个维度属于扩展边际，而产品—目的地平均出口额属于集约边际。研究发现，汇率变动对出口总额有显著影响，人民币升值 10%，出口减少 0.86%。汇率变动对出口的影响约有 44% 是通过集约边际产生的，人民币升值 10%，企业单位产品—目的地平均出口额减少 0.38%。汇率变动对扩展边际的影响则有所差异。人民币升值 10%，企业出口目的地数目显著减少 0.61%，产品覆盖率则会增加 0.29%。但汇率变动对企业出口产品数目的影响不显著。基于研究结论，文章认为，由于多产品出口企业是中国出口的主力，政府应当给予多产品出口企业更多的关注和政策支持。由于人民币汇率对多产品出口企业的影响更多的是通过扩展边际这个渠道产生作用的，政府部门在制定出口扶持政策时除了要促进企业在原有的出口市场上继续保持增加出口力度之外，更应该引导企业不要退出原来的出口市场，以及鼓励企业不断扩大出口市场的范围。

田朔等（2015）采用中国海关数据库与中国工业企业数据库实证分析了企业层面实际有效汇率变动对中国企业出口扩展边际（出口市场个数和出口商品种类数）的影响。研究结果表明，汇率升值会促进企业拓展出口市场，但会对企业出口商品种类的增加有负向影响。许家云等（2015）利用中国海关数据库和中国工业企业数据库实证分析了人民币汇率变动对多产品企业出口行为的影响。研究结果发现，人民币实际汇率升值缩小了企业的出口产品范围，并且提高了企业出口产品的集中度。即人民币升值使企业更集中出口核心产品，加速了企业出口产品之间的优胜劣汰。文章对此进行了如下解释：实际汇率升值导致企业内部资源的重新配置，使企业更集中于出口其富有效率的产品，而减少相对效率较低的产品的出口。另外在价格方面，由于核心产品在出口企业当地销售成本方面具有优势，生产成本仅占其出口消费价格的一小部分。因此，核心产品的需求弹性较低，导致较高的加价。综合来看，人民币升值会使多产品企业出口核心产品的收入相对非核心产品上升，并最终提高了企业出口产品的集中度。Li H 等（2015）也使用 2000—2006 年的中国企业层面数据来检验汇率变动对企业出口行为的影响。研究发现，人民币升值降低了企业的出口产品范围。

三、中国企业多产品状况描述

我们统计了 2000—2016 年样本数据中的多产品出口企业情况。

（一）单产品和多产品企业所占比重

我们统计了样本企业中出口单产品和多产品企业所占的比重，见表 6 – 5。

表 6 – 5　样本企业中出口单产品和出口多产品企业所占的比重

年份	种类	企业数（家）	企业所占比重（%）	出口额（10 亿美元）	出口额所占比重（%）
2000	单产品	6469	24.08	65.34	10.97
	多产品	20392	75.92	530.19	89.03
2001	单产品	7095	23.10	73.08	10.97
	多产品	23622	76.90	592.91	89.03
2002	单产品	7040	21.02	78.14	9.90
	多产品	26449	78.98	711.48	90.10
2003	单产品	7614	20.52	92.89	9.59
	多产品	29493	79.48	875.94	90.41
2004	单产品	10492	20.37	140.59	11.43
	多产品	41018	79.63	1230.54	89.75
2005	单产品	11714	19.74	160.48	9.98
	多产品	47638	80.26	1448.20	90.02

续表

年份	种类	企业数（家）	企业所占比重（%）	出口额（10亿美元）	出口额所占比重（%）
2006	单产品	11980	19.08	135.37	9.95
	多产品	50816	80.92	1224.67	90.05
合计	单产品	8915	20.68	106.56	10.14
	多产品	34204	79.33	944.85	89.87

如表 6－5 所示，2000—2006 年，中国出口企业中多产品出口企业的数量占全部出口企业的比例平均为 79.33%，其出口金额占全部出口金额的比例平均在 89.87%。可以看出，多产品企业在我国出口市场中占有重要的地位。

（二）统计企业出口产品种类分布

我们也统计了样本企业中出口产品种类的分布，我们以 2006 年为例进行了统计，见表 6－6。表格中的百分比数值为观测值数占总样本的比重。

表 6－6　　样本企业 2006 年出口产品种类分布

出口种类数（x）	企业数（家）	所占比例（%）
x＝1	11980	19.08
1＜x≤5	29729	47.34
5＜x≤10	10432	16.61
10＜x≤15	4270	6.80
15＜x≤20	2222	3.54
x＞20	4163	6.63
合计	62796	100.00

从表 6－6 中可以看出，多产品企业是样本的主体，约占样本观测值总数的 80%。将近 40% 的企业出口产品种类超过 10 个。其中出口产品种类在 1～5 种范围内的企业最多，占 2006 年样本企业数的 47.34%。

（三）从所有权属性来看

我们也统计了不同所有制企业中出口产品种类的分布状况（见表 6－7）。

表 6-7　　　不同所有制企业中出口产品种类的分布状况

企业类型	合计	x = 1		1 < x ≤ 5		x > 5	
		企业数（家）	比例（%）	企业数（家）	比例（%）	企业数（家）	比例（%）
国有企业	3204	657	20.51	1470	45.88	1077	33.61
民营企业	21090	4750	22.52	10140	48.08	6200	29.40
外资企业	38419	6556	17.06	18073	47.04	13790	35.89

从表 6-7 中可以看出，这三类企业中，出口产品种类在 1~5 种的企业占大多数。

四、实证检验

（一）数据

本节使用的数据库包括两套。第一套数据库是国家统计局中国工业企业数据库，第二套数据库是中国海关数据库。数据库的详细介绍见第五章。

（二）相关变量

1. 汇率变量

我们使用计算出来的企业出口有效汇率作为汇率变量。

2. 企业出口产品种类变量

关于企业出口产品种类的划分，我们按照海关编码（HS）6 位数产品代码对产品进行分类。

3. 其他变量

综合已有的国际贸易理论对出口决定因素的分析，结合中国企业的特征，本节研究汇率变动对企业出口产品种类影响时考虑的其他因素主要包括以下几个方面。

（1）资本密集度因素。企业的资本密集度因素会影响中国企业的出口产品种类。在本节中，企业的资本密集度变量用人均固定资产来表示。

（2）企业规模因素。因此与小规模企业相比，大规模的企业应该更有能力出口更多种类的产品。关于企业规模因素的度量，本节采用企业的总资产作为代理变量。

(3) 工资因素。员工工资越高的企业往往更具有竞争优势，因而更有能力出口更多种类产品。

(4) 企业的生产率因素。生产率越高的企业，其竞争优势可能会越高，因而其更有能力出口更多种类产品。如前所述，我们用 OP 方法计算企业的生产率。

(5) 企业融资约束。企业的融资状况能够影响企业的出口产品种类。在企业面临融资约束的情况下，如果企业得不到足够的资金，则企业的出口产品种类可能会减少。反之，则企业可能会出口更多种类的产品。企业的融资约束越强，企业的经营以及财务状况可能会越差，这就会削弱企业的竞争优势，可能减少其出口产品的种类。我们用企业的资产负债率来表示企业的融资约束状况。

(6) 其他因素。企业出口产品种类的多少是受多方面因素影响的。这些因素包括企业一些不随时间变动而变动的因素，如企业的所有制因素、行业因素等。还有一些其他因素对企业的出口也会造成影响，如前面提到的贸易结构因素等。

考虑到本部分分析的核心变量（汇率等）为非稳定序列，我们在基准模型中采用一阶对数差分的模型设定。因此，我们设置如下检验模型

$$\begin{aligned}\Delta \ln Ex\_Type_{it} = & \beta_0 + \beta_1 \Delta \ln Asset_{it} + \beta_2 \Delta \ln K/l_{it} \\ & + \beta_3 \Delta \ln Wage_{it} + \beta_4 \Delta \ln EER_{it} + \beta_5 \Delta \ln Tfp_{it} \\ & + \beta_6 \Delta \ln Lev_{it} + \mu_t + \varphi_i + \varepsilon_{it} \end{aligned} \tag{6-14}$$

其中，$\Delta \ln Ex\_Type_{it}$ 表示企业出口产品种类对数值的一阶差分值；$\Delta \ln EER_{it}$ 表示企业出口有效汇率对数值的一阶差分值；其他变量的含义如模型（6－9）中所示。

（三）检验结果

由于是模型是一阶差分模型，模型在进行差分时已经消除了固定效应，所以我们采用最小二乘法（OLS 方法）对模型进行估计。回归结果见表 6－8。

表 6-8　企业有效汇率变动对企业出口产品种类的影响

	回归结果（1）	回归结果（2）
	$\Delta\ln Ex\_Type_{it}$	$\Delta\ln Ex\_Type_{it}$
$\Delta\ln Asset_{it}$	0.065***	0.058***
	(0.003)	(0.003)
$\Delta\ln Tfp_{it}$	0.039***	0.030***
	(0.008)	(0.007)
$\Delta\ln K/l_{it}$	-0.012***	-0.011***
	(0.002)	(0.002)
$\Delta\ln Wage_{it}$	0.015***	0.012***
	(0.003)	(0.003)
$\Delta\ln EER_{it}$	-0.230***	
	(0.040)	
$\Delta\ln Lev_{it}$	0.004	0.004
	(0.003)	(0.003)
$\Delta\ln ER\_Imf_t$		-0.263***
		(0.040)
年度虚拟变量	是	否
行业虚拟变量	是	是
常数项	0.046***	0.017***
	(0.007)	(0.006)
观测值	169578	193274
R^2	0.01	0.00

注：①括号中的数字为回归系数相应的稳健标准差。

②*表示在10%的水平上显著；**表示在5%的水平上显著；***表示在1%的水平上显著。

在表 6-8 的回归结果（1）中，$\Delta\ln EER_{it}$ 的回归系数等于 -0.230，为负而且显著。说明企业出口有效汇率升值，企业的出口产品种类会下降。也可以理解为，人民币升值提高了企业出口产品的集中度。可能的原因是，当人民币升值时，企业的出口环境将会变坏，企业面临的竞争将更加激烈。企业为了维持利润，不得不提高出口产品价格，或者即使不提高出口产品价格，也需要降低产品生产成本。当生产不属于自身核心竞争力的产品时，每个企业面临边际成本的上升（Eckel 和 Neary，2010），所以企业不得不减少非核心产品的生产，而将生产资源集中于自身具有优势的核心产品的生产，这就会导致企业出口产品种类的减少。

我们看其他因素对企业出口种类的影响。在表6－8的回归结果（1）中，$\Delta\ln Asset_{it}$ 的回归系数为0.065，为正而且显著。说明企业的规模对企业出口产品种类有正向影响。企业规模越大，企业抵御出口风险以及为出口成本融资的能力就越强，企业出口产品的种类就越多。这符合我们的理论假设。$\Delta\ln Tfp_{it}$ 的回归系数为0.039，为正而且显著。说明企业的生产率对企业出口产品种类有正向影响，企业生产率越高，企业出口产品的种类会越多。$\Delta\ln K/l_{it}$ 的回归系数为－0.012，为负而且显著。说明企业的资本劳动比率对企业出口产品种类有负向影响。企业资本劳动比率越高，企业出口产品种类会越少。这也说明了我国的出口比较优势情况，那就是相对于劳动密集型产品来说，资本密集型产品的竞争优势相对较低。$\Delta\ln Wage_{it}$ 的回归系数等于0.015，为正而且显著。说明企业的员工工资越高，企业的出口产品种类会越多。但是，我们也发现，$\Delta\ln lev_{it}$ 的回归系数等于0.004，为正但是不显著。这说明企业的资产负债率对企业出口产品种类没有显著影响。

表6－8回归结果（2）是以IMF计算出来的人民币有效汇率进行的稳定性检验。检验也得出了一致的结论，那就是人民币有效汇率提高，企业出口产品种类会下降。

第五节　企业有效汇率波动对企业出口金额的影响

一、问题的提出

度量汇率的变动，除了水平值的变动指标外，还有一种指标，那就是汇率的波动状况。同一个时间段内，两种货币汇率的水平变动情况相同，但是其变动在这一时间段内的波动情况可能会不一样，有的货币汇率波动幅度大，有的货币汇率波动幅度小。相同的汇率变动水平值，汇率的波动幅度不同，也会影响进出口厂商的经营业绩以及预期，进而影响其贸易行为。

2005 年 7 月人民币汇率形成机制改革之前，我国基本上实行的是盯住美元的固定汇率制度。但是我们看到，这一阶段，人民币对非美元货币汇率的变动幅度还是比较大。例如，人民币对美元、欧元、日元等货币的波动状况就不同。因此人民币有效汇率同样也具有一定的波动性。2005 年 7 月，我国进行人民币汇率形成机制改革，实行以市场供求为基础，盯住一篮子货币，有管理的浮动汇率制度。人民币形成机制的逐步市场化，导致人民币有效汇率波动幅度的增加。而人民币波动幅度增加，会对企业的出口行为产生影响。因此分析人民币汇率波动对我国企业出口贸易的影响就很重要。在本节中，我们将使用企业有效汇率对这一问题进行研究。

二、研究综述

随着布雷顿森林体系的崩溃以及各国纷纷实行浮动汇率制度，导致各国货币汇率波动幅度的增加。一些学者开始从汇率波动的角度研究汇率变动对企业贸易行为的影响。这些研究主要包括理论和实证两个角度。

（一）理论研究

对这一问题的理论研究，有三种不同的观点。一是认为汇率波动对企业出口有正向影响，二是认为汇率波动对企业出口有负向影响，三是认为汇率波动对企业出口没有显著影响。

1. 有研究认为汇率波动对企业出口有负向影响

Clark（1973）提出了一个用于分析汇率波动幅度对贸易影响的理论模型。该模型假设出口厂商是风险规避型，而且对冲汇率风险的金融工具是有限的，厂商调整其产出水平的成本非常高。在这种假设下，出口厂商会选择边际收益大于边际成本的产出水平以吸收汇率波动冲击，且在汇率剧烈波动时厂商会选择减少产出和出口数量。Baron（1976）则指出，当企业使用外币作为结算货币时，其会面临价格风险。虽然交易量由合同所决定，但是交易期间汇率的波动，会影响企业以本币计价的真实收入。而当企业选择以本币计价时，虽然规避了由汇率波动导致的价格风险，但本币升值会带来同类产品间相对价格的变化，同样也会影响到企业的出口数量。Hooper 和 Kohlhagen（1978）则假设厂商是风险厌恶的企业，由于贸易合同签订在前，货币支付在后，在汇率波动增加时，企业对汇率的预测变得更加困难。这种不确定程度的增加导致了风险规避的出口企业会减少其出口数量。

2. 有研究认为汇率波动对企业出口有正向影响

Franke（1991）认为，出口企业在相对公平的贸易环境下，会从汇率波动的增加中受益。原因在于，出口是一种在获利的情况下可能被执行的期权。Sercu 和 Vanhulle（1992）认为，汇率不确定性的增加不是阻碍贸易，而是可能会造成贸易的平均增长。因为汇率的不确定性隐含了一个更高的可能性，即由于汇率波动导致的产品出口价格对于商品价格平价的背离，将会超过出口的关税和运输成本。

3. 有研究则认为，不能确定汇率波动是促进还是抑制企业出口

还有学者认为，汇率波动对贸易的影响效应不可一概而论，导致汇率波动的原因不同，对贸易的影响也不尽相同。De Grauwe（1988）认为，汇率波动率的增加既有替代效应也有收入效应。替代效应指汇率波动率增加降低了风险厌恶者从事风险活动的动机，从而减少出口；收入效应指由于汇率波动风险增加，厂商预期的出口收入降低，从而促使厂商进行更多的出口以弥补出口收入的可能下降。汇率波动率增加对出口的最终影响依赖于替代效应与收入效应的共同作用。Broll 和 Eckwertt（1999）也认为，汇率波动幅度对企业出口影响的方向和程度会因出口厂商风险偏好的不同而不同。汇率波动对企业出口的影响存在收入效应和替代效应，汇率波动对企业出口影响的净效应取决于收入效应和替代效应的共同作用。陈平和熊欣（2002）认为，不能确定汇率波动会给企业出口带来何种影响。原因主要有以下几点。第一，当汇率的不确定性升高时，既存在出口风险增加、出口动机下降的替代效应，又存在由于预期出口收入降低促使企业努力进行更多的出口以取得补偿的收入效应，所以难以确定汇率波动对国际贸易量的总体影响。第二，由于技术进步，对冲工具（如远期市场操作、货币期货、货币期权及货币互换）的广泛

使用和成本降低使出口商能够对汇率风险进行控制。第三，跨国实施多元化的长期战略可能会降低短期汇率波动对贸易量的影响。

（二）实证研究

一些学者也对这一问题运用数据进行了实证研究。从现有文献来看，实证研究得出的结论并不一致，不同研究的实证结论差异较大。实证结果存在分歧的原因主要是理论假设、样本期、汇率波动的测算和计量方法等方面的差异所致。

1. 国外学者进行的研究

从国外的研究来看，结论大致有三种，包括有显著负向影响、影响不一致以及没有显著影响。

Arize（2000）实证研究了1973—1996年实际汇率波动对13个欠发达国家出口的影响。研究结果表明，实际有效汇率的波动性增加，对这13个国家的出口在长期和短期都有显著的负向影响。Chowdhury（1993）探讨了汇率波动对七国集团贸易流的影响。研究结果表明，汇率波动对七国集团中每一个国家的出口量都有显著的负向影响。Abbott（2004）研究了汇率波动对英国向欧盟国家出口的影响，发现汇率波动对英国向欧盟国家的出口产生了显著的负向影响。

一些研究结论则发现汇率波动对不同国家出口的影响是不一致的。Grier和Smallwood（2007）以9个发展中国家和9个发达国家为样本，评估了汇率波动对国际贸易的影响。研究结果发现，在这9个发展中国家中，汇率波动对6个国家的出口增长产生了显著的负向影响，而对大多数发达国家来说，这一影响微不足道。Sauer和Bohara（2001）使用了一个由工业化国家和发展中国家组成的样本来考察汇率波动和出口之间的联系。研究发现，汇率波动主要对拉丁美洲和非洲国家的出口有负向影响，而对亚洲发展中国家或工业化国家出口的负向影响程度则较小。

有研究认为汇率波动对贸易没有影响。Aristotelous（2001）利用1889—1999年的数据进行的研究表明，汇率波动对英国向美国的出口没有产生显著影响。

2. 国内学者进行的研究

国内学者对这一领域的研究较晚，且以实证检验为主，得出的结论也不一致。结论大致也有三种，包括有显著负向影响，影响不一致以及没有显著影响。

有研究认为，汇率波动会对出口产生负向影响。陈平和熊欣（2002）基于引力模型，利用1991年和1995年两年的横截面数据作为分析样本，对我国与主要出口国家和地区的双边贸易数据进行了检验。研究结果显示，人民币实际有效汇率的波动并不利于推动我国的贸易出口。文章对出现这一结果的原因进行了分析。第一，由于中国贸易伙伴中有相当一部分国家没有成熟的远期外汇交易市场，使国外进口商必须要考虑通货膨胀、生产成本等因素，承受着汇率变动的风险。第二，在中国，外资企业的出口占我国出口总额的比重较大，外资企业受到汇率变动的影响更大，从而间接阻碍了出口的增长。第三，从我国的出口商品结构上看，我们出口产品以低附加值、低技术含量的劳动密集型产品为主。这些产品的核心竞争力较差，较容易受到其他国家经济波动的冲击，因而面临的汇率风险弹性也很大。谷宇和高铁梅（2007）分析了人民币汇率波动及其对中国进出口的长短期影响。研究发现，无论是在短期还是长期，汇率波动都对出口有负向影响。文章认为原因在于：当国内厂商过度依赖出口、议价能力低、利润空间较小时，人民币汇率的波动将对国内厂商的利润产生较大影响，从而导致出口下降。另外，风险意识以及金融避险工具的缺乏也使中国厂商无法规避汇率风险，最终影响利润及出口。戴翔和张二震（2011）利用2007年1月至2010年12月的跨国面板数据，通过构建误差修正模型进行的研究发现，汇率波动对出口具有显著负面影响。文章认为，在2008年国际金融危机的冲击下汇率波动的加剧是全球贸易“崩溃”的促成因素之一。

有研究认为，汇率波动不会对出口产生影响。余珊萍（2005）借鉴贸易引力模型，对2000—2003年中国和10个主要贸易伙伴国的面板数据进行计量分析，发现名义汇率波动总体上对我国出口影响并不明显。

有研究认为，汇率波动对出口的影响是复杂的，随时期长短、行业以及贸易对象的不同而不同。曹阳和李剑武（2006）研究发现，短期内汇率波动对出口影响不大，汇率波动每增加1%，出口只减少0.07%，而从长期来看，人民币实际汇率波动每增加1%，出口会减少0.204%，这一结果在1%的置信水平下显著。这表明，长期中人民币实际汇率的过度波动会对贸易产生不利影响。潘红宇（2007）研究汇率波动对中国向美国、欧盟和日本三个主要贸易伙伴出口的影响。研究结果发现，中国向美国和欧盟的实际出口与实际汇率波动率存在长期显著的负相关关系，而中国向日本的出口与汇率波动率无关。短期内汇率波动率只影响中国向美国的出口，对向欧盟和日本的出口没有影响。

综合这些文献可以看出，当出口目的国、出口行业、出口企业和研究时期发生变化时，汇率波动对出口贸易影响的方向和强度都在发生变化，结论并不一致。

三、实证研究

（一）汇率波动性度量方法介绍

汇率的波动性是汇率的振动状况，包括振幅、频率和波长。汇率的波动不能直接获得，必须通过相应的计算。关于汇率波动的度量方法，学术界已进行了一些探索并提供了许多可行的测度方法。

金融序列一般具有以下特征。尖峰厚尾，即时间序列表现出厚尾和在均值处出现峰值很高、大大超过标准正态分布的峰值，这是由外汇市场频繁地出现汇率水平较大且突然地波动造成的；波动聚集性，即收益率序列的波动往往表现出大的波动后面跟随着大的波动，小的波动后面跟随着小的波动，从而表明收益率序列存在异方差性。因此，Engle 于1982 年提出了自回归条件异方差模型（ARCH），假定随机误差项的条件方差依赖于误差项前期值平方的大小。由于 ARCH 模型无法保证条件方差永远是正数，Engle 和 Bollerslev（1986）对 ARCH 模型进行了拓展，提出了广义自回归条件异方差模型（GARCH），假定随机误差项的条件方差不仅依赖于误差项前期值平方的大小，还依赖于误差项条件方差的前期值。然而，相关研究表明，金融资产价格的下跌比相同幅度的价格上涨对资产价格波动的冲击影响更大，即存在所谓的杠杆效应。基于此，就出现了非对称的 ARCH 模型，包括门限 ARCH 模型（TARCH）、指数 GARCH 模型（EGARCH）以及标准差的 GARCH 模型（PARCH）等（刘旸，2014）。

除 GARCH 方法外，戴翔和张二震（2011）认为，还可以用移动平均法，即名义有效汇率对过去 12 个月名义有效汇率均值离差的移动平均，其计算公式为

$$V_t = \left[\frac{1}{12}\sum_{j=1}^{12}(NEER_{t-j} - \overline{NEER_t})\right]^{0.5} \quad (6-15)$$

其中，V_t 为汇率波动指数，$NEER$ 为名义有效汇率指数。

潘红宇（2007）等学者采用汇率增长率指数标准差的方法进行测度。计算汇率对数收益率的标准差，对于月度数据一般使用最近 12 个月的数据来计算，计算方法如下

$$V_t = \sqrt{\frac{1}{12}\sum_{k=t-1}^{t-12}(\ln(P_k) - \ln(P_{k-1}))^2} \quad (6-16)$$

根据公式，计算汇率波动率需要计算对数汇率的一次差分，并且使用一年前的数据来估计风险。

对于汇率波动性的度量，除上述计算方法外，Chowdhury（1993）等学者使用线性矩估计方法对汇率波动进行测度，冯芸和吴冲锋（2001）则主张采用波动率法测度汇率波动。

不同的测度方法各有优劣。至于在实证研究中应该采用哪种测度方法，应该基于研究者的研究的侧重点以及数据的可得性来进行选择。

（二）数据

本节使用的数据库包括两套。第一套数据是库国家统计局工业企业数据库，第二套数据库是中国海关数据库。数据库的详细介绍见第五章。

（三）相关变量

1. 汇率变量

我们使用计算出来的企业出口有效汇率作为汇率变量。

2. 汇率波动性变量

基于本节的数据，我们采用最传统的汇率波动的测度方法。也就是

汇率对数一阶差分的标准差。

$$V_{it} = \sqrt{Var(\Delta \ln EER_{it})} \quad (6-17)$$

通过（6－17）式，我们可以得到企业 i 的有效汇率（V_{it}）在样本期间时序层面上的方差。

除了我们主要考察的汇率波动变量外，还有一些其他因素也会影响企业的出口。这些变量和前面章节是一致的。

（四）实证模型

考虑到本节分析的核心变量为非稳定序列，我们可以设置一阶差分检验模型

$$\begin{aligned} \Delta \ln Export_{it} = & \beta_0 + \beta_1 \Delta \ln Asset_{it} + \beta_2 \Delta \ln K/l_{it} + \beta_3 \Delta \ln Wage_{it} \\ & + \beta_4 Volatility_i + \beta_5 \Delta \ln Tfp_{it} + \beta_6 \Delta \ln Lev_{it} \\ & + \mu_t + \varphi_i + \varepsilon_{it} \end{aligned} \quad (6-18)$$

其中，$\Delta \ln Export_{it}$ 表示企业出口额对数值的一阶差分值；$Volatility_i$ 表示企业出口有效汇率变量的波动率；其他变量的含义如模型（6－9）中所示。

（五）实证结果

由于我们使用的是一阶差分模型，模型在进行差分时已经消除了固定效应，所以我们使用最小二乘法（OLS 方法）对模型进行估计。回归结果见表 6－9。

表 6－9　　企业有效汇率波动对企业出口额的影响

	回归结果（1）	回归结果（2）
	$\Delta \ln Export_{it}$	$\Delta \ln Export_{it}$
$\Delta \ln Asset_{it}$	0.228***	0.221***
	(0.008)	(0.008)
$\Delta \ln K/l_{it}$	－0.069***	－0.072***
	(0.005)	(0.005)
$\Delta \ln Wage_{it}$	0.083***	0.071***
	(0.006)	(0.006)
$Volatility\_EER_i$	－1.656***	
	(0.065)	

续表

	回归结果（1）	回归结果（2）
	$\Delta\ln Export_{it}$	$\Delta\ln Export_{it}$
$\Delta\ln Tfp_{it}$	0.252***	0.248***
	(0.015)	(0.015)
$\Delta\ln Lev_{it}$	0.014**	0.019***
	(0.006)	(0.006)
$Volatility\_Imf$		-3.535***
		(0.119)
年度虚拟变量	是	否
行业虚拟变量	是	是
常数项	0.146***	0.189***
	(0.014)	(0.014)
观测值	172181	172181
R^2	0.03	0.02

注：①括号中的数字为回归系数相应的稳健标准差。

②*表示在10%的水平上显著；**表示在5%的水平上显著；***表示在1%的水平上显著。

在表6-9的回归结果（1）中，$Volatility\_EER_i$ 的回归系数等于-1.656，为负而且显著。说明企业有效汇率波动对企业出口具有负向影响。究其原因，可能和我国企业的规避汇率风险的意识不足以及缺少规避汇率风险的金融工具有关。这导致在汇率波动风险变大时，企业的出口往往会受到负向影响。当然，也可能是企业在汇率风险变大时，主动减少出口以规避风险。

在表6-9的回归结果（2）中，我们以IMF计算的人民币有效汇率的波动率进行了稳定性检验，也得出了一致的结论。

检验结果也进一步表明，考察汇率变动对企业出口等其他行为的影响，除了考虑汇率值的水平变动外，还要考虑汇率变动的波动程度。汇率变动对企业的出口往往受这两个方面的共同影响。例如，当人民币升值时，汇率变动对企业出口的作用由以下两个部分组成：一是由于人民币升值带来的出口减少，二是由于汇率波动增加导致的企业出口的减少。

当人民币贬值时，汇率变动对企业出口的作用也由以下两个部分组成：一是由于人民币贬值带来的出口增加，二是由于汇率波动增加导致的企业出口的减少。当然，如果人民币在贬值时，汇率波动幅度也减少，那么汇率变动对企业出口的促进作用就会最大；而如果人民币在升值时，汇率波动幅度也增加，那么汇率变动对企业出口的负向影响就会最大。

为什么人民币汇率波动会对我国企业的出口有负向影响，可能的原因有以下几点：一是我国长期以来实行的是盯住美元的有管理的汇率制度，汇率变动幅度不大，这导致一些企业没有规避汇率风险的意识。二是我国的金融市场也不发达，企业也缺乏规避汇率风险的工具（如期货、期权、掉期等）。三是我国企业的出口竞争力不强，缺乏核心竞争力，抵御汇率变动风险的能力较差。

汇率波动对企业出口有负向影响。这就要求有关各方采取有效措施来减少这种负向影响。对货币政策制定机构来说，人民币汇率改革应在可控性、渐进性的原则下，进行稳健、小幅度的调整。一方面要避免使人民币大幅升值，另一方面也要使汇率变动尽量平稳，而不是大幅波动。从对外贸易产业层面来说，我国应转变贸易增长方式，提高高新技术产品的出口比重，以此提升对外贸易整体竞争力。同时，要提高高新技术产业的自主研发和生产能力，减少对进口商品的依赖。对于企业来说，一方面，企业应密切关注国内外金融市场的变化，尽快学会运用金融避险工具，在生产经营的各个环节上建立汇率风险防范机制，积极运用各种避险方式，尽量把汇率波动可能导致的风险最小化；另一方面，企业应加大技术创新力度，努力降低经营成本，提升出口产品竞争力，不断提高自身抵抗汇率风险的能力。

第七章　企业有效汇率变动、异质性与企业出口

企业的出口在受到汇率变动的影响时，会受到企业本身各方面特征的制约。从这一角度所进行的研究就产生了异质性企业理论。在汇率发生变动时，企业的这些特征要么削弱了汇率变动对企业出口的影响，要么增强了汇率变动对企业出口的影响。从这一角度进行的已有的研究多是使用宏观层面汇率进行的，本章使用企业层面有效汇率对这一问题进行进一步的研究。本章分别考察在汇率变动时，企业的生产率、中间品进口、融资约束等特征对企业出口的影响，本章也考察了企业有效汇率变动对不同资本密集度企业、不同贸易方式企业和不同所有制类型企业出口的影响。

第一节　企业有效汇率变动、生产率与企业出口

一、问题的提出

企业的生产率的高低能够对企业的出口行为产生影响。生产率高的企业，其生产成本可能相对较低，因而其出口竞争力就会较高，这就会影响到企业的出口。然而在国际贸易研究中，基于企业生产率层面的研究在长期时间内是被忽视的。新古典贸易理论从国家层面的宏观视角研究贸易行为，而新贸易理论的分析框架中虽然引入了规模经济和不完全竞争，但是所有企业被假定为同质性企业，其中就包括假定这些企业在生产率方面也是相同的。然而，众多的经验研究发现了出口企业种种违背经典贸易理论的异象。如 Bernard 和 Jensen（1995）分析了美国出口企业的数据后发现，美国的企业中只有少部分企业从事出口，而且和非出

口企业相比，出口企业的生产率更高，企业规模更大，而且具有更明显的技术密集型和资本密集型特征。接下来的一些研究同样发现了这一现象。如 Clerides 等（1998）利用哥伦比亚、墨西哥和摩洛哥三国企业数据，Aw 等（2000）利用中国台湾地区和韩国企业数据，Delgado 等（2002）利用西班牙企业数据所进行的研究均发现，出口企业的生产率普遍高于非出口企业。

在上述学者研究的基础上，Melitz（2003）提出了基于异质性企业假设的动态产业模型来解释国际贸易中存在的出口选择行为。这也就是著名的 Melitz（2003）模型。该模型的出现也标志着新新贸易理论的产生。Melitz 以一般均衡框架下的垄断竞争动态产业模型为基础，将企业生产率因素引入该模型，建立了异质性企业理论的基本研究框架。异质性企业理论同样假设企业是追求利润最大化的，企业可以在国内市场和出口市场之间自由进出，但是企业进入出口市场需要支付海外营销费用等高额的固定成本。这种假设导致了两方面的结果：一方面，只有生产率高的企业才能够支付这种成本，从而进入出口市场，而生产率低的企业没有能力支付进入出口市场所需要的固定成本，从而阻碍了其进入出口市场，导致其只能面向国内市场生产；另一方面，生产率高的企业的出口会导致这些企业获得更多市场份额，而生产率最低的企业由于失去市场份额而被迫退出。这两方面的作用，导致了企业间的优胜劣汰，使生产资源重新配置，从而带动整个行业的生产率的提高。

既然生产率对企业的出口有影响，那么在汇率变动时，不同生产率企业的出口受到的影响是否有差异？本部分使用企业层面有效汇率对这一问题进行研究。

二、研究综述

（一）关于企业生产率与企业出口的研究

1. 国外学者进行的研究

很多学者对 Melitz（2003）理论分析的结果进行了实证检验，但得出的结论并不一致。争论的焦点主要有两点：一是较高的生产率水平是否提高了企业出口的可能性，二是出口是否提升了产业的生产率水平。其中一些学者的研究结论支持了异质性企业理论的观点，而另一些学者的研究结果却表明，出口企业的生产率水平并没有显著高于非出口企业，即存在所谓的“生产率悖论”，而且出口也并不一定能对企业的生产率起到促进作用。Helpman 等（2004）通过对 1996 年美国企业大样本数据的实证分析发现，出口企业的劳动生产率比非出口企业高出 39%。文章认为，生产率最高的企业会选择以对外直接投资的方式参与国际市场，生产率次之的企业会选择出口，生产率再次之的企业会选择在国内市场销售，而生产率最低的企业则会破产。除了 Helpman 等（2004）的研究，其他的一些研究也基于微观企业数据，基本都证实了生产率异质性对企业的出口决策存在显著的影响。如 Bernard 和 Jensen（2004）、Bernard 等（2007）、Bernard 和 Wagner（2001）以及 Head 和 Ries（2003）等的研究都发现，生产率越高的企业越容易进入出口市场，出口企业的生产率水平通常都要高于不出口的企业。

2. 国内学者进行的研究

近年来，国内学者同样也对这一问题进行了一些研究，也得出了不尽一致的结论。

（1）一些研究认为生产率越高的企业越倾向于出口

易靖韬和傅佳莎（2011）对浙江省 2001—2003 年企业出口参与的影响因素进行了实证分析。文章认为，出口市场存在着显著的沉没成本，企业若想参与出口市场，就必须要具备较高的生产率。这种高昂的沉没成本使企业在进入出口市场以前就对企业进行了有效的甄别和筛选。企业生产率的高低，决定了企业能否参与出口市场。只有生产率高的企业才能有能力支付出口市场的沉没成本，从而参与出口市场的活动。一旦企业进入出口市场后，其生产率水平进一步决定了企业的最优出口供应量。企业的生产率水平越高，企业在出口市场中占有越多的市场份额，越能获取更大的利益。同时，高生产率的企业对出口学习效应的吸收也更好，能够帮助企业降低出口产品的生产成本，进而提高企业的最优出口供应量。在企业出口参与和出口供给动态决策过程中，企业生产率都发挥了至关重要的作用。唐宜红和林发勤（2009）利用我国2005年工业普查的企业数据，对异质性企业模型在我国的适用性进行了检验。文章同样发现，无论是以劳动生产率还是全要素生产率衡量，生产率水平越高的企业都越倾向于出口。张杰等（2008）运用来自江苏省本土制造业企业的微观数据，实证考察了企业出口与生产率之间的相互关系。研究表明，企业全要素生产率（TFP）是促进中国本土企业出口的因素。钱学锋等（2011）利用1999—2007年中国工业企业数据库，考察了出口与企业生产率之间的内在作用机制。研究发现，出口企业相对于非出口企业的生产率而言，存在着显著的出口溢价，具备较高生产率的企业会主动选择进入出口市场（自我选择效应），而进入出口市场又将进一步促进企业生产率水平的提升（出口学习效应）。

（2）一些研究并没有发现生产率越高的企业越倾向于出口的证据

王华等（2011）基于“自我选择”效应和“出口中学”效应假说，利用中国企业面板数据考察了企业出口行为与生产率之间的作用机理。研究发现，出口企业的生产率相对于非出口企业高出20%～30%，我国出口贸易存在显著的“出口中学”效应。但是研究没有发现支持“自我选择”效应的经验证据，这一结论不同于对发达国家的检验结果。文章将这种差异归结为中国特定的贸易结构和市场结构，一方面是中国本土企业将廉价劳动力的低生产成本优势作为出口竞争优势切入全球价值链的低端，另一方面是国内市场分割进一步刺激了企业的出口扩张。文章认为，中国的这种依赖廉价劳动力维持出口增长以及以国际贸易替代国内贸易的出口增长模式可能无助于中国经济的持续发展。

（3）也有研究发现出口企业存在“生产率悖论”

一些研究发现，出口企业生产率高于非出口企业并非是一个普遍性事实，一些出口企业的生产率显著低于只供应国内市场的企业。这种现象称为出口企业“生产率悖论”。

李春顶和尹翔硕（2009）用1998—2007年的中国工业企业数据，检验了我国企业出口与生产率的关系。研究结果显示，只供应国内市场的企业的生产率反而高于出口企业，并且企业出口与生产率呈负相关关系，即生产率越低的企业出口越多。李春顶（2010）利用1998—2007年的中国工业企业数据进一步检验了“生产率悖论”的现象。研究发现，中国制造业企业普遍存在着行业内的“生产率悖论”，即内销企业生产率均值高于出口企业，且这种趋势随着时间推移愈加突出和明显。从分企业类型检验结果来看，“生产率悖论”表现最为显著的是私营企业，其次是集体企业，而国有企业最不显著。文章认为，国有企业的低效率并非生产率悖论的形成原因，而私营企业中存在的较多加工贸易可能是问题的关键。从分企业规模检验结果来看，“生产率悖论”表现显著程度由高到低的顺序是小型企业、中型企业、大型企业。文章认为，在小型企业中“生产率悖论”最突出，可能是由加工贸易所导致的。中国出口贸易中，加工贸易占据了一半以上的份额，出口企业中大量存在的生产率较低的加工贸易企业拉低了出口企业总体的生产率水平，从而形成生产率悖论。

（二）关于汇率变动对不同生产率企业出口影响的研究

黄小兵（2011）从理论上分析了汇率波动对异质性企业出口行为的影响，并运用中国企业的调查数据对理论结果进行了实证分析。文章发现，人民币汇率升值对企业单位出口价值存在负向影响。面对人民币升值，高生产率与低生产率的出口企业都会降低出口商品的价格。从分样本的估计结果来看，人民币实际有效汇率升值1%，高生产率出口企业将降低单位出口价值0.67%，而低生产率出口企业将降低单位出口价值1.4%，高生产率出口企业的实际有效汇率的系数估计值大于低生产率出口企业的系数估计值。说明面对人民币实际有效汇率升值，低生产率出口企业比高生产率出口企业更加倾向于降低出口价格。文章进一步发现，人民币汇率升值对低生产率出口企业存在完全的传递效应，而对高生产率出口企业的传递效应是不完全的。从出口金额来看，文章发现，高生产率出口企业的出口额比低生产率出口企业的出口额受汇率变动的影响程度要大。人民币升值1%，高生产率出口企业的出口额将减少2.05%，而低生产率出口企业的出口额将减少1.94%。这说明面对人民币升值，高生产率出口企业比低生产率出口企业更加倾向于缩减出口规模。

张会清和唐海燕（2012）使用2005—2009年中国工业企业的样本数

据，采用 Heckman 选择模型评估了人民币升值对出口贸易的整体影响和结构影响。文章研究发现，人民币升值对高生产率企业出口的负向冲击大于对低生产率企业出口的负向冲击。人民币升值虽然降低了低端企业进入海外市场的意愿，但并未对低端企业的出口规模产生显著的负面影响。这就意味着人民币升值并未起到优胜劣汰的预期效果，反而从出口参与的扩展边际和出口规模的集约边际两方面降低了市场主体的质量，不利于出口企业出口结构的优化调整。Li H 等（2015）使用 2000—2006 年的中国企业层面数据来检验汇率变动对企业出口行为的影响。文章发现，生产率不同的企业对汇率变动的反应不同，生产率较高的企业调整出口价格，而生产率较低的企业调整出口规模。佟家栋等（2016）考察了人民币汇率对不同生产率特征企业出口价格和出口数量的影响。研究结果发现，对于最低生产率的企业而言，人民币实际有效汇率升值时其主要通过调整出口数量而不是出口价格来应对汇率升值的冲击。生产率较低的企业往往是初级产品或者劳动密集型产品的生产者，产品利润空间较小，人民币升值时受自身生产能力限制，其对价格的控制能力较弱，更多的是通过降低产量来应对人民币升值的冲击。对最高生产率的企业而言，人民币实际有效汇率升值时其主要通过调整出口价格而不是出口数量来应对汇率升值的冲击，并且生产率越高，汇率变动对出口价格的汇率传递效应越小。

三、实证检验

（一）数据

本节使用的数据库包括两套。第一套数据库是国家统计局工业企业数据库，第二套数据库是中国海关数据库。数据库的详细介绍见第五章。

（二）相关变量

1. 汇率变量

我们使用计算出来的企业出口有效汇率作为汇率变量。

2. 其他变量

除了主要考察的汇率因素外，还有一些其他因素也影响企业的出口。

这些变量和前面章节是一致的。

（三）检验模型

考虑到本节分析的核心变量为非稳定序列，我们可以设置一阶差分基本检验模型

$$\Delta \ln Export_{it} = \beta_0 + \beta_1 \Delta \ln Asset_{it} + \beta_2 \Delta \ln K/l_{it} + \beta_3 \Delta \ln Wage_{it} + \beta_4 \Delta \ln EER_{it} + \beta_5 \Delta \ln Tfp_{it} + \beta_6 \Delta \ln Lev_{it} + \mu_t + \varphi_i + \varepsilon_{it} \quad (7-1)$$

其中，$\Delta lnExport_{it}$表示企业出口额对数值的一阶差分值；$\Delta lnEER_{it}$表示企业出口有效汇率对数值的一阶差分值；$\Delta lnAsset_{it}$表示企业总资产对数值的一阶差分值；$\Delta lnK/l_{it}$表示企业人均资本对数值的一阶差分值；$\Delta lnWage_{it}$表示企业人均工资对数值的一阶差分值；$\Delta lnTfp_{it}$表示企业生产率对数值的一阶差分值，我们用 OP 方法进行计算；$\Delta lnLev_{it}$表示企业资产负债率对数值的一阶差分值；μ_t表示时间变量；φ_i表示企业不随时间变动而变动的变量，如企业的行业分类，所有制性质等；ε_{it}表示随机扰动项。

为了进一步考察不同生产率企业的出口受汇率变动的影响情况，我们设置如下模型

$$\Delta \ln Export_{it} = \beta_0 + \beta_1 \Delta \ln Asset_{it} + \beta_2 \Delta \ln K/l_{it} + \beta_3 \Delta \ln Wage_{it} + \beta_4 \Delta \ln EER_{it} + \beta_5 \Delta \ln Tfp_{it} + \beta_6 \ln Tfp_{it-1} \Delta \ln EER_{it} + \beta_7 \Delta \ln Lev_{it} + \mu_t + \varphi_i + \varepsilon_{it} \quad (7-2)$$

其中，$\ln Tfp_{it-1}$表示企业生产率对数值的一期滞后值。

（四）检验结果

由于我们使用差分模型，模型进行差分时已经消除了固定效应，所以我们使用最小二乘法（OLS 方法）对模型进行估计。回归结果见表7－1。

表7－1　企业有效汇率变动对不同生产率企业出口额的影响

	回归结果（1）	回归结果（2）
	$\Delta \ln Export_{it}$	$\Delta \ln Export_{it}$
$\Delta \ln Asset_{it}$	0.228***	0.227***
	(0.008)	(0.008)
$\Delta \ln Tfp_{it}$	0.254***	0.264***
	(0.015)	(0.015)

续表

	回归结果（1）	回归结果（2）
	$\Delta\ln Export_{it}$	$\Delta\ln Export_{it}$
$\Delta\ln K/l_{it}$	-0.073***	-0.069***
	(0.005)	(0.005)
$\Delta\ln Wage_{it}$	0.072***	0.072***
	(0.006)	(0.006)
$\Delta\ln EER_{it}$	-1.009***	
	(0.348)	
$\Delta\ln Lev_{it}$	0.015***	0.014**
	(0.006)	(0.006)
$\ln Tfp_{it-1}\Delta\ln EER_{it}$	-0.750**	
	(0.333)	
$\Delta\ln ER\_Imf_t$		0.307
		(0.455)
$\ln Tfp_{it-1}\Delta\ln ER\_Imf_t$		-2.983***
		(0.440)
年度虚拟变量	是	否
行业虚拟变量	是	是
常数项	-0.031***	-0.042***
	(0.012)	(0.012)
观测值	169577	172181
R^2	0.02	0.02

注：①括号中的数字为回归系数相应的稳健标准差。

②*表示在10%的水平上显著；**表示在5%的水平上显著；***表示在1%的水平上显著。

在表7-1的回归结果（1）中，$\ln Tfp_{it-1}\Delta\ln EER_{it}$的回归系数等于-0.750，为负而且显著。说明生产率越高的企业，其出口受汇率升值的负向影响也越大。表7-1回归结果（2）中，我们以IMF计算的人民币有效汇率进行了稳定性检验，也得出了基本一致的结论。

生产率越高的企业，其出口受到汇率升值的负向影响程度越大。这和相关的研究结论是一致的。前文已经论述，我国企业存在着“生产率悖论”。如李春顶和尹翔硕（2009）和李春顶（2010）都发现，中国制造业企业普遍存在着“生产率悖论”，即只供应国内市场的企业的生产率反而高于出口企业的生产率，并且企业出口规模与企业生产率呈负相关关系，即生产率越低的企业出口越多。

低生产率企业出口越多是我国对外贸易中的一种典型现象。李春顶（2010）和戴觅等（2014）等的研究都发现，我国大量加工贸易的存在是导致我国“生产率悖论”出现的原因。这些研究发现，加工贸易企业的生产率普遍低于非加工贸易企业。之所以加工贸易企业生产率较低，是因为加工贸易企业大多数是贴牌的“三来一补”企业类型。这些企业只是利用了国内低廉的劳动力成本，成为国外企业的加工生产者，这些企业一般只面向国外市场。而且与一般贸易企业以及非出口企业相比，加工贸易企业利润率较低、支付的工资较低，并且较少进行研发。如果剔除了加工贸易企业，则“生产率悖论”现象就不再存在。

加工贸易企业进行的出口更多，而且其生产率相对较低。基于我们的回归结果，可以推断，加工贸易企业的出口受汇率升值的影响程度相对较小可能是导致这一结果的原因。

除了从贸易类型查找原因外，对回归结果还有一种解释。张会清和唐海燕（2012）认为，这很可能是由不同生产率水平企业的出口策略的差异所造成的。一般而言，高生产率企业大多具备高利润、高增长的特征，追求的是利润效应，通常都有着基本的利润率约束。当人民币升值侵蚀利润空间时，此类企业只能提高出口价格以维持既定的利润率目标。在需求价格弹性较高的情况下，价格上调必然会导致出口规模大幅萎缩。相比之下，中国的低生产率企业大多以薄利多销作为主要经营模式，更加看重规模效应，人民币升值可能迫使这些企业采取以量补价的策略，在保持价格稳定的同时扩大出口规模，以维持利润总量目标。这也就导致了高生产率企业的出口受人民币升值的负向影响程度较大。

第二节　企业有效汇率变动、进口与企业出口

一、问题的提出

对外贸企业来说，除了出口外，进口也是重要的贸易行为。随着各国经济的进一步融合，企业在出口的同时也进行进口，成为现阶段外贸企业的重要特征。

改革开放以来，特别是加入世界贸易组织后，中国在出口规模急剧扩张的同时，对中间品和资本品的进口也大幅增长。中国的对外贸易发展过程呈现出典型的“双高”特征，即出口规模和进口规模的双高。1978—2012 年，剔除了价格因素后，中国出口总额从 1978 年的 167.6 亿元增长到 2012 年的 129362.4 亿元，增长了约 770 倍。而同一时期，中国进口总额从 187.4 亿元增长到 114795.3 亿元，增长了约 612 倍。

对于制造业企业来说，企业进口产品大致可以分为两类：中间品和资本品。中间品就是企业在生产过程中投入的原材料等，而资本品则包括企业进行生产所需的生产设备等。

企业一方面通过进口本国没有或者不生产的产品来保障自己的生产，另一方面可以通过进口更便宜的外国产品来降低自己的生产成本。对于发展中国家来说，进口还有另一个层面的意义。进口贸易一直被发展中国家视为获取发达国家技术知识溢出、提升国家技术水平的重要方式，并且能够为很多后发国家创造学习先进技术的良好机遇。Arrow（1962）在文章中提出了“干中学”模型。根据该模型，后发国家可以通过进口从先发国家先进技术的外部扩散中获取巨大收益，形成后发优势。

我国正处于发展中阶段，企业要出口，就必须使用具有一定技术含量的机器设备或零配件等中间投入品，生产出符合国际出口市场要求的产品。但是在很多情况下，使用中国本土企业生产的机器设备或原材料难以生产出符合国外标准的高质量产品。这就需要通过进口国外先进机器设备或关键零配件和原材料来进行生产。所以进口对于现阶段的中国

来说非常重要。

理论上，对于在生产过程中使用进口品的出口企业来说，本币升值会使进口商品的国内价格更加便宜，降低企业的生产成本，从而在一定程度上抵消由于本币升值而导致的出口商品价格提高带来的负向影响。对于中国的出口企业而言，现实情况是否符合这一逻辑，本节将使用企业层面有效汇率对这一问题进行深入考察。

二、研究综述

（一）关于进口对企业出口作用的研究

一些国外学者对这一问题进行了研究。Kassahara 和 Laphanm（2006）通过建立理论模型来揭示进口和出口之间的作用机制。文章认为，企业通过进口会促进其生产率的提高，企业生产率的提高进而会进一步提升企业的出口能力和出口概率。Jabbour（2010）对于法国企业进行的研究发现，从发展中国家进口中间品有助于企业生产率提升和成本降低，但是这种提升作用更多地体现在成本降低而非效率提高。该研究还发现中间品进口来源地的差别暗含着不同国家的中间品进口对出口具有不同的影响机制。Bas 和 Strauss – Khan（2010）则总结出企业进口中间品通过三个途径对企业出口产生影响，分别是质量更好的中间品、相应的技术转移以及降低成本。

一些国内学者也对这一问题进行了一些研究。巫强和刘志彪（2009）认为，中国沿海地区以消费品为主要内容的出口增长的取得，是由从国外大量进口先进的机器设备来实现的。这是沿海地区企业在出口导向战略驱动下，面对国际市场更为苛刻的质量标准，而本土装备制造业又无法提供合格制造装备的一种理性的响应。文章将产品质量偏好引入垄断竞争的贸易模型，由此发现在产品质量提高后，消费品厂商面对的国际市场需求会增加。进口合适的机器设备能提高消费品厂商短期出口规模与利润，并导致该行业的整体出口扩张。田巍和余淼杰（2013）研究了进口中间品的贸易自由化会怎样影响企业内销与出口的决定。文章使用中国制造企业的生产和贸易数据，发现企业面临的中间品关税的下降显著提高了企业的出口强度，即出口占销售的比例。这主要是因为更低的关税使企业可以使用更多品种的进口中间品，一方面提高了企业的利润，降低了企业进入出口市场的门槛，另一方面由于生产出口品的部门能够更有效率地使用进口投入品，其进口成本的下降促进了生产出口品部门的扩张。张杰等（2014）利用中国工业企业数据库和中国海关数据库的合并数据，检验了推动中国出口奇迹发生的重要力量——进口引致出口的机制。文章认为，国内企业进口引致出口机制的内在机理为：进口所带来的各种直接或间接溢出效应，一定程度上帮助出口企业获得了生产效率优势，从而增强了企业出口决策中“自我选择”决策能力。也就是说，假如没有资本品和中间品进口对中国企业生产率所带来的显著促进效应，出口企业可能就不具有跨越技术差距和生产率差距所需要的生产率优势，进而也就不可能实现出口扩张。文章认为，由于政府的优惠政策和金融支持在不同所有制类型的企业中存在显著差异，因此，进口引致出口机制可能在不同所有制企业间有所差异。文章还发现，民营企业的资本品和中间品进口变量的系数弹性均要明显高于国有企业、集体企业和外资企业。文章还发现，从高收入国家的进口是导致中国出口增长奇迹的重要驱动机制。基于研究结论，文章认为，中国应该通过进口来发展自身的先进生产装备工业和关键零配件与原材料生产部门，促进出口结构的优化升级和出口附加值的提升。席艳乐和胡强（2014）在企业异质性理论的框架下，采用中国海关数据库 2000—2006 年的进出口数据，分析了中间品进口对企业出口绩效的影响。研究结果显示，与不使用进口中间品的企业相比，使用进口中间品的企业具有更大的出口额、更多的出口产品种类及更高的出口持续可能性。而且，伴随着企业使用进口中间品数量和种类的增加，这种影响更加显著。同时，进一步研究显示，企业使用进口中间品质量的提升对其出口产品的质量的升级有明显的促进作用。此外，从中间品的进口来源国来看，企业使用从高技术国家进口的中间品对其出口绩效的影响更大。

（二）关于在汇率变动时进口对企业出口影响的研究

汇率变动会影响到企业的进口，而企业的进口会对企业的出口产生影响。因此从理论上来讲，汇率变动对企业出口的影响会受到企业进口的制约。因此，基于进口的角度来探讨汇率变动对企业出口行为影响的研究是一个重要的拓展领域。一些学者已经从这一角度进行了研究。

汇率变动可以从出口收入和进口成本两个方面影响出口企业的出口行为，而从进口角度研究汇率变动对于企业出口的影响正是从进口成本这一角度进行的研究。Hummels 等（2001）认为，本币升值会导致以外币表示的本国商品或服务的价格增加，但同时会降低该国的进口中间品以本币表示的价格。因此，对于使用进口中间品的出口企业而言，进口中间品价格的下降在一定程度上降低了企业的出口成本，因而可以部分抵消由于本币升值导致的企业出口的下降。Greenaway 等（2010）使用1988—2004 年英国制造业企业层面的数据对这一问题进行了研究。研究结果发现，本币升值对企业出口具有负向作用，但是当考虑企业对于中间品的进口时，汇率变动对企业出口的这种负向影响就变得不显著。Amiti 等（2014）利用比利时企业—产品—国家层面的交易数据从进口强度和出口市场份额两个角度对这一问题进行了研究。研究结果表明，比利时的出口主要集中在大企业，而大企业正是进口强度高和出口市场份额高的企业。由于本币贬值在降低出口成本的同时会提高进口成本，所以进口强度越高，越能抵消汇率变动对企业出口的影响。出口市场份额越高，定价能力越强，在本币贬值时企业便越能提高出厂价格。这二者的共同作用导致了大企业的出口对汇率变动不敏感。向训勇等（2016）利用 2000—2006 年中国工业企业数据库和中国海关数据库，从企业异质性视角出发，分析了出口贸易中人民币汇率传递的运行机理。研究结果表明，进口中间品投入份额通过边际成本影响企业对冲外汇风险的能力，进口中间品投入份额越大，汇率传递率越低。

三、中国企业中间品进口情况

（一）我国商品进口总体情况

我们先看全国商品总体进口情况，我们以 2011 年和 2015 年为例进行统计。统计结果见表 7 - 2。

表 7－2　　2011 年和 2015 年中国总体进口分类情况

	2015 年		2011 年	
	金额（百万美元）	占进口总额比（%）	金额（百万美元）	占进口总额比（%）
进口商品总额	1679565		1743484	
初级产品进口额	472057	28.11	604269	34.66
食品及主要供食用的活动物进口额	50501	3.01	28774	1.65
饮料及烟类进口额	5774	0.34	3685	0.21
非食用原料进口额	209710	12.49	284923	16.34
矿物燃料、润滑油及有关原料进口额	198589	11.82	275776	15.82
动、植物油脂及蜡进口额	7483	0.45	11112	0.64
工业制成品进口额	1207507	71.89	1139215	65.34
化学品及有关产品进口额	171266	10.20	181106	10.39
轻纺产品、橡胶制品、矿冶产品及其制品进口额	133011	7.92	150304	8.62
机械及运输设备进口额	682418	40.63	630570	36.17
杂项制品进口额	134693	8.02	127722	7.33
未分类的其他商品进口额	86120	5.13	49513	2.84

数据来源：国家统计局网站。

从表 7－2 中可以看出，在我国的进口中，工业制成品进口占绝大部分。2015 年，工业制成品进口额占总进口额的 71.89%，初级产品进口额占总进口额的 28.11%。2011 年，工业制成品进口额占总进口额的 65.34%，初级产品进口额占总进口额的 34.66%。我们也可以看出，我国的工业制成品进口的比例在上升。在工业制成品中，进口占比最大的是机械及运输设备进口，在 2011 年和 2016 年，其进口额占当年总进口额的比例分别为 36.17% 和 40.63%。

（二）样本企业进口情况

1. 样本企业进口金额情况

我们以 2005 年为例，统计样本企业的进口金额情况。统计结果见表

7 -3。

表 7 -3　　样本企业在 2005 年的进口金额

	出口金额（10 亿美元）	占比（%）
只从事进口的企业	61	12.63
既从事出口也从事进口的企业	422	87.37
所有进口企业	483	100.00

从表 7 -3 中可以看出，我国的进口企业中，只从事进口的企业的进口额占所有进口企业总进口额的比例很小，仅为 12.63%。而既从事出口也从事进口的企业的进口额为 4220 亿美元，占所有进口企业总进口额的比例为 87.37%。

2. 样本企业进口产品种类的各百分位分布

我们也统计了样本企业在 2005 年的进口产品种类的各百分位分布。统计结果见表 7 -4。

表 7 -4　　样本在 2005 年的进口产品种类的各百分位分布

百分位	企业进口产品种类（个）
10% 分位	1
25% 分位	2
50% 分位	6
75% 分位	18
90% 分位	43
均值	17

从表 7 -4 中可以看出，样本企业在 2005 年的进口产品的中位数为 6。可见在我国，多产品进口企业占进口企业的绝大部分，只进口一种产品的企业占很小的一部分。

四、实证检验

（一）数据

本节使用的数据库包括两套。第一套数据库是国家统计局工业企业数据库，第二套数据库是中国海关数据库。数据库的详细介绍见第五章。

（二）相关变量

1. 汇率变量

我们使用计算出来的企业出口有效汇率作为汇率变量。

2. 其他变量

除了主要考察的汇率因素外，还有一些其他因素也影响企业的出口。这些变量和前面章节是一致的。

（三）检验模型

考虑到汇率变量等核心变量为非稳定序列，我们可以设置一阶差分基本检验模型

$$\begin{aligned}\Delta \ln Export_{it} = & \beta_0 + \beta_1 \Delta \ln Import_{it} + \beta_2 \Delta \ln Asset_{it} + \beta_3 \Delta \ln K/l_{it} \\ & + \beta_4 \Delta \ln Wage_{it} + \beta_5 \Delta \ln EER_{it} + \beta_6 \Delta \ln Tfp_{it} \\ & + \beta_7 \Delta \ln Lev_{it} + \mu_t + \varphi_i + \varepsilon_{it} \end{aligned} \quad (7-3)$$

其中，$\Delta \ln Import_{it}$表示企业中间品进口对数值的一阶差分值。其他变量的含义如模型（7－1）中所示。

为了进一步体现汇率变动对不同中间品进口程度企业出口的影响，我们设置如下检验模型

$$\begin{aligned}\Delta \ln Export_{it} = & \beta_0 + \beta_1 \Delta \ln Import_{it} + \beta_2 \Delta \ln Asset_{it} + \beta_3 \Delta \ln K/l_{it} \\ & + \beta_4 \Delta \ln Wage_{it} + \beta_5 \Delta \ln EER_{it} + \beta_6 \Delta \ln Import_{it} \Delta \ln EER_{it} \\ & + \beta_7 \Delta \ln Tfp_{it} + \beta_8 \Delta \ln lev_{it} + \mu_t + \varphi_i + \varepsilon_{it} \end{aligned} \quad (7-4)$$

其中，$\Delta \ln Import_{it} \Delta \ln EER_{it}$表示变量$\Delta \ln Import_{it}$和$\Delta \ln EER_{it}$的乘积。

（四）检验结果

由于我们使用的模型为差分模型，模型在进行差分时已经消除了固定效应，所以我们使用最小二乘法（OLS 方法）对模型进行估计。回归结果见表 7－5。

表 7－5　企业有效汇率变动对不同中间品进口比例企业出口的影响

	(1)	(2)	(3)	(4)
	$\Delta \ln Export_{it}$	$\Delta \ln Export_{it}$	$\Delta \ln Export_{it}$	$\Delta \ln Export_{it}$
$\Delta \ln Import_{it}$	0.254***	0.255***	0.259***	0.269***
	(0.004)	(0.004)	(0.004)	(0.004)

续表

	(1)	(2)	(3)	(4)
	$\Delta \ln Export_{it}$	$\Delta \ln Export_{it}$	$\Delta \ln Export_{it}$	$\Delta \ln Export_{it}$
$\Delta \ln Asset_{it}$	0.134***	0.134***	0.131***	0.132***
	(0.008)	(0.008)	(0.008)	(0.008)
$\Delta \ln K/l_{it}$	-0.049***	-0.049***	-0.047***	-0.048***
	(0.005)	(0.005)	(0.005)	(0.005)
$\Delta \ln Wage_{it}$	0.056***	0.057***	0.048***	0.049***
	(0.006)	(0.006)	(0.007)	(0.007)
$\Delta \ln EER_{it}$	-0.455***	-0.402***		
	(0.079)	(0.079)		
$\Delta \ln Tfp_{it}$	0.180***	0.180***	0.179***	0.181***
	(0.015)	(0.015)	(0.015)	(0.015)
$\Delta \ln lev_{it}$	-0.008	-0.008	-0.009	-0.009
	(0.006)	(0.006)	(0.006)	(0.006)
$\Delta \ln Import_{it} \Delta \ln EER_{it}$		1.140***		
		(0.086)		
$\Delta \ln ER\_Imf_t$			-1.889***	-1.784***
			(0.085)	(0.085)
$\Delta \ln Import_{it} \Delta \ln ER\_Imf_t$				1.772***
				(0.114)
年度虚拟变量	是	是	否	否
行业虚拟变量	是	是	是	是
常数项	-0.020	-0.018	-0.016	-0.011
	(0.015)	(0.015)	(0.013)	(0.013)
观测值	103236	103236	104264	104264
R^2	0.16	0.16	0.14	0.15

注：①括号中的数字为回归系数相应的稳健标准差。

②*表示在10%的水平上显著；**表示在5%的水平上显著；***表示在1%的水平上显著。

在表7-5的回归结果（1）中，$\Delta \ln EER_{it}$的回归系数等于-0.455，为负而且显著。说明企业有效汇率升值对企业出口有负向影响。

在表7-5的回归结果（1）中，$\Delta\ln Import_{it}$的回归系数等于0.254，为正而且显著。说明企业进口越多，出口也越多。这和一些已有的研究结论是一致的。有研究将国内企业这种特定的出口模式，称为进口引致出口机制（张杰等，2014）。在有关这种机制的研究中，Mody和Yilmaz（2002）发现，实施出口导向发展战略的国家，企业进口的生产设备增长率与其出口增长率之间存在正向关系，出口企业进口生产设备可以降低出口成本，进而提高出口竞争力。Navaretti等（2004）发现，中东欧和南地中海国家在向欧盟出口纺织品的同时也大量从欧盟进口纺织机械，而纺织机械的进口极大促进了这些国家纺织品的出口。Feng等（2012）利用中国数据进行经验研究，发现中间品进口是促进企业出口数量增长的重要机制。而且企业从OECD成员进口的中间品要比从非OECD成员进口的中间品更能促进企业出口数量的增加。

在表7-5的回归结果（2）中，$\Delta\ln Import_{it}\Delta\ln EER_{it}$的回归系数等于1.140，为正而且显著，同时$\Delta\ln EER_{it}$的回归系数等于-0.402，为负而且显著。这说明，企业有效汇率升值对企业的出口有负向影响，但是对于进口越多的企业来说，这种负向影响程度会越小。也就是说，企业的进口抵消了一部分由汇率升值带来的对企业出口的负向影响。这和前述理论分析是一致的。

在表7-5的回归结果（3）和回归结果（4）是我们以IMF计算出来的人民币有效汇率作为汇率变量而进行的稳定性检验，也得出了和（1）（2）中一致的结论。

企业增加对国外产品的进口可以增加出口以及减少人民币升值对企业出口的影响，这对我国的对外贸易政策调整具有重要的意义。一方面，中国可以通过进口先进生产设备、关键零配件和原材料来提高我国企业生产的产品的质量，提高我国企业的国际竞争力，促进我国产业升级，缩小与发达国家的差距。另一方面，在我国现阶段企业普遍规避汇率风险的意识不强，金融市场不发达，企业普遍缺少规避汇率风险工具的情况下，通过进口更多的国外产品能够减少汇率变动对企业出口的负向冲击。此外，通过进口我国急需的中间品以及生产设备，可以更好地利用我国庞大的外汇储备，减少贸易逆差。

第三节　企业有效汇率变动、融资约束与企业出口

一、问题的提出

企业的融资渠道主要包括内源融资和外源融资两个渠道。其中内源融资主要是企业的自有资金和在生产经营过程中的资金积累部分；外源融资即企业的外部资金来源部分，主要包括直接融资和间接融资两类方式。直接融资指企业通过首次上市募集资金（IPO）、配股和增发等形式进行融资活动，也称为股权融资；间接融资指企业通过从银行、非银行金融机构等进行贷款等形式进行融资活动，也称为债务融资。尽管有很多的融资渠道，但企业在获得资金的过程中会遇到很多问题，这些问题即融资约束。

融资约束就是企业基于某种投资等行为，在需要融资时面临着约束，不能完全融到其所需的资金。按照优序融资理论，企业在内部资金不足时，则会考虑从外部获得资金。但是企业不一定能够从市场上获得其需要的资金。这其中有两方面的原因。一是企业不能满足资金市场上的一些特定要求而无法获得资金；二是资本市场要求的资金报酬率高，企业从资本市场获取资金就需要付出超出企业承受能力的较高的资金成本。这就产生了融资约束。

Melitz（2003）模型主要考察了企业的生产率对企业出口的作用，认为企业的生产率的高低决定了企业是否出口。但是在国际贸易中存在的一些现象，如具有相同水平生产率的企业，其是否进行出口还是存在着不一致。有些企业出口，有些企业则不出口。这促使一些学者研究生产率之外的影响企业出口的因素。一些学者发现，除了生产率因素外，融资约束也是影响企业出口的另一个重要因素。之所以考虑企业的融资约束因素，是因为企业的出口需要支付一些除了生产成本之外的成本。这

些成本包括国外市场开拓、信息收集、产品包装改换、产品特性调整、出口程序办理等出口固定成本。如果企业由于融资约束等原因，无力支付这些成本，那么企业还是不能出口。也就是说，融资约束会对企业的出口产生影响。

企业出口前成本能够影响到企业的出口决策。企业出口前成本包括：产品研发成本、国外市场信息获取成本、买方搜寻成本、建立新的销售渠道成本、沟通成本、购买中间产品成本、参与出口的员工工资等。这些出口前成本的解决，能够提高企业出口的可能性。企业出口后成本能够影响到企业出口规模。企业出口后成本包括原材料成本、扩大销售渠道成本、员工工资、维护老客户成本、寻找新客户成本等。这些出口后成本的解决，能够扩大企业的出口规模。

我国金融市场的相对不发达，导致融资约束成为我国企业普遍面临的问题。在这方面民营企业面临的情况尤其严重。民营企业普遍规模较小，再加上其由于所有制的原因，导致银行更愿意把资金贷给国有企业。此外，由于我国资本市场目前仍处于初始发展阶段，民营企业在资本市场获得融资的难度也较大。

在中国，融资约束是否影响了企业的出口？汇率变动对企业出口的影响是否因融资约束而产生差异？基于中国企业的融资现状，对这些问题进行研究将对我国出口贸易的发展以及经济增长方式的转变都有重要意义。

二、研究综述

（一）一些学者研究了融资约束对企业出口的影响

1. 一些学者从理论上分析了融资约束对企业出口的影响

Chaney（2005）在 Melitz（2003）模型的基础上，将企业的流动性约束与异质性企业理论相结合，指出流动性约束是制约企业出口行为的重要因素。原因在于，当存在出口固定成本和流动性约束时，某些企业虽然跨越了出口所需的生产率门槛，但由于流动性约束的存在，这些企业仍然无法进入出口市场。只有那些生产率最高的企业才能够从其国内销售中获得足够的流动性来克服出口成本，进而成为出口企业。Manova（2008）在Chaney（2005）基础上，将信贷约束内生于模型之中，认为金融发展有助于缓解信贷约束，对出口的扩展边际和集约边际都有积极影响。

2. 一些学者实证研究了融资约束对企业出口的影响

（1）国外学者进行的研究

Manova（2008）的研究结果发现，融资约束对企业出口影响的三分之一体现在企业进入出口市场的选择上，三分之二体现在出口量的变化上。这表明企业面临的融资约束不仅会影响其固定成本，也会影响其可变成本。Muuls（2008）利用比利时的数据，发现流动性约束使企业进入出口市场的机会下降，并且出口目的地数目更少，当企业更容易获得融资时，企业能够出口更多的产品和获得更多的出口收益。Berman和Hericourt（2010）利用9个发展中国家和新兴市场经济体的数据进行研究发现，企业生产率与出口能力之间的关系受企业融资约束的影响，只有当企业不存在融资约束的情况下，生产率才会影响企业的出口决策。而如果企业存在融资约束，那么即使企业的生产率较高，其同样也不得不退出外贸市场。Egger和Kesina（2010）使用中国工业企业数据库研究了融资约束对企业出口选择行为的影响机制。研究发现，企业融资约束指标下降1个标准差，将导致出口的扩展边际提高2个百分点，同时出口的集约边际也得到了提高。Feenstra等（2014）使用2000—2007年中国企业数据进行的研究发现，跨国公司的子公司比非跨国公司融资约束程度更低，因而出口量更多。Manova（2015）利用1985—1995年107个国家的数据验证了融资约束对异质性企业出口的影响。研究结果发现，融资约束的存在导致企业出口市场数量的下降，出口产品种类的削减以及出口量的减少。

（2）中国学者对这一问题进行的研究

Li和Yu（2009）从企业所有制类型角度对这一问题进行了研究。研究结果显示，国有企业和外商投资企业的融资约束水平远低于私有企业，因而更容易进入出口市场（即扩展边际）以及提高出口水平（即集约边际)。陈磊和宋丽丽(2011)以新新贸易理论为基础,使用 1992 年到 2009 年 64 个出口国和 182 个进口国的 28 类制造业的 400 余万组贸易数据,利用引力模型检验了金融发展对制造业出口二元边际的影响。研究发现,金融发展对两国成为贸易伙伴的可能性和贸易伙伴之间的出口量有积极影响。对于高融资依赖性和低资产抵押率行业而言,金融发展的作用尤为显著。进口国金融环境的改善能使其合同的执行力更强,这同样会提高发生贸易的概率和出口量。文章也发现,金融发展的作用在不同时期及不同的国家有显著差异。于洪霞等(2011)使用中国工业企业数据研究了出口固定成本融资约束如何影响中国企业的出口行为。文章使用企业的应收账款相对比例作为企业受到融资约束的代理变量。研究结果发现,企业的应收账款相对比例越高,出口的可能性越小,应收账款相对比例越低,出口的可能性越大。这一方面说明企业在出口过程中是存在融资约束的,另一方面也说明对大部分企业来说,应收账款是对本企业资金的一种占用,主动为客户融资的成分有限。阳佳余(2012)使用 2000—2007 年的中国工业企业数据,构造了包括内源融资、商业信贷以及企业信用特征等变量的企业融资约束综合指标,考察了融资约束对企业出口的影响。研究结果发现,企业融资状况的改善不仅能提高企业出口的概率,而且对其出口规模也有重要影响。研究还发现融资状况改善对外资企业出口影响最显著。康志勇(2013)考察了融资约束和货款拖欠作用于企业出口的机理,并使用 2001—2007 年微观企业数据进行了检验。研究结果发现,融资约束与货款拖欠对本土企业出口具有显著的抑制效应;融资约束对国有企业、民营企业都存在阻碍效应,但对民营企业更为明显;货款拖欠对国有企业不存在阻碍效应;在那些规模较大以及资本密集度高的企业中,货款拖欠并没有对出口产生显著抑制效应,而在那些规模较小以及劳动密集型的企业中,货款拖欠对出口产生显著的抑制效应。文章还发现,在获得政府补贴的企业中融资约束没有对出口产生显著抑制效应,在没有获得政府补贴的企业中这种抑制效应显著存在。检验结论表明,在中国,融资约束及货款拖欠对企业出口的抑制效应,可能既包含了企业自身差异等内部因素,也包含了金融体系压制以及政府干预等外部因素。

（二）关于融资约束对企业出口受汇率变动影响的制约作用的研究

一些学者从宏观层面出发，研究金融发展水平对一国或一个地区国际贸易的影响。这些研究认为金融发展可以通过两种渠道降低汇率变动对企业出口的不利影响：一是发展程度高的金融市场可以为企业提供更多的规避汇率风险的方式；二是发展程度高的金融市场可以为出口企业提供更多融资渠道来抵御汇率变动对其出口的不利影响。如 Berman 和 Berthou（2006）指出，发展中国家金融市场的不完全性，降低了货币贬值时的出口效应。Caglayan 和 Demir（2014）的研究发现，由于发展中国家的资本市场普遍不发达，因此能够从外部市场获得融资的国家就能够更有效地应对汇率冲击。

一些学者则研究了企业层面的融资约束对企业出口的影响。Dekle 和 Ryoo（2007）使用日本企业在 1982—1997 年的数据进行的研究发现，存在融资约束的企业的出口受到汇率变动的影响更大，而不存在融资约束的企业的出口受汇率变动的影响较小。Hericourt 和 Poncet（2013）利用中国企业的数据进行的研究发现，2000—2006 年中国的出口企业的出口额及进入新出口市场的概率都随着汇率波动的增加而降低，而且这一结论对于受融资约束较大的企业来说更加明显；而受融资约束较小的企业则能够更好地抵御汇率波动对企业出口的负向作用。佟家栋等（2016）基于 2000—2007 年工业企业数据和海关数据，考察了融资约束在汇率与企业出口问题中的作用。研究结果发现，人民币汇率变动对融资约束程度较低的企业的出口价格具有显著的抑制作用，融资约束程度越低，企业的价格调整空间就越大。而人民币汇率变动对融资约束程度较低的企业的出口数量具有微弱的抑制作用。文章对这一结果的解释是，企业的出口往往需要大量的资金投入，在面临因人民币升值导致的国内市场竞争加剧时，只有那些融资约束程度较低的企业才有可能从外部融资渠道获得足够的资金支持，进而通过降低出口价格来应对汇率升值的冲击；而那些融资约束较大的企业更多地是通过调整出口数量来应对汇率升值的冲击。

三、实证检验

（一）数据

本节使用的数据库包括两套。第一套数据库是国家统计局工业企业数据库，第二套数据库是中国海关数据库。数据库的详细介绍见第五章。

（二）主要变量

1. 汇率变量

我们使用计算出来的企业出口有效汇率作为汇率变量。

2. 企业融资约束变量

企业的融资约束可以分为内源资金约束，商业信贷约束和外源融资约束。

在衡量内源资金约束时，具有代表性的评价指标主要有：（1）以现金存量占总资产比率和现金流量指标来衡量企业财务状况；（2）以存货销售比、权益回报率和全要素生产率等指标衡量企业营运能力。

在衡量外源融资约束时，其代表性的评价指标主要有：（1）外部融资依存度；（2）实体资本强度；（3）金融市场发展水平；（4）行业外源性融资依存度；（5）企业规模与所有制；（6）企业所处行业与地区；（7）流动比率和清偿比率等。

在衡量商业信贷约束时，具有代表性的评价指标主要有：应收账款占销售收入比例、应付账款占总负债比例、应收账款周转率和商业信贷可得性等。

刘海洋（2013）认为，已有研究中使用的融资约束指标存在以下不足。（1）相当部分文献以流动比率衡量企业融资约束，这种度量方法可能存在以下问题：一是混合了改善和恶化企业筹资能力的因素；二是这一指标可能反映的问题有些偏颇，低的流动性不一定代表企业陷入融资困境，良好的企业基本面可能弥补暂时的流动资产短缺；三是企业为了最大化收益，往往不会持有过多的现金资产。（2）有些研究以利息支出、银行信贷便利性等信贷指标衡量企业融资约束，这种衡量方法同样不合理。与发达国家拥有完善的金融信贷体系相比，国内金融体系市场化程度较低，大部分企业面临正规金融融资的规模歧视和所有制歧视等。因此在金融市场发展相对滞后的中国，使用正规金融信贷状况的指标来衡量企业融资约束是有偏差的。

而贸易信贷是通过企业间的赊销提供商业信用，为企业间产品和服务的交易提供资金融通，是弥补银行信贷不足的另一种融资方式。于洪霞等（2011）认为使用应收账款比例作为度量企业面临融资约束的指标有两方面的优势。一是重要性。应收账款是产品赊销产生的商业信用在企业会计账户中的体现。商业信用涉及商业环境、融资环境和合约执行环境等因素，考察商业信用对出口的影响，可以间接地推测这些制度环境对出口的影响。二是合理性。很多研究证实了企业给予的商业信用中存在非意愿成分，削弱了企业的筹资能力。

综合上述分析，本节使用企业应收账款指标度量企业融资状况。

3. 其他变量

除了汇率变量以及融资约束变量外，还有一些其他因素也影响企业的出口。这些变量和前面章节是一致的。

（三）实证模型

考虑到本节分析的核心变量为非稳定序列，我们可以设置一阶差分基本检验模型

$$\begin{aligned}\Delta \ln Export_{it} = &\beta_0 + \beta_1 \Delta \ln AR_{it} + \beta_2 \Delta \ln Asset_{it} + \beta_3 \Delta \ln K/l_{it} \\ &+ \beta_4 \Delta \ln Wage_{it} + \beta_5 \Delta \ln EER_{it} + \beta_6 \Delta \ln Tfp_{it} \\ &+ \beta_7 \Delta \ln Lev_{it} + \mu_t + \varphi_i + \varepsilon_{it}\end{aligned} \tag{7-5}$$

其中，$\Delta \ln AR_{it}$表示应收账款金额对数值的一阶差分值。其他变量的含义与模型（7－1）中相同。

为了进一步体现汇率变动对面临不同程度融资约束企业出口的影响，我们设置如下检验模型

$$\begin{aligned}\Delta \ln Export_{it} = &\beta_0 + \beta_1 \Delta \ln AR_{it} + \beta_2 \Delta \ln Asset_{it} + \beta_3 \Delta \ln K/l_{it} \\ &+ \beta_4 \Delta \ln Wage_{it} + \beta_5 \Delta \ln EER_{it} + \beta_6 \ln AR_{it-1} \Delta \ln EER_{it} \\ &+ \beta_7 \Delta \ln Tfp_{it} + \beta_8 \Delta \ln Lev_{it} + \mu_t + \varphi_i + \varepsilon_{it}\end{aligned} \tag{7-6}$$

其中，$\ln AR_{it-1}$ 表示企业 i 在 $t-1$ 年应收账款金额的对数值，

$\ln AR_{it-1}\Delta\ln EER_{it}$ 表示变量 $\ln AR_{it-1}$ 和 $\Delta\ln EER_{it}$ 的乘积。

（四）检验结果

由于我们使用的模型为差分模型，模型在进行差分时已经消除了固定效应，所以我们使用最小二乘法（OLS 方法）对模型进行估计（见表7－6）。

表7－6　企业有效汇率变动对不同应收账款金额企业出口的影响

	(1)	(2)	(3)	(4)
	$\Delta\ln Export_{it}$	$\Delta\ln Export_{it}$	$\Delta\ln Export_{it}$	$\Delta\ln Export_{it}$
$\Delta\ln AR_{it}$	0.038***	0.038***	0.037***	0.036***
	(0.003)	(0.003)	(0.003)	(0.003)
$\Delta\ln Asset_{it}$	0.193***	0.193***	0.194***	0.193***
	(0.010)	(0.010)	(0.010)	(0.010)
$\Delta\ln K/l_{it}$	−0.067***	−0.067***	−0.063***	−0.063***
	(0.005)	(0.005)	(0.005)	(0.005)
$\Delta\ln Wage_{it}$	0.063***	0.063***	0.065***	0.065***
	(0.006)	(0.006)	(0.006)	(0.006)
$\Delta\ln EER_{it}$	−1.695***	−1.667***		
	(0.066)	(0.065)		
$\Delta\ln Tfp_{it}$	0.119***	0.119***	0.117***	0.117***
	(0.011)	(0.011)	(0.011)	(0.011)
$\Delta\ln Lev_{it}$	0.015***	0.015***	0.014**	0.014**
	(0.006)	(0.006)	(0.006)	(0.006)
$\ln AR_{it-1}\Delta\ln EER_{it}$		−0.254***		
		(0.066)		
$\Delta\ln ER\_Imf_t$			−3.002***	−2.990***
			(0.097)	(0.097)
$\ln AR_{it-1}\Delta\ln ER\_Imf_t$				−0.107
				(0.099)
年度虚拟变量	是	是	否	否
行业虚拟变量	是	是	是	是
常数项	−0.020	−0.021	−0.033**	−0.033**
	(0.014)	(0.014)	(0.014)	(0.014)
观测值	152818	152818	155232	155232
R^2	0.02	0.02	0.02	0.02

注：①括号中的数字为回归系数相应的稳健标准差。

②* 表示在10%的水平上显著；** 表示在5%的水平上显著；*** 表示在1%的水平上显著。

在表7－6的回归结果（1）中，$\Delta\ln AR_{it}$的回归系数等于0.038，为正而且显著。说明企业应收账款金额越大，企业的出口也越多。$\Delta \ln EER_{it}$的回归系数等于 -1.695，为负而且显著。这都符合理论分析。

在表 7-6 的回归结果（2）中，$\ln AR_{it-1}\Delta \ln EER_{it}$的回归系数等于 -0.254，为负而且显著。说明在企业有效汇率升值的情况下，企业应收账款金额越大，企业的出口受到的负向影响程度也越大。这符合理论分析。

在表 7-6 的回归结果（3）中，$\Delta \ln ER_Imf_t$是 IMF 计算的人民币有效汇率对数值的差分值。$\Delta \ln ER_Imf_t$的回归系数等于 -3.002，为负而且显著。这和（1）中的结论是一致的。

在表 7-6 的回归结果（4）中，$\ln AR_{it-1}\Delta \ln ER_Imf_t$的回归系数等于 -0.107，为负但是不显著。这在一定程度上说明在企业有效汇率升值的情况下，企业应收账款越大，企业的出口受到的负向影响程度也越大。当然，由于回归结果不显著，说明使用宏观层面汇率考察企业层面问题可能会出现一定程度的偏差。而使用企业层面汇率则能够更好地考察这一问题。

上文使用企业应收账款金额作为企业融资约束的代理变量进行了考察，我们也可以使用企业应收账款比例作为代理变量进行考察。我们以企业应收账款金额占企业销售收入金额的比例作为应收账款比例变量来进行考察。检验结果见表 7-7。

表 7-7　企业有效汇率变动对不同应收账款比例企业出口的影响

	(1)	(2)	(3)	(4)
	$\Delta \ln Export_{it}$	$\Delta \ln Export_{it}$	$\Delta \ln Export_{it}$	$\Delta \ln Export_{it}$
ΔAR_Ratio_{it}	0.217***	0.217***	0.210***	0.213***
	(0.022)	(0.022)	(0.022)	(0.022)
$\Delta \ln Asset_{it}$	0.223***	0.223***	0.223***	0.222***
	(0.009)	(0.009)	(0.009)	(0.009)
$\Delta \ln K/l_{it}$	-0.067***	-0.067***	-0.064***	-0.064***
	(0.005)	(0.005)	(0.005)	(0.005)
$\Delta \ln Wage_{it}$	0.066***	0.066***	0.066***	0.067***
	(0.006)	(0.006)	(0.006)	(0.006)

续表

	(1)	(2)	(3)	(4)
	$\Delta\ln Export_{it}$	$\Delta\ln Export_{it}$	$\Delta\ln Export_{it}$	$\Delta\ln Export_{it}$
$\Delta\ln EER_{it}$	-1.674***	-1.544***		
	(0.062)	(0.091)		
$\Delta\ln Tfp_{it}$	0.116***	0.116***	0.116***	0.116***
	(0.010)	(0.010)	(0.010)	(0.010)
$\Delta\ln Lev_{it}$	0.011**	0.011**	0.009*	0.009*
	(0.005)	(0.005)	(0.005)	(0.005)
$AR\_Ratio_{it-1}\Delta\ln EER_{it}$		-0.775*		
		(0.406)		
$\Delta\ln ER\_Imf_t$			-2.976***	-2.851***
			(0.091)	(0.133)
$AR\_Ratio_{it-1}\Delta\ln ER\_Imf_t$				-0.704
				(0.539)
年度虚拟变量	是	是	否	否
行业虚拟变量	是	是	是	是
常数项	-0.031**	-0.031**	-0.044***	-0.044***
	(0.012)	(0.012)	(0.013)	(0.013)
观测值	169577	169577	172181	172181
R^2	0.02	0.02	0.02	0.02

注：①括号中的数字为回归系数相应的稳健标准差。

②*表示在10%的水平上显著；**表示在5%的水平上显著；***表示在1%的水平上显著。

表7-7中，ΔAR_Ratio_{it}表示企业应收账款比例的一阶差分值，AR_Ratio_{it-1}表示企业在t-1年的应收账款比例，$AR_Ratio_{it-1}\Delta\ln EER_{it}$表示变量$AR_Ratio_{it-1}$和$\Delta\ln EER_{it}$的乘积。

在表7-7的回归结果（2）中，$AR_Ratio_{it-1}\Delta\ln EER_{it}$的回归系数等于-0.775，为负而且显著。说明在企业有效汇率升值的情况下，企业应收账款比例越大，企业的出口受到的负向影响程度也越大。这与表7-6中得出的结论是一致的。

本部分研究结果说明了企业融资约束对企业出口的重要作用。企业融资环境的改善能够有效地帮助企业克服进入国际市场所需要支付的固定成本，从而得以顺利出口并且扩大企业出口规模。因此，优化企业融资环境、为企业提供外源融资支持对我国企业提高出口绩效以及调整出口模式具有重要意义。虽然我国金融体系和金融市场等都取得了很大的进步，但是现阶段我国的金融市场尚不完善，市场化程度尚不高，这在一定程度上抑制了我国企业出口的发展。因此应加快我国金融市场化改革进程，发展多层次的资本市场，完善我国金融市场建设。同时进一步改善出口企业的融资环境，提升出口企业抵御汇率风险的能力。这不仅有利于提高我国金融机构自身的经营绩效，而且对提高企业出口竞争力、促进企业出口模式的转变具有重要意义。

第四节　企业有效汇率变动对不同资本密集度企业出口的影响

一、问题的提出

处于不同行业中的企业，具有不同的特征。如果不考虑行业差异，而是在加总层面考察汇率变动对企业出口的影响，就会造成加总谬误，有可能导致分析结果上的偏误。因此有必要从行业角度来进一步考察该问题。一般来说，不同行业的企业出口对汇率变动的反应是不同的。不同行业的企业，企业规模、人均资本、员工工资等不同，其面临的市场也不同，因而企业在国际市场上面临不同程度的市场竞争，汇率变动对其出口的影响就应该有所不同。尤其是中国的企业，不同行业的情况更加不同。就资本密集度高低来说，中国的出口行业，既有劳动密集型行业，也有资本密集型行业。这些不同类型企业的存在，使中国企业的出口对汇率变动的反应呈现复杂的现象。因此，对这些问题进行研究对我国出口贸易的发展以及经济增长方式的转变都有重要意义。本节使用企业层面有效汇率对这一问题进行进一步研究。

二、研究综述

不同行业、不同商品类别的出口对汇率变动的敏感程度不同，因此汇率变动不仅影响出口数量，也进一步影响出口产品结构。一般来说，我们可以按照劳动密集型和资本密集型对企业生产的产品或者对企业所属的行业进行划分。已有的考察汇率变动对不同行业企业出口影响的研究，也多是从这个角度划分企业所属行业的。

（一）有研究发现本币升值对劳动密集型产品出口的影响更大

曾铮和张亚斌（2007）认为，由于初级产品和劳动密集型产品需要更多非进口投入，所以汇率变动导致了初级产品和劳动密集型产品更大幅度的出口变化；而制成品和资本技术密集型产品对进口投入的依赖在一般意义上要强于初级产品和劳动密集型产品，因而汇率变动仅导致制成品和资本技术密集型产品较小幅度的出口变化。文章实证结果也发现，人民币汇率升值对中国总体出口水平具有一定的抑制作用，但由于各种产品生产过程的国内外中间投入相异，其对资本密集型产品出口的负面影响相对于劳动密集型产品出口要偏小。巴曙松和沈姗姗（2009）按照人均资本占有量选取我国具有代表性的六类出口行业进行分类研究，分析汇率水平波动对我国不同出口行业产生的影响。实证结果发现，人均资本占有量低的（劳动密集型）行业的出口对汇率水平的波动最为敏感，而人均资本占有量比较高的行业受外部因素的影响较小。文章认为，从短期来看，劳动密集型产品是我国外贸发展的一项优势，但就长期发展来说，劳动密集型出口行业受到各种不确定因素的冲击比较大，我国劳动密集型出口行业的优势也会随国际分工的转移而逐渐消失。因此，只有大力发展资本和技术密集程度较高的出口行业，提高产品生产中的附加值，实现出口结构的升级，才有可能保证我国在国际贸易中的优势地位。张会清和唐海燕（2012）以2005—2009年中国工业企业的样本数据，采用Heckman选择模型评估人民币升值对出口贸易的整体影响和结构影响。研究结果发现，从出口参与和市场退出决策的扩展边际来看，人民币升值对毛纺行业的负面冲击最大，对采掘行业的负面冲击最小。

从出口规模决策的集约边际来看，人民币升值对装备、采掘、冶金3个行业产生了显著的负面冲击，对其他行业并无显著影响。总体而言，人民币升值对劳动密集型和资源密集型行业的出口抑制效应大于资本技术密集型行业。文章认为，这在一定程度上驱动了出口行业结构朝着高级化方向发展，有利于带动国内产业结构的优化升级。马君潞等（2010）基于1981—2006年国际贸易标准分类的产业数据对人民币汇率变动影响出口贸易结构进行了研究。研究结果发现，人民币汇率波动对出口产品分类影响存在较大差异。按影响程度的大小依次为劳动密集型产品、资本和技术密集型产品、食品和资源密集型产品。何哲等（2009）根据1994—2004年的人民币实际有效汇率和产品进出口值数据，检验了汇率变动对制造业25个细分行业出口的影响。检验结果显示，汇率变动对以纺织等技术含量较低的以价格为主要竞争手段的行业具有显著的直接影响，而对于专业设备等具有较高技术含量的行业影响不大。顾国达等（2007）研究了汇率波动对不同行业出口的影响。文章认为，汇率波动对各种要素密集度的出口产业的影响不同，劳动密集型产业的出口受到的影响较大，资本密集型产业的出口受到的影响较小。

（二）有研究发现本币升值对资本密集型产品出口的影响更大

陈学彬等（2007）对海关编码分类商品进行了总体和细分行业的实证研究，考察了某些具有行业特征的商品出口价格的汇率传递率，并从微观定价行为的角度，探讨了各分类商品表现出来的出口商盯市能力。研究结果发现：我国分行业出口商的盯市能力存在较大差异。具有比较优势的劳动密集型行业表现出超强的盯市能力，出口商面对人民币升值反而大幅降低其出口价格（本币标价），这些行业大多具有持续的顺差。而能源、原材料等类别（通常作为加工贸易行业的进口商品）则表现出没有或下降的盯市能力，出口商面对人民币升值只能不断提高其出口价格，这些行业具有较高的逆差。这些净进口行业在国际出口市场的份额很小，在人民币升值的情况下，为了维持其本来就很小的市场份额，只好控制其出口价格上涨，或者降低其外币标价的出口价格，使其远远低于国际市场价格的上涨幅度。李宏彬等（2011）使用2000—2006年的中国进出口企业面板数据，分别估计了人民币实际有效汇率变动对我国企业进出口值的影响，从微观层面上估计了我国进出口的汇率弹性。研究结果发现，就企业进出口额而言，人民币升值对高科技行业和资本密集型行业的冲击更大。虽然一般来讲，人民币升值会导致所有对外贸易企业出口额与进口额的同时减少，但是那些处于技术水平较低和劳动密集型行业中的企业，其贸易额降幅较小；处在劳动密集度最高的行业中的企业，进口额还会增加。部分原因是因为我国技术水平较低和劳动密集型行业（例如非金属矿物制造业、纺织、服装、皮革业、通用设备制造业等）的商品在国际上具有一定的比较优势和国际竞争力，国际市场对我国劳动密集型产品的需求价格弹性较低。即使人民币升值导致这些出口商品的价格相对小幅提高，国际需求的减少仍然相对有限。马淑琴和鲍观明（2010）基于21类海关编码标准的面板数据，实证分析了汇率传递机制下浙江省出口商品的策略定价能力及人民币汇率形成机制改革前后的变动情况。文章认为，浙江省的劳动密集型出口商品具备超强策略定价能力。原因在于，浙江省凭借低廉的要素成本和不断降低的交易成本优势，在优良的基础设施支持下，以贴牌代工或加工贸易方式，融入由国际大买家或跨国公司所主导和控制的全球价值链（GVC）的生产分工体系中；且定位在GVC底部环节，专注于劳动密集型、微利化、低技术含量的生产、加工、制造或组装。由于浙江省可以充分发挥劳动力资源丰富的比较优势，所以在出口过程中占据着比较明显的优势地位。文章还认为，技术密集型出口商品无策略定价能力。这与浙江省参与国际分工的水平较低有关。邓小华和李占风（2014）从我国进出口商品贸易结构以及贸易国别来源角度考察人民币汇率形成机制改革后我国进出口商品贸易结构的变化。实证结果显示：人民币实际汇率升值（贬值）将抑制（促进）我国出口贸易发展。汇率变动对工业制成品出口的影响较初级产品更为显著。人民币汇率升值不利于我国出口商品结构的工业制成品占比增长。我国出口贸易量受汇率变动负向影响最为显著的商品类别是资本与技术密集度最高，也是出口占比最高的机械与交通设备类。

三、实证检验

（一）数据

本节使用的数据库包括两套。第一套数据库是国家统计局中国工业企业数据库，第二套数据库是中国海关数据库。数据库的详细介绍见第五章。

（二）相关变量

1. 汇率变量

我们使用计算出来的企业出口有效汇率作为汇率变量。

2. 其他变量

除了主要考察的汇率因素外，还有一些其他因素也影响企业的出口。这些变量和前面章节是一致的。

（三）检验模型

对于基本检验模型，我们使用模型（7－1）。

为了进一步体现汇率变动对不同资本密集度企业出口的影响，我们设置以下模型

$$\begin{aligned}\Delta\ln Export_{it} =& \beta_0 + \beta_1\Delta\ln Asset_{it} + \beta_2\Delta\ln K/l_{it} + \beta_3\Delta\ln Wage_{it} \\ &+ \beta_4\Delta\ln EER_{it} + \beta_5 \ln K/l_{it-1}\Delta\ln EER_{it} + \beta_6\Delta\ln Tfp_{it} \\ &+ \beta_7\Delta\ln Lev_{it} + \mu_t + \varphi_i + \varepsilon_{it} \qquad (7-7)\end{aligned}$$

其中，$\ln K/l_{it-1}$表示企业在$t-1$期人均资本的对数值，$\ln K/l_{it-1}\Delta\ln EER_{it}$表示变量$\ln K/l_{it-1}$和$\Delta\ln EER_{it}$的乘积。

（四）检验结果

1. 区分劳动密集型企业和资本密集型企业进行检验

我们按照样本企业的人均资本的均值，把企业划分为资本密集型企业和劳动密集型企业。如果企业的人均资本大于样本均值，则该企业属于资本密集型企业，反之，则该企业属于劳动密集型企业。我们对这两类企业分别进行检验。

由于模型是一阶差分模型，模型进行差分时已经消除了固定效应，所以我们用最小二乘法（OLS）进行估计（见表7－8）。

表7-8　　企业有效汇率变动对资本密集型和劳动密集型企业出口的影响

	(1)	(2)
	$\Delta\ln Export_{it}$	$\Delta\ln Export_{it}$
$\Delta\ln Asset_{it}$	0.236***	0.228***
	(0.008)	(0.008)
$\Delta\ln K/l_{it}$	-0.071***	-0.069***
	(0.005)	(0.005)
$\Delta\ln Wage_{it}$	0.085***	0.073***
	(0.006)	(0.006)
$Industry\_dum \times \Delta\ln EER_{it}$	-0.701***	
	(0.139)	
$\Delta\ln EER_{it}$	-0.643***	
	(0.083)	
$Industry\_dum$	0.047***	0.033***
	(0.006)	(0.006)
$\Delta\ln Tfp_{it}$	0.256***	0.252***
	(0.015)	(0.015)
$\Delta\ln Lev_{it}$	0.015***	0.015**
	(0.006)	(0.006)
$Industry\_dum \times \Delta\ln ER\_Imf_t$		-1.422***
		(0.184)
$\Delta\ln ER\_Imf_t$		-2.275***
		(0.099)
常数项	0.056***	0.001
	(0.009)	(0.004)
观测值	169577	172181
R^2	0.03	0.02

注：①括号中的数字为回归系数相应的稳健标准差。

②*表示在10%的水平上显著；**表示在5%的水平上显著；***表示在1%的水平上显著。

在表7-8的回归结果（1）中，$Industry_dum \times \Delta\ln EER_{it}$表示Industry _ dum 和$\Delta \ln EER_{it}$的乘积。其中 *Industry _ dum* 表示企业是劳动密集型企业还是资本密集型企业的虚拟变量。如果企业属于资本密集型企业，则 *Industry _ dum* = 1，否则 *Industry _ dum* = 0。*Industry _ dum* × $\Delta \ln EER_{it}$的回归系数等于 -0.701，为负而且显著，说明汇率升值时，资本密集型企业的出口受到汇率升值的负向影响程度更大。

在表 7-8 的回归结果（2）是以 IMF 计算出来的宏观层面的人民币有效汇率进行的检验，也得出了基本一致的结论。

2. 考察企业资本密集度对企业出口受汇率变动影响程度的影响

除了把样本企业划分为劳动密集型和资本密集型企业分别进行考察外，我们还可以考察企业资本密集度（以企业人均资本变量来表示）对企业的出口受汇率变动影响程度的影响。我们使用模型（7-7）进行考察，使用最小二乘法（OLS）对模型进行估计（见表 7-9）。

表 7-9　企业资本密集度对企业出口受汇率变动影响程度的影响

	(1)	(2)	(3)	(4)
	$\Delta \ln Export_{it}$	$\Delta \ln Export_{it}$	$\Delta \ln Export_{it}$	$\Delta \ln Export_{it}$
$\Delta \ln Asset_{it}$	0.235***	0.228***	0.227***	0.228***
	(0.008)	(0.008)	(0.008)	(0.008)
$\Delta \ln K/l_{it}$	-0.071***	-0.073***	-0.069***	-0.068***
	(0.005)	(0.005)	(0.005)	(0.005)
$\Delta \ln Wage_{it}$	0.085***	0.072***	0.073***	0.072***
	(0.006)	(0.006)	(0.006)	(0.006)
$\Delta \ln EER_{it}$	-0.851***	-1.357***		
	(0.075)	(0.180)		
$\Delta \ln Tfp_{it}$	0.257***	0.255***	0.253***	0.252***
	(0.015)	(0.015)	(0.015)	(0.015)
$\Delta \ln Lev_{it}$	0.015***	0.015***	0.014**	0.014***
	(0.006)	(0.006)	(0.006)	(0.006)
$\ln K/l_{it-1} \Delta \ln EER_{it}$		-0.119**		
		(0.050)		
$\Delta \ln ER\_Imf_t$			-2.749***	-1.163***
			(0.084)	(0.222)

续表

	(1)	(2)	(3)	(4)
	$\Delta\ln Export_{it}$	$\Delta\ln Export_{it}$	$\Delta\ln Export_{it}$	$\Delta\ln Export_{it}$
$\ln K/l_{it-1}\Delta\ln ER\_Imf_t$				-0.441***
				(0.061)
年度虚拟变量	是	是	否	否
常数项	0.050***	-0.030**	-0.042***	-0.039***
	(0.013)	(0.012)	(0.012)	(0.012)
观测值	169577	169577	172181	172181
R^2	0.03	0.02	0.02	0.02

注：①括号中的数字为回归系数相应的稳健标准差。

②*表示在10%的水平上显著；**表示在5%的水平上显著；***表示在1%的水平上显著。

在表7-9的回归结果（1）中，$\Delta\ln K/l_{it}$的回归系数等于-0.071，为负而且显著。说明企业的人均资本越高，企业的出口越少。这也说明，在样本期间，我国的劳动密集型企业的出口比较优势更大，而资本密集型企业的出口比较优势相对更小。

在表7-9的回归结果（2）中，$\Delta\ln EER_{it}$的回归系数等于-1.357，$\ln K/l_{it-1}\Delta\ln EER_{it}$的回归系数等于-0.119，均为负而且显著。说明企业的人均资本越高，汇率升值对于企业出口的负向影响程度也越大。这说明，企业的人均资本越高，出口企业抵抗汇率风险的能力越差。同时，和资本密集型出口企业相比，劳动密集型出口企业抵御汇率风险的能力更强，我国的劳动密集型企业在出口方面更具有比较优势。

表7-9的回归结果（3）和回归结果（4）是以IMF计算的人民币有效汇率所进行的检验，也得出了和表7-9回归结果（1）和回归结果（2）中一致的结果，这就进一步验证了我们的结论。

劳动密集型企业受到汇率升值的负向影响程度相对较小，这说明现阶段我国劳动密集型企业在出口市场上更具有竞争优势。我国众多的出口企业凭借低廉的要素成本优势，融入全球价值链中，专注于劳动密集型、低技术含量的生产、加工、制造，从而导致现阶段我国劳动密集型出口商品具备更强的抵御汇率风险的能力。而技术密集型企业抵御汇率风险的能力则相对较差。随着汇率改革进程的加快，汇率形成机制的进一步市场化，我国企业应更充分地融入全球价值链中，充分发挥劳动密集型企业出口定价优势，巩固和扩大已有的国际市场需求和份额。

现阶段劳动力优势是我国当前出口结构建立的基础，不过随着国内经济的发展和劳动力成本的提高，劳动密集型企业遇到的竞争会越来越激烈，市场环境会越来越差。劳动密集型企业的出口优势会随着我国劳动力成本的上升和国际原材料价格的上升而逐渐消失。因此，我国应大力发展资本密集型产业。只有资本密集型产业才是真正能够支持中国出口行业可持续发展下去的原动力。这就需要企业不断进行技术创新、开发和生产具有自主知识产权和自有品牌的产品，不断提高产品的国际竞争力。

因此，为了我国经济和对外贸易的持续健康发展，对劳动密集型产业和资本密集型产业，应该有所兼顾并保持协调发展。目前，在我国劳动密集型产业出口仍有较大比较优势的情况下，应继续鼓励其发展。同时积极主动进行战略转变，逐步提高对电子、化工、机械等高附加值的资本、技术密集型产业的支持。这一方面能保障我国对外贸易的稳定发展，另一方面也有利于国内产业升级和国家产业结构的调整，以促进对外贸易的可持续发展。

第五节　企业有效汇率变动对不同贸易类型企业出口的影响

一、问题的提出

我国企业从事的主要贸易方式有一般贸易、加工贸易等。加工贸易是国际贸易中的一种普遍方式，根据《中华人民共和国海关对加工贸易货物监管办法》（海关总署令〔2010〕第195号）的规定，加工贸易是经营企业进口全部或者部分原辅材料、零部件、元器件、包装物料，经加工或者装配后，将制成品复出口的经营活动，包括来料加工和进料加工。中国对外贸易的一个重要特征，就是中国存在大量的加工贸易。中国的加工贸易从20世纪70年代后期开始。在20世纪80年代早期，加工进口只占总进口的一个很小的比例，在1981年，加工贸易进出口额占我国对外贸易总进出口额的比例为5.99%。在20世纪90年代早期，中国的加工贸易快速发展，并且在1993年超过了一般贸易。加工贸易在1998年达到顶峰，加工贸易进出口额占我国对外贸易总进出口额的比例达到53.42%。然后在接下来几年之内占比有所下降，但一直维持在47%左右的水平，受国际金融危机的影响，2008年这一比例下降到41.10%。[①] 2016年，我国进出口总额中，一般贸易占55.1%，加工贸易占30.2%，其他贸易方式占14.8%。[②]

来料加工和进料加工是加工贸易最主要的两种方式。来料加工是进口料件由境外企业提供，经营企业不需要付汇进口，按照境外企业的要求进行加工或者装配，只收取加工费，制成品由境外企业销售的经营活动。进料加工是进口料件由经营企业付汇进口，制成品由经营企业外销出口的经营活动。[③] 可以看出，这两类贸易方式主要的区别是从事来料加工的企业必须将加工后的成品出售给指定的同一国外进口商，而从事进料加工的企业，企业自行进口原材料并加工后，可以将产品销售给国外的任何企业。在20世纪80年代，由于大多数中国企业缺乏足够的资金从事进口业务，以来料加工为代表的“三来一补”现象十分常见。而自20世纪90年代起，进料加工贸易也逐渐发展起来。

由于不同贸易类型企业的贸易方式以及外向性程度等不同，所以汇率变动对不同贸易类型企业出口的影响也不一样。只有了解了汇率变动对不同贸易类型企业出口的影响，才能更好地了解汇率变动对我国出口的影响机制，从而为我国汇率政策的制定提供有益的参考。因此研究汇

---

① 摘自《中国统计年鉴（2009）》。

② 摘自《2016年中国对外贸易形势报告》（2017年春季）。

③ 摘自《中华人民共和国海关对加工贸易货物监管办法》（海关总署令〔2010〕第195号）。

率变动对从事不同贸易类型企业出口的影响，就很有必要。

二、研究综述

（一）国外学者对这一问题的研究

Dees（2001）基于1994—2000年的中国月度进出口数据，发现人民币汇率变动对一般贸易而非加工贸易出口量的影响更大。具体来说，人民币每升值1%，出口数量将减少0.29%，其中一般贸易出口量减少0.48%，而加工贸易出口量仅减少0.15%。Lau等（2004）研究了中国出口贸易对人民币汇率的弹性。研究结果显示，在1995—2003年，人民币汇率变动对中国出口贸易整体的影响很小。但是如果分别考察人民币汇率变动对一般贸易出口和加工贸易出口的影响，则人民币汇率变动对一般贸易出口的影响显著，而对加工贸易出口的影响仍不显著。Thorbecke和Smith（2010）认为汇率变动对中国、马来西亚等亚洲发展中国家贸易的影响机制不同于汇率变动对日本、韩国等发达国家贸易的影响机制。文章研究结果发现，人民币汇率变动对中国贸易的影响总体上并不显著。但是中国加工贸易出口的汇率弹性要小于一般贸易商品出口的汇率弹性。Ahmed（2009）建立了一个包含一般贸易出口和加工贸易出口的理论模型，然后实证分析了中国出口贸易对汇率变动的弹性。研究结果显示，人民币升值对中国一般贸易和加工贸易出口的影响都十分显著。如果人民币实际汇率相对于亚洲新兴市场国家货币升值，则人民币升值对加工贸易出口的影响为正，但不显著；而人民币升值对一般贸易出口的影响显著为负。如果人民币对于发达国家货币升值，则人民币升值对加工贸易出口和一般贸易出口的影响都显著为负。Thorbecke和Smith（2010）以中国对33个贸易伙伴国或地区的出口数据为样本，研究了人民币实际有效汇率升值对中国出口贸易的影响。研究结果发现，人民币实际有效汇率升值10%，一般贸易出口会下降12%，加工贸易出口会下降3.1%。研究还发现，如果东亚地区国家的货币相对于人民币整体升值，则会使这些国家减少从中国的进口而更多地从欧美国家进口，尤其是更多地减少对中国一般贸易商品的进口。具体来说，如果东亚地区国家的货币相对于人民币升值 10%，则中国的加工贸易出口会下降 10% 左右。Freund 等（2011）使用中国 1997—2005 年的贸易数据，估计了不同贸易方式企业进出口的汇率弹性。研究发现，加工贸易出口对汇率变动不敏感。但如果出口产品的国内投入比例越高，则出口对汇率变动越敏感。

（二）国内学者对这一问题的研究

李宏彬等（2011）进一步将加工贸易细分为来料加工贸易和进料加工贸易来估计人民币汇率变动对其进出口造成的影响。这两种贸易同属于加工贸易的范畴，前者主要是由外方提供全部或部分原材料，我国企业按外方要求进行加工装配，收取工缴费；而后者主要由我国企业用外汇购进进口的原材料，加工成品或半成品后外销，企业需要自行寻找供货渠道和开拓境外市场，需要承担一定的经营风险。检验结果显示，与从事一般贸易的进出口企业相比，同样是从事加工贸易的企业，如果其所从事的是收取工缴费的来料加工贸易，那么人民币升值对进出口值的负面影响要小得多；但对于从事进料加工贸易，需要自行寻找供货商和销售商，自行承担经营风险的企业而言，人民币升值对其出口和进口的冲击要更大。从数值上来看，人民币有效汇率每升值 1%，从事来料加工贸易企业的出口将减少 0. 25%，从事一般贸易企业的出口将减少 0. 97%，而从事进料加工贸易企业的出口将减少 1. 33%。马光明和邓露（2012）基于 1982—2010 年时间序列数据进行的实证研究表明，加工贸易比重、人民币实际有效汇率和货物贸易顺差这三者之间存在关联性。贸易中加工贸易比重越大，人民币升值对总体贸易顺差的负向冲击程度就越被削弱。样本期内加工贸易平均占比达到或超过约 30% 时，人民币有效汇率变动对顺差的负向作用将不显著甚至出现正相关。文章认为，由于近年来我国劳动力成本不断上升等原因，导致外国直接投资发生阶段性转变，加工贸易比重将持续降低并可能导致人民币升值对总体贸易顺差的负向冲击更严重。佟家栋等（2016）的研究结果显示，加工贸易在人民币升值时受到的冲击小于一般贸易。即人民币汇率升值对出口的负向影响会因为加工贸易而受到弱化。文章对其的解释有如下几点。其一，在中国加工贸易出口额中，外资加工贸易出口占据了较大比例，这部分企业的出口行为更多是受到跨国公司的控制，受人民币汇率波动的影响相对较小。其二，加工贸易中以进料加工出口为主，该贸易方式下大部分原材料、核心零部件都依赖进口，进口价格具有较高的汇率传递弹性，使该种贸易方式再出口将从升值中获益，在一定程度上抵消了人民币升值对出口的负向影响。

三、实证检验

（一）数据

本节使用的数据库包括两套。第一套数据库是国家统计局中国工业企业数据库，第二套数据库是中国海关数据库。数据库的详细介绍见第五章。

（二）按所从事的贸易类型对企业的划分

我们按照企业所从事的贸易方式把样本企业分为三类，分别为一般贸易企业、加工贸易企业和混合贸易企业。如果企业在样本期间一直从事一般贸易，则该企业为一般贸易企业；如果企业在样本期间一直从事加工贸易，则该企业为加工贸易企业；如果该企业在样本期间既从事一般贸易，又从事加工贸易，则该企业为混合贸易企业。如果有企业在样本期间的一些年份从事加工贸易，另一些年份从事一般贸易，则我们仍然把此类企业划分为混合贸易企业。另外，在有些企业的年度贸易额中，某一类型贸易仅占很小的比例，对这类企业，我们进行如下划分。如果该企业 90% 以上贸易为一般贸易，则该企业仍为一般贸易企业；如果该企业 90% 以上为加工贸易，则该企业为加工贸易企业。从各类贸易类型的贸易额所占的比重来看，样本企业中加工贸易出口额占总样本企业总出口额的比例为 51. 11%，加工贸易进口额占样本企业总进口额的比例为 52. 76%。其中加工贸易企业全部进出口均为加工贸易进出口，混合贸易企业的出口额中有 67. 45% 是加工贸易出口，进口额中有 51. 01% 是加工贸易进口。这再一次说明了加工贸易在我国贸易中的重要地位，也说明了我们考察这一问题的重要性。

（三）相关变量

1. 汇率变量

我们使用计算出来的企业出口有效汇率作为汇率变量。

2. 其他变量

除了汇率因素外，还有一些其他因素也影响企业的出口。这些因素以及相应的变量和前面章节是一致的。

（四）检验模型

对于基本检验模型，我们使用模型（7－1）。

（五）实证结果

1. 区分贸易方式进行检验

由于我们使用的模型是差分模型，模型在进行差分时已经消除了固定效应，所以我们使用最小二乘法（OLS）对模型进行估计。我们分别对这三类贸易企业进行检验。回归结果见表7－10。

表7－10　企业有效汇率变动对不同贸易类型企业出口的影响

	(1)	(2)	(3)
	一般贸易企业	加工贸易企业	混合贸易企业
	$\Delta\ln Export_{it}$	$\Delta\ln Export_{it}$	$\Delta\ln Export_{it}$
$\Delta\ln Asset_{it}$	0.258***	0.198***	0.227***
	(0.013)	(0.013)	(0.013)
$\Delta\ln K/l_{it}$	－0.069***	－0.083***	－0.075***
	(0.008)	(0.009)	(0.008)
$\Delta\ln Wage_{it}$	0.093***	0.100***	0.068***
	(0.010)	(0.011)	(0.009)
$\Delta\ln EER_{it}$	－1.044***	－0.036	－0.863***
	(0.131)	(0.129)	(0.122)
$\Delta\ln Tfp_{it}$	0.288***	0.213***	0.264***
	(0.027)	(0.023)	(0.023)
$\Delta\ln Lev_{it}$	0.030***	－0.012	0.026***
	(0.010)	(0.009)	(0.010)

续表

	(1)	(2)	(3)
	一般贸易企业	加工贸易企业	混合贸易企业
	$\Delta\ln Export_{it}$	$\Delta\ln Export_{it}$	$\Delta\ln Export_{it}$
年度虚拟变量	是	是	是
行业虚拟变量	是	是	是
常数项	0.040	-0.133***	0.081***
	(0.025)	(0.023)	(0.021)
观测值	80847	42463	46267
R^2	0.03	0.05	0.04

注：①括号中的数字为回归系数相应的稳健标准差。

②*表示在10%的水平上显著；**表示在5%的水平上显著；***表示在1%的水平上显著。

在表7-10的回归结果（1）中，$\Delta\ln EER_{it}$的回归系数等于-1.044，为负而且显著。说明汇率升值对一般贸易企业的出口有显著负向影响。这符合一般的理论分析。

在表7-10的回归结果（2）中，$\Delta\ln EER_{it}$的回归系数等于-0.036，为负但是不显著。说明汇率升值对加工贸易企业的出口没有显著影响。这和马光明和邓露（2012）以及佟家栋等（2016）的研究结论一致。为什么汇率变动对加工贸易企业出口的影响不显著？这主要是和加工贸易企业的经营方式有关。加工贸易企业主要是从国外进口原材料，加工后再销售到国外，其属于“两头在外”的企业，进口是为出口服务的。企业的进口在一定程度上抵消了汇率变动对企业出口的负向影响。

表7-10回归结果（3）中，$\Delta\ln EER_{it}$的回归系数等于-0.863，为负而且显著。说明汇率升值对混合贸易企业的出口有显著负向影响。之所以汇率升值对混合贸易企业的出口也有显著负向影响，是因为混合贸易企业中也有相当比例的贸易类型为一般贸易。

2. 比较一般贸易企业和混合贸易企业

既然汇率升值对一般贸易企业出口有显著的负向影响，而对加工贸易企业出口的负向影响不显著，那么混合贸易企业作为既有一般贸易类型也有加工贸易类型的企业，其出口受到的影响应该比一般贸易企业要小。我们可以对这一假设进行检验。我们单独比较汇率变动对一般贸易企业和混合贸易企业出口的影响。设置如下模型进行检验。

$$\Delta \ln Export_{it} = \beta_0 + \beta_1 \Delta \ln Asset_{it} + \beta_2 \Delta \ln K/l_{it} + \beta_3 \Delta \ln Wage_{it} + \beta_4 \Delta \ln EER_{it} + \beta_5 \Delta \ln EER_{it} \times Ty\_dum + \beta_6 Ty\_dum + \beta_7 \Delta \ln Tfp_{it} + \beta_8 \Delta \ln Lev_{it} + \mu_t + \varphi_i + \varepsilon_{it} \quad (7-8)$$

其中，$\Delta \ln EER_{it} \times Ty\_dum$ 为$\Delta \ln EER_{it}$和 Ty_dum 的乘积。其中 Ty_dum 为虚拟变量，如果贸易类型为一般贸易企业，则 $Ty\_dum = 1$ ，若是混合企业，则 $Ty\_dum = 0$ 。

由于模型是一阶差分模型，所以我们用最小二乘法（OLS）进行估计。回归结果见表 7－11。

表 7－11　企业有效汇率变动对一般贸易和混合贸易企业出口影响的比较

	(1)	(2)
	$\Delta \ln Export_{it}$	$\Delta \ln Export_{it}$
$\Delta \ln Asset_{it}$	0.238***	0.237***
	(0.010)	(0.010)
$\Delta \ln K/l_{it}$	－0.073***	－0.069***
	(0.006)	(0.006)
$\Delta \ln Wage_{it}$	0.074***	0.073***
	(0.007)	(0.007)
$\Delta \ln EER_{it} \times Ty\_dum$	－0.688***	
	(0.143)	
$\Delta \ln EER_{it}$	－1.436***	
	(0.093)	
$\Delta \ln Tfp_{it}$	0.271***	0.268***
	(0.019)	(0.019)
Ty_dum	－0.061***	－0.057***
	(0.006)	(0.007)
$\Delta \ln Lev_{it}$	0.028***	0.027***
	(0.007)	(0.007)

续表

	(1)	(2)
	$\Delta\ln Export_{it}$	$\Delta\ln Export_{it}$
$\Delta\ln ER\_Imf_t \times Ty\_dum$		-1.170***
		(0.195)
$\Delta\ln ER\_Imf_t$		-1.962***
		(0.130)
年度虚拟变量	是	否
行业虚拟变量	是	是
常数项	0.039***	0.030**
	(0.014)	(0.015)
观测值	127114	129379
R^2	0.02	0.02

注：①括号中的数字为回归系数相应的稳健标准差。

②*表示在10%的水平上显著；**表示在5%的水平上显著；***表示在1%的水平上显著。

在表7-11的回归结果（1）中，$\Delta\ln EER_{it} \times Ty\_dum$ 的回归系数等于-0.688，为负而且显著。说明和混合贸易企业相比，汇率升值对一般贸易企业出口的负向影响程度更大。这就验证了我们的分析，那就是混合贸易企业中有相当一部分的贸易类型为加工贸易，从而抵消了汇率变动对其出口的负向影响。

表7-11的回归结果（2）是以IMF计算的人民币有效汇率进行的稳定性检验，$\Delta\ln ER\_Imf_{it} \times Ty\_dum$ 的系数等于-1.170，为负而且显著，这就得出了和（1）中一致的结论。

第六节　企业有效汇率变动对不同所有制类型企业出口的影响

一、问题的提出

按照企业所有制类型的不同，我国企业可以划分为国有企业、民营企业和外资企业等。不同所有制类型的企业，由于其经营管理方式、贸易方式等的不同，汇率变动对其出口的影响也会不同。本节使用企业层面有效汇率对这一问题进行考察。

二、研究综述

李宏彬等（2011）的研究发现，人民币汇率变动对不同所有制类型企业产生的影响显著不同。私营企业的进出口值在人民币升值过程中将遭受最大幅度的降低，其次遭受进出口值较大降幅的是外资企业。文章认为，不同所有制类型企业之间较大差异的汇率弹性，其中部分原因可能与我国不完善的信贷市场以及各类企业不同的融资能力有关。国有企业具有较强的融资能力，在人民币升值遇到资金瓶颈的时候，可以通过国有银行贷款，保证业务的正常运行。中外合资企业可以通过国内商业银行以及从外国投资方那里融资。外商独资企业则可以从其母公司获得部分资金做周转。而私营企业的融资能力与融资环境相对不理想，很难从国有商业银行及时获得贷款，从而难以适时调整贸易结构以应对汇率变动。文章还发现，国有企业的出口随着人民币升值而增加，进口额随着人民币升值而减少。这有可能反映了国有企业对汇率变动的反应较为迟钝，也可能是因为国有企业的最大化函数中包含了一些另外的政策导向。

张会清和唐海燕（2012）将样本企业分为国有企业、私营企业、集体企业、外资企业以及其他企业 5 种类型，考察了人民币升值对不同所有制企业出口贸易的影响。研究结果发现，人民币升值对不同所有制企业的差异化影响主要表现在市场进入阶段的出口参与和规模决策上，而在市场退出阶段，这种差异性微乎其微。比较而言，人民币升值对国有企业出口的负面影响最大，对私营企业和集体企业的负面影响次之，对外资企业出口的负面影响最小。其原因在于：外资企业具有结算货币选择、汇率风险管控、商品定价谈判等方面的诸多优势，能够有效地缓解人民币升值的不利影响。并且外资企业多从事加工贸易，升值带来的进口成本降低的利得也部分对冲了出口贸易汇兑损失。私营企业和集体企业的优势在于经营灵活，能够根据汇率波动及时调整定价策略和积极拓展出口市场，确保海外订单不至于过快流失。相比之下，国有企业虽能得到银行融资的有力支持，但经营机制上的缺陷导致其市场反应能力远不如私营企业和集体企业，难以对汇率波动做出及时、有效的应对措施，因此成为人民币升值的最大受害者。

陈婷和向训勇（2015）的研究结果发现，人民币汇率变动对不同所有制性质企业出口的影响存在着很大的差异。人民币汇率升值导致外资企业和私营企业的出口减少，却使国有企业的出口增加。文章还考察了汇率变动对不同所有制类型企业出口二元边际的影响。研究结果发现，对于外资企业来说，汇率变动对出口的影响主要是通过扩展边际产生的，其中对企业出口目的地数目的影响最大；对私营企业来说，其结论跟外资企业刚好相反，汇率变动对出口的影响主要是通过集约边际产生的；对国有企业来说，汇率变动对出口的影响约有 70% 是通过集约边际产生的，有 30% 是通过扩展边际产生的。

佟家栋等（2016）的研究结果发现，人民币汇率变动对外资企业的出口决策和出口数量的影响力度要大于国有企业。但是私营企业在人民币升值时受到的冲击是最大的，这可以归因于中国私营企业往往规模较小，技术水平较低且面临较大的融资约束，从而受资金等各方面条件的限制。当汇率冲击来临时，其价格调整能力往往较弱，并且在数量调整无济于事时更倾向于选择退出出口市场。而国有企业在人民币升值时出口量反而上升。

陈六傅等（2007）则考察了人民币实际汇率波动对我国 6 大类企业（国有企业、集体企业、中外合资企业、中外合作企业、外商独资企业和其他类企业）出口可能产生的影响。文章研究结果发现，在长期内，人民币实际汇率波动对中外合作企业的出口产生显著的正向冲击，而对国有企业和外商独资企业出口的正向冲击并不显著。同时人民币实际汇率波动对集体企业、中外合资企业以及其他类企业出口都产生显著的负向冲击，但受负向冲击最大的是集体企业和其他类型企业。在短期内，人民币汇率波动对集体企业、中外合资企业的负向冲击较显著，但对独资企业的负向冲击显著性不明显，而对其他类型企业则不产生任何影响。文章认为，汇率波动对不同所有制类型企业出口的影响不同，主要与各类出口企业的风险意愿、风险规避及承担能力、出口商品构成、出口目的等因素有关。如“三资”企业，尤其是独资企业，其出口可能是母公司为进行利润转移或出于其他战略目的而进行的，因而对实际汇率波动冲击反应就比较低。而集体企业和其他类型企业，由于出口商品技术含量低、出口供给价格弹性小、规避风险能力低，因此对实际汇率波动产生的反应也就比较敏感。

三、我国企业所有制类型的划分

我们对企业的所有制类型进行了重新分类。由于中国工业企业数据库中关于企业登记注册类型的分类比较细，本节根据国家统计局关于企业登记注册类型的指标说明，对企业登记注册类型大致分为 6 类，具体分类情况见表 7－12。

表 7－12　　我国企业所有制分类方法

所有制类型划分	数据库中的所有制类型划分
国有企业	110 国有企业、141 国有联营企业、151 国有独资公司
民营企业（私营企业）	171 私营独资企业、172 私营合伙企业、173 私营有限责任公司、174 私营股份有限公司
集体企业	120 集体企业、142 集体联营企业、143 国有与集体联营企业
港澳台企业	210 与港澳台商合资经营企业、220 与港澳台商合作经营企业、230 港澳台商独资企业、240 港澳台商投资股份有限公司
外商投资企业	310 中外合资经营企业、320 中外合作经营企业、330 外商投资企业、340 外商投资股份有限公司

我们又对企业的所有制类型作进一步的归类。把集体企业归为民营企业，把港澳台企业和外商投资企业划分为外资企业。

四、实证结果

（一）数据

本部分使用的数据库包括两套。第一套数据库是国家统计局中国工业企业数据库，第二套数据库是中国海关数据库。数据库的详细介绍见第五章。

（二）相关变量

1. 汇率变量

我们使用计算出来的企业出口有效汇率作为汇率变量。

2. 其他变量

除了我们主要考察的汇率因素外，还有一些其他因素也影响企业的出口。这些变量和前面章节是一致的。

（三）检验模型

对于基本检验模型，我们使用模型（7－1）。

（四）回归结果

由于我们使用差分模型，模型进行差分时已经消除了固定效应，所以我们使用最小二乘法（OLS）对模型进行估计。

1. 企业有效汇率变动不同所有制企业出口的影响

我们首先分别检验企业有效汇率变动对不同所有制类型企业出口的影响。回归结果见表7－13。

表7－13　企业有效汇率变动对不同所有制类型企业出口的影响

	(1)	(2)	(3)
	国有企业	民营企业	外资企业
	$\Delta \ln Export_{it}$	$\Delta \ln Export_{it}$	$\Delta \ln Export_{it}$
$\Delta \ln Asset_{it}$	0.135***	0.275***	0.220***
	(0.027)	(0.019)	(0.009)
$\Delta \ln K/l_{it}$	−0.022	−0.078***	−0.074***
	(0.023)	(0.011)	(0.005)
$\Delta \ln Wage_{it}$	0.015	0.113***	0.084***
	(0.030)	(0.014)	(0.007)
$\Delta \ln EER_{it}$	−1.255***	−0.712***	−0.616***
	(0.360)	(0.198)	(0.081)
$\Delta \ln Tfp_{it}$	0.226***	0.276***	0.256***
	(0.071)	(0.043)	(0.016)

续表

	(1)	(2)	(3)
	国有企业	民营企业	外资企业
	$\Delta \ln Export_{it}$	$\Delta \ln Export_{it}$	$\Delta \ln Export_{it}$
$\Delta \ln Lev_{it}$	0.055	0.033**	0.005
	(0.041)	(0.016)	(0.006)
年度虚拟变量	是	是	是
行业虚拟变量	是	是	是
常数项	0.156	0.483***	0.014
	(0.111)	(0.038)	(0.014)
观测值	12439	39846	115949
R^2	0.05	0.04	0.04

注：①括号中的数字为回归系数相应的稳健标准差。

②*表示在10%的水平上显著；**表示在5%的水平上显著；***表示在1%的水平上显著。

在表7－13的回归结果（1）（2）（3）中，$\Delta \ln EER_{it}$的回归系数分别为－1.255、－0.712和－0.616，均为负而且显著，说明企业有效汇率升值对国有企业、民营企业和外资企业的出口都有显著的负向影响。这符合一般的理论分析。汇率升值，企业出口产品价格会提高，因而企业的出口就会受到负向影响。

2. 不同所有制类型企业之间的比较

虽然汇率升值对国有企业和民营企业以及外资企业的出口都有显著负向影响，但如前所述，这三种类型企业的经营机制、贸易方式、出口依存度以及享受的国家的政策不同。下面考察汇率变动对这三种类型企业出口的影响是否有差异。

我们以民营企业作为比较组，比较企业有效汇率变动对这三类企业出口的影响是否有差异。回归结果见表7－14。

表 7－14　　企业有效汇率变动对不同所有制类型企业出口影响的比较

	(1)	(2)
	$\Delta\ln Export_{it}$	$\Delta\ln Export_{it}$
$\Delta\ln Asset_{it}$	0.226***	0.226***
	(0.008)	(0.008)
$\Delta\ln K/l_{it}$	-0.071***	-0.069***
	(0.005)	(0.005)
$\Delta\ln Wage_{it}$	0.068***	0.068***
	(0.006)	(0.006)
$\Delta\ln EER_{it}$	-2.362***	
	(0.164)	
$\Delta\ln EER_{it}$ ×外资企业	0.835***	
	(0.177)	
$\Delta\ln EER_{it}$ ×国有企业	0.898***	
	(0.316)	
$\Delta\ln Tfp_{it}$	0.253***	0.251***
	(0.015)	(0.015)
$\Delta\ln Lev_{it}$	0.014**	0.013**
	(0.006)	(0.006)
$\Delta\ln ER\_Imf_t$		-3.615***
		(0.206)
$\Delta\ln ER\_Imf_t$ ×外资企业		1.425***
		(0.220)
$\Delta\ln ER\_Imf_t$ ×国有企业		2.281***
		(0.380)
年度虚拟变量	是	否
行业虚拟变量	是	是
常数项	-0.020*	-0.029**
	(0.012)	(0.012)
观测值	168234	170751
R^2	0.02	0.02

注：①括号中的数字为回归系数相应的稳健标准差。

②*表示在10%的水平上显著；**表示在5%的水平上显著；***表示在1%的水平上显著。

在表 7 - 14 的回归结果（1）中，$\Delta \ln EER_{it}$ × 外资企业的回归系数等于 0.835，为正而且显著。说明和民营企业相比，外资企业的出口受到汇率升值的负向影响程度相对更小。之所以出现这种结果，可能和这两类企业的贸易方式以及经营环境有关。我国的民营企业经营规模普遍较小，享受到的优惠条件也少。再加上我国民营企业的经营历史以及出口历史都还比较短，企业抵御汇率风险的能力较差，企业规避汇率风险的理念和措施也都比较差。因而在汇率变动时其出口受到的负向影响较大。而外资企业，一方面其多是外国公司的分公司或子公司，其产品等可以在全球范围内销售；另一方面外资企业的风险规避意识和规避措施也比较成熟，因而其出口受到汇率升值的负向影响程度和民营企业相比会更小一些。

在表 7 - 14 的回归结果（1）中，$\Delta \ln EER_{it}$ × 国有企业的回归系数等于 0.898，为正而且显著。说明和民营企业相比，国有企业的出口受到汇率升值的负向影响程度更小。可能的原因是：和民营企业相比，一方面，国有企业的经营规模较大，因而抗汇率风险的能力较强；另一方面，国有企业可能享受到了更多的政策优惠，如获得了更多的贷款等资金支持。这都使国有企业的出口受到汇率升值的负向影响程度比民营企业要小一些。

表 7 - 14 的回归结果（2）是以 IMF 计算的人民币有效汇率进行的稳定性检验，得出了和（1）中一致的结论。

第八章　企业有效汇率变动对企业利润的影响

经济体系的盈利能力是衡量经济发展质量的一个重要指标。关于汇率变动对经济体系盈利能力影响的研究有两个层面。一个是宏观层面，侧重于研究汇率变动对宏观经济盈利能力的影响；另一个是微观层面，侧重于研究汇率变动对微观企业个体盈利能力的影响。国内一些学者研究了汇率变动对宏观经济盈利能力的影响，而对于汇率变动对微观企业层面的盈利能力的影响，研究得则很少［已有的研究有刘沁清和邵挺（2011）对于行业层面盈利能力的研究，刘富江和江源（2010）以及梁中华和余淼杰（2014）对企业层面盈利能力的研究等］。要研究汇率变动对宏观经济盈利能力的影响，最大的着力点应该是企业，尤其是外向型企业。只有研究企业的盈利能力在人民币汇率变动后是否受到影响，影响有多大，是通过什么渠道传导这些影响的，才能真正了解汇率变动对中国宏观经济发展质量影响的传导机制，这样也有利于国家制定经济政策来引导企业在汇率变动期间采取针对性措施以实现更好的发展。因此，研究汇率变动对企业层面盈利能力的影响就具有重要的意义。

关于汇率变动对企业层面盈利能力的研究，一方面是研究的成果还较少，另一方面是汇率的度量问题。研究汇率变动对企业盈利能力或者企业其他行为以及绩效的影响，应该使用以何种方式度量的汇率，现有的关于这方面的研究中使用的汇率多是宏观层面的汇率，如 Nucci 和 Pozzolo（2010），刘富江和江源（2010）等。我们认为，研究汇率变动对企业盈利能力等的影响，使用宏观层面的汇率是不恰当的，因为不同企业的对外贸易方式和对象不同，其必然会面临不同的汇率，再加上不同货币之间汇率变动的差异，这必然会导致企业面临的真实汇率的不同。企业面临的汇率不同，对其影响就不同。如果对不同的企业使用相同的汇率，可能就不能真实反映企业面临的汇率变动对企业盈利能力等的影响。因此设置一个指标度量企业层面的汇率，并考察此汇率变动对企业盈利能力的影响就很重要。

关于汇率变动对企业盈利能力的影响，还有一个重要的内容就是汇率变动影响企业盈利能力的途径。关于这一问题的研究，现有的研究多是从整体上研究汇率变动对企业盈利能力的综合影响，而很少有从影响途径的角度进行研究。虽然已有学者从这一角度进行了研究，如袁志刚和邵挺（2011）等。但是由于存在对汇率的度量以及考察角度的差异等问题，已有的研究对这一问题研究得还不够透彻，因此有必要对这一问题进行更加深入的研究。

由于企业利润是企业盈利能力的重要指标，所以本部分主要考察企业有效汇率变动对企业利润的影响。

第一节　研究综述

自 20 世纪 70 年代以来，一些发展中国家和发达国家经历了本国货币汇率水平的大幅变动。一些学者开始研究汇率变动对实体经济的影响，其中一个重要的方向就是研究汇率变动对企业层面利润等盈利能力的影响。Forbes（2002）考察了 51 个国家中货币贬值对于企业产量以及经营利润的影响。研究发现，经历了本国货币贬值的企业往往有更高的产出增长率和更高的利润增长率。Goldberg（2004）计算了行业层面的加总有效汇率、进口有效汇率和出口有效汇率，并考察了其对企业利润的影响。研究发现，本币行业层面有效汇率升值对行业中企业的利润有负向影响。Dominguez 和 Tesar（2006）考察了 8 个主要工业化国家中汇率变动和上市企业价值之间的关系。研究发现，大部分企业的利润会受到汇率变动的影响，但是不同企业之间的利润变动有很大的差异。Fung 和 Liu（2009）考察了中国台湾地区新台币汇率变动对企业经营绩效的影响。发现新台币的贬值会导致企业增加值的增加，而且这种影响在具有更高生产率的企业中程度更大。Ekholm 等（2012）则计算了企业的净货币敞口，考察了企业净货币敞口对企业产出、雇佣和生产率等指标的影响。研究认为，汇率变动通过企业的出口、进口以及在国内市场面临的进口竞争等渠道对企业的绩效产生影响。

有些学者虽然没有直接研究汇率变动对企业利润等盈利能力的影响，但是研究了其对企业投资（Campa 和 Goldberg，1999；Nucci 和 Pozzolo，2001）和雇佣（Campa 和 Goldberg，2001；Nucci 和 Pozzolo，2010）等行为的影响。这些研究都为研究汇率变动对企业利润的影响提供了思路和方法。

近年来，随着人民币汇率制度的改革，国内学者也开始从宏观或产业层面研究汇率变动对经济的影响。商务部“人民币升值与出口企业承受力”研究课题江苏课题组（2008）以江苏机电业和纺织服装业为研究对象考察了 2005 年人民币汇率改革以来人民币升值对出口企业承受力的影响。研究结果显示，样本企业出口产品销售利润率逐年下降，企业出口产品的利润空间不断减少。刘沁清和邵挺（2011）估算了中国制造业各行业利润率受人民币汇率变动的影响，并模拟了人民币的不同升值幅度给各行业利润率带来的变动。结果显示，有 47 个行业的利润率会因人民币升值而下降，这其中主要是轻工业和机电类产品制造行业；有 33 个行业的利润率因人民币升值而提高，这其中主要是依赖大宗商品进口的工业原料制造业。袁志刚和邵挺（2011）利用 2007 年投入产出表，模拟了在不同的人民币升值幅度下各行业利润率的变动。结果显示，人民币升值，劳动密集型和研发投入较少的竞争性行业的利润率会降低，而资本密集型和研发投入较多的垄断性行业的利润率会提高。梁中华和余淼杰（2014）考察了 2005—2007 年人民币的迅速升值对出口企业盈利能力的影响。研究结果显示，人民币升值后，出口企业的权益回报率显著降低了 5%。

和上述观点相反，也有一些研究认为汇率变动对企业利润等盈利能力的影响并不严重。周业樑（2008）重点研究了人民币升值对浙江服装纺织业的影响，认为纺织服装业能够承受人民币约 10% 的升值幅度。只要人民币汇率不是急剧波动，企业就有能力采取多种措施来消化人民币升值对其出口的影响。刘富江和江源（2010）发现，如果人民币升值幅度在一个会计年度内不超过3%，则亏损企业数量占研究样本企业的数量的比例不会因人民币升值而上升。

从上述研究可以看出，已有关于人民币汇率变动对企业利润的研究，要么是关注汇率变动对宏观（或者行业）层面经济效益的影响，要么所使用的汇率变量是宏观层面的汇率而不是企业层面的汇率，而少有研究涉及汇率变动影响企业利润的机制和渠道。因此，使用企业层面的汇率来考察汇率变动对企业利润的影响，一方面提供了一个新的研究角度，另一方面也可能对这一问题有更深刻的理解。

第二节　理论分析框架

对于产品出口到多个国家或者进口来源于多个国家的企业来说，一方面，企业会面临不同的货币，另一方面，不同货币的升值或贬值方向以及变化幅度可能是不一致的。因此，不同的企业会面临不同的汇率以及汇率变动状况，进而其利润受汇率变动的影响也会不同。如果只考察在各企业间无差异的宏观层面的汇率变动对企业利润的影响，就会忽略汇率变动在不同企业间的异质性，从而会得出有偏差的估计结果。本文将 Ekholm 等（2012）的单一进出口地模型拓展为多个进出口地，然后以此为基础，设计企业层面的有效汇率指标，进而考察其对企业利润的影响。

考虑一个代表性企业 i，其产品同时在国内市场和国外 N 个市场上销售。企业的产品在国内市场和国外 k 国市场的价格分别为 p_i 和 p_{ik}^*，销售数量分别为x_i和x_{ik}^*。e_k表示本币和 k 国货币之间的名义汇率，其是以每单位外币相当于本币的数量来表示。考虑企业 i 的最优收入问题

$$R_i = p_i x_i + \sum_{k=1}^{N} e_k p_{ik}^* x_{ik}^* \tag{8-1}$$

把式（8－1）重新表述为

$$R_i = p_i (x_i + \sum_{k=1}^{N} x_{ik}^* / E_k) \tag{8-2}$$

其中，E_k 为以产出价格表示的实际汇率，$E_k \equiv p_i/(e_k p_{ik}^*)$ 。E_k 增加表示本币实际汇率升值。考虑 E_k 的一个微小变动，保持产出不变，可得到企业收入 R_i 相对于实际汇率 E_k 的弹性。也就是

$$\frac{\partial R_i}{\partial E_k}\frac{E_k}{R_i} = -\frac{e_k p_{ik}^* x_{ik}^*}{R_i} \equiv -\lambda_{ik} \tag{8-3}$$

从式（8-3）中可以看出，对于给定的产出数量和价格，本币对货币 k 升值 1 个百分点会导致企业 i 的收入减少 λ_{ik} 个百分点①。在这里，λ_{ik} 实际上表示企业 i 对 k 国的出口收入占其总销售收入的比例，我们称之为企业 i 对 k 国的出口依存度。

对称地，假定企业 i 进行生产所使用的投入品采购于国内市场和国外 N 个市场，企业投入品在国内市场和外国 k 市场的采购价格分别为 q_i 和 q_{ik}^* ，企业生产所使用的投入品数量分别为 v_i 和 v_{ik}^* ，e_k 同样表示本币和 k 国货币之间的名义汇率，则我们可以定义企业 i 的生产成本为

$$C_i = q_i v_i + \sum_{k=1}^{N} e_k q_{ik}^* v_{ik}^* \tag{8-4}$$

同样地，我们可以把企业 i 的生产成本重新表述为

$$C_i = q_i\left(v_i + \sum_{k=1}^{N} v_{ik}^* / Q_k\right) \tag{8-5}$$

其中，Q_k 为以生产投入品价格表示的实际汇率，$Q_k = q_i/(e_k q_{ik}^*)$ 。考虑 Q_k 的一个微小变动，保持投入不变，则我们得到企业成本 C_i 相对于 Q_k 的弹性

$$\frac{\partial C_i}{\partial Q_k}\frac{Q_k}{C_i} = -\frac{e_k q_{ik}^* v_{ik}^*}{C_i} \equiv -\tilde{\lambda}_{ik} \tag{8-6}$$

从式（8-6）中可以看出，对于给定的投入品数量和价格，本币对货币 k 升 1 个百分点会导致企业的成本减少 $\tilde{\lambda}_{ik}$ 个百分点。在这里，$\tilde{\lambda}_{ik}$ 实际上表示企业 i 的生产成本中从 k 国进口的投入品成本所占的比例，我们

① 严格来说，汇率变动可能会影响到企业出口产品的以外币表示的价格以及销售数量。但为了考察问题的方便，我们假设汇率变动时企业出口产品的外币价格以及销售数量不变，只考虑单纯由汇率变动导致企业销售收入的变化。同理，对于企业的进口方，我们也假设汇率变动时企业进口产品的以外币表示的价格以及数量不变。

称之为企业 i 对 k 国的进口依存度。

如果不考虑贸易双方市场内的特殊因素，则 $E_k = Q_k$，也就是以产出价格度量的实际汇率等于以投入品价格度量的实际汇率，那么企业 i 的利润（利润等于收入减成本）对于实际汇率变动的弹性可以表示为

$$\frac{\partial \pi_i}{\partial E_k}\frac{E_k}{\pi_i} = \frac{E_k}{\pi_i}\left(\tilde{\lambda}_{ik}\frac{C_i}{E_k} - \lambda_{ik}\frac{R_i}{E_k}\right) = -\lambda_{ik} - \frac{(\lambda_{ik} - \tilde{\lambda}_{ik})}{\pi_i / C_i}$$

$$= -\tilde{\lambda}_{ik} - \frac{(\lambda_{ik} - \tilde{\lambda}_{ik})}{\pi_i / R_i} \tag{8-7}$$

参考 Ekholm 等（2012），我们定义企业 i 对 k 国的出口依存度和进口依存度的差值为企业 i 对 k 国的净出口依存度 Λ_{ik}，也就是 $\Lambda_{ik} = \lambda_{ik} - \tilde{\lambda}_{ik}$。企业 i 的对 k 国一个正的净出口依存度（Λ_{ik}）意味着汇率升值（E_k 的增加）对于企业利润的影响是负向的。企业的净出口依存度越大，本币升值对于企业利润的负向影响程度也越大。式（8－7）的离散形式可以简单表述为

$$\Delta \ln \pi_{ik} = \left[-\tilde{\lambda}_{ik} - \frac{(\lambda_{ik} - \tilde{\lambda}_{ik})}{\pi_i / R_i}\right]\Delta \ln E_k = -\left[\tilde{\lambda}_{ik} + \frac{\Lambda_{ik}}{\pi_i / R_i}\right]\Delta \ln E_k \tag{8-8}$$

假定在每个国外市场都是独立的情况下，对于一个同 N 个国家进行贸易的企业来说，由汇率变动导致的企业利润的变化可以表示为

$$\Delta \ln \pi_i = \sum_{k=1}^{N}\left[-\tilde{\lambda}_{ik} - \frac{(\lambda_{ik} - \tilde{\lambda}_{ik})}{\pi_i / R_i}\right]\Delta \ln E_k$$

$$= -\left[\sum_{k=1}^{N}(\tilde{\lambda}_{ik}) + \sum_{k=1}^{N}\frac{(\lambda_{ik} - \tilde{\lambda}_{ik})}{\pi_i / R_i}\right]\Delta \ln E_k \tag{8-9}$$

相应地，我们把 $\sum_{k=1}^{N}(\lambda_{ik} - \tilde{\lambda}_{ik})$ 定义为企业的加总净出口依存度。

从式（8－9）中还能得出以下几个推断。（1）由于企业利润率（π_i / R_i）处于分数中的分母位置，说明在其他条件相同的情况下，利润率越高的企业利润受到汇率升值的负向影响的程度越小。（2）即使一个企业的

加总净出口依存度为零，也就是 $\sum_{k=1}^{N}(\lambda_{ik}-\widetilde{\lambda}_{ik})=0$，而且 $(\lambda_{ik}-\widetilde{\lambda}_{ik})=0$ 对任意 k 国都成立，企业利润仍然会受到汇率变动的影响。这是因为，只要企业的利润是正的，企业收入比企业生产成本就要大。因此，本币升值一个百分点对企业收入将比对企业生产成本有更大程度的影响。

我们记

$$\Delta\ln VER_i=\sum_{k=1}^{N}(\lambda_{ik}-\widetilde{\lambda}_{ik})\Delta\ln E_k=\sum_{k=1}^{N}\Lambda_{ik}\Delta\ln E_k \qquad (8-10)$$

其中，$\Delta\ln VER_i$ 为企业增加值有效汇率对数值的变动值。可以看出，$\Delta\ln VER_i$ 是以企业的净出口依存度为权重对双边实际汇率对数值的变动值进行加权计算出来的。

进一步地，我们可以定义与企业的出口和进口相联系的企业有效汇率对数值的变动值——出口有效汇率对数值的变动值和进口有效汇率对数值的变动值。

$$\begin{aligned}\Delta\ln VER_i&=\chi_i\left(\sum_{k=1}^{N}\omega_{ik}^{X}\Delta\ln E_k\right)-\alpha_i\left(\sum_{k=1}^{N}\omega_{ik}^{M}\Delta\ln E_k\right)\\&=\chi_i\Delta\ln EER_i-\alpha_i\Delta\ln IER_i\end{aligned} \qquad (8-11)$$

其中，$\chi_i=\sum_{k=1}^{N}(e_k p_{ik}^{*}x_{ik}^{*})/(p_i x_i+\sum_{k=1}^{N}e_k p_{ik}^{*}x_{ik}^{*})$ $\qquad (8-12)$

$$\alpha_i=\sum_{k=1}^{N}(e_k q_{ik}^{*}v_{ik}^{*})/(q_i v_i+\sum_{k=1}^{N}e_k q_{ik}^{*}v_{ik}^{*}) \qquad (8-13)$$

$$\omega_{ik}^{X}=e_k p_{ik}^{*}x_{ik}^{*}/(\sum_{k=1}^{N}e_k p_{ik}^{*}x_{ik}^{*}) \qquad (8-14)$$

$$\omega_{ik}^{M}=e_k q_{ik}^{*}v_{ik}^{*}/(\sum_{k=1}^{N}e_k q_{ik}^{*}v_{ik}^{*}) \qquad (8-15)$$

其中，$\Delta\ln EER_i$ 和 $\Delta\ln IER_i$ 为企业出口有效汇率和进口有效汇率对数值的变动值。χ_i 为企业的出口依存度，x_i 为企业的进口依存度，w_{ik}为企业对 k 国的出口占其总出口的比例，w_{ik}^{M}为企业从 k 国的进口占总进口的比例。可以看出，$\Delta\ln EER_i$ 和 $\Delta\ln IER_i$ 是应用单个企业对不同贸易伙伴国的出口依存度和进口依存度分别对双边实际汇率对数值的变动值进行加权计算出来的。

从表达式（8－12）和（8－13）中也可以看出，χ_i 和 α_i 分别为企业 i

的加总出口依存度和加总进口依存度。

需要说明的是，本部分我们通过模型推导出了企业进口有效汇率和出口有效汇率。这和本书前面章节中企业有效汇率的测算方法是一致的。本部分只不过是从企业利润最大化模型中给出了企业进出口有效汇率的表达方式。

同样，具体到我们计算企业在某一年度的企业增加值有效汇率时，参考 Goldberg（2004）等的思路，为避免内生性问题，我们均采用企业滞后 1 期的进出口依存度作为加权权重。也就是说，在计算企业 i 在 t 年的有效汇率时，我们使用企业 i 在 $t-1$ 年进出口依存度。这也和本书前面章节中我们计算企业进口有效汇率、出口有效汇率以及加总有效汇率的方法是一致的。

需要进一步说明的是，本部分基于企业利润最大化理论模型推导出了企业的增加值有效汇率。我们可以基于一般的逻辑得到这一汇率形式，并推广到对企业投资和雇佣等的研究。

我们可以对企业增加值有效汇率通过下列逻辑得到。企业的进口有效汇率和出口有效汇率对企业的绩效的影响方向是相反的。在这种情况下，我们考察汇率变动对企业行为和绩效的总体影响时，使用不区分企业进口和出口的企业加总有效汇率可能就存在问题。为此我们需要设计一种综合度量指标，要体现汇率变动通过出口收入渠道和进口成本渠道对企业绩效不同方向的影响途径。

基于这一思路，我们可以计算出企业增加值有效汇率。具体思路如下所示。考虑到企业 i 在 t 年对国家 k 有进口，也可能有出口，则可以计算企业 i 在 t 年对 k 国家的出口依存度（ λ_{ik} ），其等于企业 i 在 t 年对国家 k 的出口占其当年对所有国家出口的比例；我们可以计算企业 i 在 t 年对 k 国家的进口依存度（ $\tilde{\lambda}_{ik}$ ），其等于企业 i 在 t 年从国家 k 的进口占其当年从所有国家进口的比例。同样，我们定义企业 i 对 k 国的出口依存度和进口依存的差值为企业 i 对 k 国的净出口依存度 Λ_{ik} ，也就是 $\Lambda_{ik} = \lambda_{ik} - \tilde{\lambda}_{ik}$ 。然后再用该净出口依存度乘以 k 国货币对人民币在 t 年的汇率 E_k ，则得到企业 i 在 t 年对国家 k 的增加值汇率 $\Lambda_{ik}E_k$ 。在假定每个国外市场都是独立的情况下，把企业 i 在 t 年对所有贸易国家的增加值汇率相加，则得到企业 i 在 t 年的增加值有效汇率（VER_i）：

$$VER_i = \sum_{k=1}^{N}(\lambda_{ik} - \tilde{\lambda}_{ik}) E_k = \sum_{k=1}^{N} \Lambda_{ik} E_k。 \quad (8-16)$$

如果我们对汇率采用对数差分形式，则同样得到式（8-10）所表达的企业增加值有效汇率的对数值的变动值。

我们对于该指标的设计，可以这样理解。如果企业的出口依存度越大，则企业的增加值有效汇率越大；如果企业的进口依存度越大，则企业的增加值有效汇率就越小。极端的情况，如果企业的加总出口依存度和加总进口依存度相等，则企业的汇率风险为零。当然，在一般情况下，即使一个企业的加总净出口依存度为零，也就是 $\sum_{k=1}^{N}(\lambda_{ik} - \tilde{\lambda}_{ik}) = 0$，企业绩效仍然会受到汇率变动的影响。这是因为，只要企业的销售收入不等于企业的生产成本，则汇率升值 1 个百分点通过企业收入渠道对企业绩效的负向影响和通过生产成本渠道对企业绩效的正向影响就不能互相抵消。

第三节　研究设计和模型设置

本节考察企业有效汇率变动对企业利润的影响，主要从三个角度来进行：一是考察企业有效汇率变动对企业利润的总体影响；二是考察企业有效汇率变动影响企业利润的渠道；三是考察企业有效汇率变动对不同类型企业利润的影响。对于第一个角度，我们计算了企业的增加值有效汇率和加总有效汇率。对于第二个角度，我们计算了企业的出口有效汇率和进口有效汇率。对于第三个角度，我们对企业按照贸易类型、利润率水平高低以及出口产品种类多少等标准进行了划分。

一、考察企业有效汇率变动对企业利润总体影响的模型

除汇率因素外，按照已有的研究，还有一些其他因素可能会影响企业利润（Fung 和 Liu，2009；陈德萍和陈永圣，2011；苏振东和洪玉娟，2013）。企业的规模会影响企业利润，我们以企业的员工人数度量。企业

的生产率以及企业的资产负债率等也会影响企业利润。除此之外，企业所面临的国内外竞争状况也对企业利润产生影响，由于这些因素不是企业本身的特征因素，因此我们在模型中加入年份以及企业所属行业等其他控制变量。

根据上述模型推导，我们设置一阶差分模型来考察企业增加值有效汇率变动对企业利润的影响：

$$\Delta \ln Profit_{it} = \beta_0 + \beta_1 \Delta \ln VER_{it} + \beta_2 \Delta \ln Worker_{it} + \beta_3 \Delta \ln Tfp_{it} + \beta_4 \Delta \ln Lev_{it} + \mu_t + \varphi_i + \varepsilon_{it} \quad (8-17)$$

式中，$\Delta \ln Profit_{it}$ 表示企业利润对数值的一阶差分值；$\Delta \ln VER_{it}$ 表示企业增加值有效汇率对数值的一阶差分值；$\Delta \ln Worker_{it}$ 表示企业员工人数对数值的一阶差分值；$\Delta \ln Tfp_{it}$ 表示企业生产率对数值的一阶差分值，我们用 OP 方法计算；$\Delta \ln Lev_{it}$ 表示企业资产负债率对数值的一阶差分值；φ_i 表示企业的不随时间变动而变动的变量，如企业所属的行业分类等；μ_t 表示企业的随时间变动的变量，ε_{it} 表示随机扰动项。

二、考察企业有效汇率变动对企业利润影响渠道的模型

为考察汇率变动影响企业利润的渠道，根据上述模型推导并参考 Nucci 和 Pozzolo（2010）等的研究思路和模型，我们设立一阶差分模型

$$\Delta \ln Profit_{it} = \beta_0 + \beta_1 \chi_{it-1} \Delta \ln EER_{it} + \beta_2 \alpha_{it-1} \Delta \ln IER_{it} + \beta_3 \chi_{it-1} + \beta_4 \alpha_{it-1} + \beta_5 \Delta \ln Worker_{it} + \beta_6 \Delta \ln Tfp_{it} + \beta_7 \Delta \ln Lev_{it} + \mu_t + \varphi_i + \varepsilon_{it} \quad (8-18)$$

式中，$\Delta \ln EER_{it}$ 表示企业出口有效汇率对数值的一阶差分值。χ_{it-1} 表示企业 i 在 $t-1$ 年的出口依存度。之所以使用企业上一期的出口依存度，是为了避免内生性问题。$\Delta \ln IER_{it}$ 表示企业进口有效汇率对数值的一阶差分值。α_{it-1} 表示企业 i 在 $t-1$ 年的进口依存度。同样是为了避免内生性问题，我们使用企业上一期的进口依存度。$\chi_{it-1} \Delta \ln EER_{it}$ 是 χ_{it-1} 与 $\Delta \ln EER_{it}$ 的乘积，$\alpha_{it-1} \Delta \ln IER_{it}$ 是 α_{it-1} 与 $\Delta \ln IER_{it}$ 的乘积。

模型（8-18）中的两个关键变量是 $\chi_{it-1} \Delta \ln EER_{it}$ 和 $\alpha_{it-1} \Delta \ln IER_{it}$。之所以使用这两个交叉项，是根据理论模型，为了体现企业的外向性对

企业的利润受汇率变动的不同程度的影响。$\chi_{it-1}\Delta\ln EER_{it}$ 项的系数 β_1 的符号预期为负，含义是随着企业外销比例的增大，汇率升值对企业利润的负向影响程度会越大。$\alpha_{it-1}\Delta\ln IMER_{it}$ 项的系数 β_2 的符号预期为正，含义是随着企业所使用的进口投入品占生产成本比例的增加，汇率升值对企业利润的正向影响程度会越大。

三、企业利润变量的度量

企业利润是衡量企业盈利能力的重要指标，企业盈利能力指标分为相对指标和绝对指标。相对指标指企业的利润率，这其中包括总资产收益率、净资产收益率和销售利润率等。使用这些指标的研究有苏振东和洪玉娟（2013）以及梁中华和余淼杰（2014）等。绝对指标指企业的经营利润金额，包括毛利润、总利润和净利润等。使用这些指标的研究有 Goldberg（2004）以及 Ekholm 等（2012）。根据本文的理论模型，我们以绝对指标作为企业盈利能力的指标。具体地，本文以企业的毛利润（主营业务销售收入减主营业务成本）作为衡量指标。之所以使用企业的毛利润指标，是因为汇率变动主要影响企业的主营业务收入以及主营业务成本，即主要影响企业的毛利润。而企业的其他利润指标则涉及企业的销售费用、管理费用和税收等费用，这些费用受汇率变动的影响并不直接。

四、企业的对外依存度的计算

如理论模型所示，企业的外向性程度是制约汇率变动对企业利润影响程度的一个重要因素。对于这一方面，可以这样简单分析，那就是在汇率变动幅度和方向一致的情况下，如果企业的外向性程度越大，则企业的利润受到的影响会越大。具体而言，如果企业出口方面的外向性程度越大，则汇率升值对企业利润的负向影响也越大；如果企业进口方面的外向性程度越大，则汇率升值对企业利润的正向影响也越大。

企业的外向性程度，我们以企业的出口依存度和进口依存度来表示。其中出口依存度反映企业销售的对外依赖程度，进口依存度反映企业生产投入品的对外依赖程度。企业的出口依存度，我们用企业的出口额占其总销售额的比例来表示。对于企业的进口依存度，虽然我们能够得到企业的年度进口品的数值，但是对于企业投入了多少进口品到本年度的生产中去，我们不得而知。为了方便考察问题，我们假设企业在当年进口的中间品都投入到了企业当年的生产中去。因此，我们使用企业的年度进口值占企业年度生产成本的比例来衡量。

第四节 实证结果及分析

本节我们将分别考察企业有效汇率变动对企业利润的总体影响及影响的渠道，同时也考察其对不同类型企业利润的影响。

一、企业增加值有效汇率变动对企业利润的影响

根据模型（8－17），我们考察企业增加值有效汇率变动对企业利润的影响。由于我们使用的是一阶差分模型，在对模型进行差分时已经消除了企业不随时间变化的个体效应，所以我们使用最小二乘法进行回归分析。我们在模型中也控制了年度虚拟变量和企业所属行业虚拟变量。回归结果见表8－1。

表8－1　企业增加值有效汇率变动对企业利润的影响

	$\Delta\ln Profit_{it}$
$\Delta\ln VER_{it}$	－0.488***
	(0.179)
$\Delta\ln Worker_{it}$	0.647***
	(0.012)
$\Delta\ln Tfp_{it}$	1.532***
	(0.030)
$\Delta\ln Lev_{it}$	－0.122***
	(0.010)
年度虚拟变量	是
行业虚拟变量	是
常数项	－0.156***
	(0.022)
观测值	190546
R^2	0.05

注：①括号中的数字为回归系数相应的稳健标准差。

②*表示在10%的水平上显著；**表示在5%的水平上显著；***表示在1%的水平上显著。

表 8 - 1 回归结果中，$\Delta\ln VER_{it}$ 的回归系数等于 -0.488，为负而且显著。说明企业增加值有效汇率升值对企业利润有负向影响。从数值上来看，平均来说，企业的增加值有效汇率升值 1%，将导致企业利润减少 0.488%。这和理论分析是一致的。本文的企业增加值有效汇率指标是依据企业利润方程（利润等于收入减成本）得出的，也就是基于企业的净出口依存度指标（其等于出口依存度和进口依存度之差）计算出的汇率指标。对于企业的收入方，汇率升值对企业利润的影响是负向的，而对于企业的成本方，汇率升值对企业利润的影响是正向的。因此基于企业利润方程而得出的企业增加值有效汇率的升值对企业利润的整体影响是负向的。

$\Delta\ln VER_{it}$ 的回归系数等于 -0.488，根据本文对企业增加值有效汇率的推导过程，我们也可以这样解释：对于一个净出口依存度为 1 的企业来说，如果本币对所有货币都升值 1%，那么企业利润会减少 0.488%。从样本整体来看，我们可以计算出，如果本币对所有货币都升值 1%，企业利润会减少 0.095%。

我们可以通过计算得到样本期间因汇率变动所导致的企业利润的变动和企业利润总体变动的比值，来说明企业利润的变动可以在多大程度上由汇率变动所解释。样本期间企业的增加值有效汇率贬值了 3.577%，再根据我们的回归结果，则可以计算出样本期间由汇率变动导致的企业利润会增加 0.338%。样本期间，企业利润平均增加了 12.321%，这就说明样本期间企业利润变动的 2.745% 可以由汇率的变动来解释。

我们还可以分析其他变量对企业利润的影响。$\Delta\ln Worker_{it}$ 的回归系数等于 0.647，为正而且显著，说明企业的员工人数越多，企业的利润就越高；$\Delta\ln Tfp_{it}$ 的回归系数等于 1.532，为正而且显著，说明企业的生产率越高，企业的利润就越高；$\Delta\ln Lev_{it}$ 的回归系数等于 -0.122，为负而且显著，说明企业的资产负债率越高，企业的利润就越少。这些结论与苏振东和洪玉娟（2013）以及盛丹和王永进（2012）等的研究结论都基本一致。

二、企业有效汇率变动影响企业利润的渠道

上文考察了企业的增加值有效汇率变动对企业利润的影响，接下来我们考察企业有效汇率变动影响企业利润的渠道。我们主要从以下两个方面来进行考察。一方面，由于汇率变动通过出口收入渠道和进口成本渠道对企业利润的影响方向不一样，所以我们区分这两个渠道来考察汇率变动对企业利润的影响；另一方面，我们从进口竞争渠道考察汇率变动对企业利润的影响。

（一）从出口收入和进口成本渠道考察企业有效汇率变动对企业利润的影响

理论上，汇率变动通过贸易渠道对企业利润的影响主要有两个渠道：一是汇率变动通过影响企业的产品价格以及销售收入，进而对企业利润产生影响；二是汇率变动通过影响进口中间品的价格以及生产成本，进而对企业利润产生影响。Campa 和 Goldberg（1999，2001）以及 Nucci 和 Pozzolo（2001，2010）等的研究发现，本币升值通过出口收入渠道会对企业的雇佣和投资产生负向影响，而通过进口成本渠道会对企业的雇佣和投资产生正向影响。我们认为，汇率变动对企业利润的影响，同样也遵循这一机制。我们的理论分析也能说明这一点。在我们的理论分析中，企业的增加值有效汇率可以分解为出口有效汇率和进口有效汇率。根据模型（8－18）以及计算出来的企业出口有效汇率和进口有效汇率，我们从这两个渠道考察汇率变动对企业利润的影响。回归结果见表 8－2 中的回归结果（1）。

表 8－2　从影响渠道角度考察企业有效汇率变动对企业利润的影响

	(1)	(2)
	$\Delta \ln Profit_{it}$	$\Delta \ln Profit_{it}$
$\chi_{it-1}\Delta \ln EER_{it}$	-0.203^{**}	
	(0.090)	
$\alpha_{it-1}\Delta \ln IER_{it}$	0.167^{*}	
	(0.086)	

续表

	(1)	(2)
	$\Delta\ln Profit_{it}$	$\Delta\ln Profit_{it}$
χ_{it-1}	0.002	
	(0.005)	
α_{it-1}	0.021***	
	(0.005)	
$\Delta\ln EER_{it}(1-\chi_{it-1})IP_{it-1}$		-1.002*
		(0.570)
$\Delta\ln VER_{it}$		-0.613***
		(0.192)
$\Delta\ln Worker_{it}$	0.659***	0.647***
	(0.015)	(0.012)
$\Delta\ln Tfp_{it}$	0.625***	1.532***
	(0.025)	(0.030)
$\Delta\ln Lev_{it}$	-0.108***	-0.122***
	(0.010)	(0.010)
年度虚拟变量	是	是
行业虚拟变量	是	是
常数项	0.007	-0.150***
	(0.023)	(0.022)
观测值	193551	190546
R^2	0.15	0.06

注：①括号中的数字为回归系数相应的稳健标准差。

②*表示在10%的水平上显著；**表示在5%的水平上显著；***表示在1%的水平上显著。

在表8-2的回归结果（1）中，$\chi_{it-1}\Delta\ln EER_{it}$的回归系数等于-0.203，为负而且显著。说明企业出口有效汇率升值对企业利润有负向影响，而且负向影响程度随着企业出口依存度的增加而增大。从数值上来看，回归结果意味着，对于一个出口依存度为1的企业来说，如果企业的出口有效汇率升值1%，那么企业的利润会减少0.203%。由于样本中企业出口依存度均值为0.334，所以从样本整体来看，企业的出口有效汇率升值1%，企业利润会减少0.068%。

在表8-2的回归结果（1）中，$\alpha_{it-1}\Delta\ln IER_{it}$的回归系数等于0.167，为正而且显著。说明企业进口有效汇率升值对企业利润有正向影响，而且正向影响程度随着企业进口依存度的增加而增大。从数值上来看，回归结果意味着，对于一个进口依存度为1的企业来说，如果企业的进口有效汇率升值1%，那么企业的利润会增加0.167%。由于样本中企业进口依存度的均值为0.180，所以从样本整体来看，企业进口有效汇率升值1%，企业利润会增加0.030%。

需要进一步说明的是我们对于企业进口依存度和出口依存度的计算。对于企业出口依存度，我们是用中国海关数据库中的出口额和中国工业企业企业数据库中的企业销售额相比得出的数据，对于企业进口依存度，我们是用中国海关数据库中的进口额和中国工业数据库中的企业生产成本相比得出的。这种计算方法可能会存在一定偏差。这是因为中国海关数据库中的进出口额并不能完全反映企业真正的进出口状况，事实上有些企业通过中间贸易商来进行贸易。但是如果我们用中国工业企业数据库中的企业出口额和企业销售额来计算企业的出口比例，由于中国工业企业数据库中并没有企业的进口数据，因而我们就不能计算企业的进口比例，那么我们的分析就缺少一个关键变量。

（二）从进口竞争渠道考察企业有效汇率变动对企业利润的影响

前文已提及，汇率变动影响企业利润还有另外一个渠道——进口竞争渠道。对于这一影响渠道，我们可以简单地进行分析。汇率升值使国外产品出口到国内的价格会下降，其市场竞争力就会提高，生产同类产品的国内厂商就会面临更大的竞争，从而会影响到国内厂商的产品销售，进而导致其利润减少。对于销售更多集中于国内市场而不是国外市场的企业来说，进口竞争渠道对企业利润的负向影响程度会更大。关于进口产品竞争，已经有学者对这一问题进行了考察。Revenga（1992）、Gourinchas（1999）、Campa和Goldberg（2001）、Nucci和Pozzolo（2010）等从进口产品竞争角度考察了汇率变动对行业或企业雇佣的影响，Nucci和Pozzolo（2001）也从这一角度考察了汇率变动对企业投资的影响。

由于进口竞争渠道不能在企业层面进行测度，而只能在行业层面进行测度，因此我们设计的企业有效汇率指标并没有体现这一渠道。按照Nucci和Pozzolo（2010）的做法，我们在模型（8－17）中加入了一个交叉项——行业进口渗透率乘以企业内销比率，再乘以企业出口有效汇率，以此交叉项表示进口竞争渠道。此处之所以使用企业出口有效汇率，是因为我们主要考察的是企业产品层面而不是成本层面。对于行业进口渗透率，我们用行业年度进口数量占该行业年度国内消费数量的比例来表示，即行业进口渗透率＝行业进口值/（行业国内产值－行业出口值＋行业进口值）。其中行业出口值和行业进口值，我们按照国际贸易标准分类（修订版4）进行计算。为了得到工业数据库中各行业的进口渗透率，我们也对国际贸易标准分类（修订版4）和中国工业企业数据库行业代码进行了匹配。回归结果见表8－2回归结果（2）。

在表8－2的回归结果（2）中，交叉项$\Delta \ln EER_{it}(1-\chi_{it-1})IP_{it-1}$表示$\Delta \ln EER_{it}$和$(1-\chi_{it-1})$以及$IP_{it-1}$的乘积。其中，$IP_{it-1}$表示企业$i$所属行业在$t-1$年的行业进口渗透率，$(1-\chi_{it-1})$表示企业$i$在$t-1$年的内销比率。$\Delta \ln EER_{it}(1-\chi_{it-1})IP_{it-1}$的回归系数等于－1.002，为负而且显著。这与理论预测一致。意味着汇率升值通过进口竞争渠道对企业利润有负向影响，并且这一负向影响程度对于其销售更偏向于国内市场的企业来说更大。

（三）进出口比例的另一种计算方法

对于企业的进出口比例，我们还可以采用其他方法进行估算。袁志刚和邵挺（2011）基于我国的投入产出表计算了我国国民经济各行业的进口依存度和出口依存度，Nucci和Pozzolo（2010）也设计指标估算了企业的进口依存度和出口依存度。

按照数据的可得性以及我国企业的实际情况，参考袁志刚和邵挺（2011）、Nucci和Pozzolo（2010），我们设计以下指标对企业生产中使用的进口中间品比例进行估算。

$$\alpha_{it} = \frac{(IM_{jt}/TE_{jt})\,TE_{it}}{TE_{it}+LC_{it}} \tag{8-19}$$

其中，α_{it}表示企业i在t年中进口投入品占企业总的生产投入品的比例；IM_{jt}表示企业i所属的行业j在t年中总进口品金额；TE_{jt}表示行业j在t年投入的中间品金额；TE_{it} 表示企业 i 在 t 年投入的中间品金额；LC_{it} 表示企业 i 在 t 年投入的劳动力的成本。

式（8－19）中，IM_{jt} 和 TE_{jt} 数据来自 OECD 的投入产出库。与国内计算的投入产出表不同，OECD 计算的投入产出表把国内的中间投入和进口的中间投入分开了，数据分类也更细。OECD 计算了 1995 年、1997 年、2000 年、2002 年和 2005 年中国 48 个部门（国际标准产业分类）的投入产出表。基于我们的研究区间，我们分别从 2000 年、2002 年、2005 年的投入产出表中获得企业进口中间品比例的数据。其中 2000 年和 2001 年的比例使用 2000 年投入产出表中的数据，2002 年、2003 年和 2004 年的比例使用 2002 年投入产出表中的数据，2005 年、2006 年和 2007 年的比例使用 2005 年投入产出表中的数据。回归结果见表 8－3。

表 8－3　　使用 OECD 统计的进口比例考察企业有效汇率变动对企业利润的影响

	$\Delta\ln Profit_{it}$
$\Delta\ln Worker_{it}$	0.646***
	(0.012)
$\chi_{it-1}\Delta\ln EER_{it}$	−0.027**
	(0.012)
$\alpha_{it-1}\Delta\ln IER_{it}$	0.235***
	(0.063)
χ_{it-1}	0.053***
	(0.009)
α_{it-1}	−0.042
	(0.079)
$\Delta\ln Tfp_{it}$	1.528***
	(0.030)
$\Delta\ln Lev_{it}$	−0.122***
	(0.010)
年度虚拟变量	是
常数项	−0.138***
	(0.017)
观测值	193551
R^2	0.06

注：①括号中的数字为回归系数相应的标准差。

②*表示在 10% 的水平上显著；** 表示在 5% 的水平上显著；*** 表示在 1% 的水平上显著。

在表 8－3 的回归结果中，$\chi_{it-1}\Delta \ln ER_t$ 的回归系数为－0.027，为负而且显著。说明在企业有效汇率升值时，出口比例越大的企业的利润受到的负向影响程度越大。$\alpha_{it-1}\Delta \ln ER_t$ 的回归系数为 0.235，符号为正而且显著。这说明在企业有效汇率升值时，进口比例越大的企业的利润受到的正向影响程度也越大。这和我们的理论分析是一致的。

三、企业增加值有效汇率变动对不同类型企业利润的影响

（一）企业增加值有效汇率变动对不同贸易类型企业利润的影响

中国出口企业从事的贸易方式主要有一般贸易和加工贸易等。由于不同类型企业的贸易方式以及外向性程度等不同，所以汇率变动对其利润的影响也应该不一样。从这一角度进行的研究成果不多，而对于汇率变动对不同类型企业进出口贸易的影响已经有了一些研究，我们在前面章节中已经有所论述。

按照前面章节的做法，我们同样把企业划分为一般贸易企业、加工贸易企业和混合贸易企业。我们分别考察企业增加值有效汇率变动对这三类企业利润的影响，回归结果见表 8－4。

表 8－4　企业增加值有效汇率变动对不同贸易类型企业利润的影响

	（1）	（2）	（3）	（4）
	$\Delta \ln Profit_{it}$	$\Delta \ln Profit_{it}$	$\Delta \ln Profit_{it}$	$\Delta \ln Profit_{it}$
	一般贸易	加工贸易	混合贸易	一般贸易＋混合贸易
$\Delta \ln VER_{it}$	－1.180***	－0.299	－0.504***	－0.592***
	（0.188）	（0.202）	（0.195）	（0.185）
$\Delta \ln Worker_{it}$	0.564***	0.542***	0.549***	0.560***
	（0.010）	（0.015）	（0.015）	（0.008）
$\Delta \ln TFP_{it}$	1.355***	1.194***	1.327***	1.345***
	（0.024）	（0.035）	（0.034）	（0.020）
$\Delta \ln Lev_{it}$	－0.078***	－0.107***	－0.077***	－0.078***
	（0.008）	（0.011）	（0.013）	（0.007）
$\Delta \ln VER_{it} \times Dum$				－0.563**
				（0.255）

续表

	(1)	(2)	(3)	(4)
	$\Delta \ln Profit_{it}$	$\Delta \ln Profit_{it}$	$\Delta \ln Profit_{it}$	$\Delta \ln Profit_{it}$
	一般贸易	加工贸易	混合贸易	一般贸易+混合贸易
Dum				-0.005
				(0.005)
年度虚拟变量	是	是	是	是
行业虚拟变量	是	是	是	是
常数项	-0.066***	-0.129***	0.085***	-0.060***
	(0.015)	(0.025)	(0.020)	(0.013)
观测值	96142	46626	47778	143920
R^2	0.14	0.10	0.12	0.13

注：①括号中的数字为回归系数相应的稳健标准差。

②*表示在10%的水平上显著；**表示在5%的水平上显著；***表示在1%的水平上显著。

在表8-4的回归结果（1）中，企业增加值有效汇率升值对一般贸易企业利润的影响是负向而且显著的。这符合一般的理论分析。

在表8-4的回归结果（2）中，企业增加值有效汇率升值对加工贸易企业利润的影响不显著。原因有以下两个方面。一方面，和一般贸易企业相比，加工贸易企业同时拥有更高的进出口依存度，而且进口和出口往往对应相同的国家，这就导致了其利润受到汇率升值的影响程度相对较小一些。从样本统计数据来看，加工贸易企业的平均出口依存度为0.443，进口依存度为0.290；混合贸易企业的平均出口依存度为0.429，进口依存度为0.168；一般贸易企业的平均出口依存度为0.253，进口依存度为0.104。另一方面，很多企业从事加工贸易的加工收入是固定的，因此其利润受汇率变动影响的程度较小。

在表8-4的回归结果（3）中，企业增加值有效汇率升值对混合贸易企业利润的影响也为负。这是由混合贸易企业中也有相当比例的贸易类型为一般贸易所致。在我们的样本中，混合贸易企业的进口中的加工贸易进口占比为0.469，出口中的加工贸易出口占比为0.3096。

在表8-4的回归结果（4）是为了单独比较一般贸易企业和混合贸易企业而进行的检验，如果企业为一般贸易企业，则 $Dum=1$，如果企业为混合贸易企业，则 $Dum=0$。回归结果中，交叉项 $\Delta\ln NER_{it}\times Dum$ 的回归系数为负而且显著，说明企业增加值有效汇率升值对一般贸易企业利润的影响要比对混合贸易企业利润的影响程度要大。这也符合我们的理论分析。

（二）企业增加值有效汇率变动对不同利润率水平企业利润的影响

从理论模型推导中可以看出，在其他条件相同的情况下，具有更高利润率水平的企业利润受到汇率升值的负向影响的程度会更小。为检验这一推论，我们把样本企业按照利润率的高低分为两组，然后分别检验这两组企业中企业增加值有效汇率变动对企业利润的影响。具体来说，我们以样本企业的总资产收益率（Roa）的均值作为划分标准，把样本企业划分为高利润率企业组和低利润率企业组，然后分别进行检验。回归结果见表8-5。

表8-5　企业增加值有效汇率变动对不同利润率水平企业利润的影响

	(1)	(2)	(3)
	低利润率企业组	高利润率企业组	样本全体
	$\Delta\ln Profit_{it}$	$\Delta\ln Profit_{it}$	$\Delta\ln Profit_{it}$
$\Delta\ln VER_{it}$	-0.489**	-0.049	
	(0.218)	(0.288)	
$(1-Roa_{it-1})\Delta\ln VER_{it}$			-0.708***
			(0.176)
$\Delta\ln Worker_{it}$	0.672***	0.579***	0.647***
	(0.015)	(0.019)	(0.012)
$\Delta\ln Tfp_{it}$	1.421***	1.497***	1.532***
	(0.037)	(0.047)	(0.030)
$\Delta\ln Lev_{it}$	-0.121***	-0.079***	-0.122***
	(0.012)	(0.015)	(0.010)
年度虚拟变量	是	是	是

续表

	(1)	(2)	(3)
	低利润率企业组	高利润率企业组	样本全体
	$\Delta \ln Profit_{it}$	$\Delta \ln Profit_{it}$	$\Delta \ln Profit_{it}$
行业虚拟变量	是	是	是
常数项	-0.210***	0.286***	-0.156***
	(0.027)	(0.031)	(0.022)
观测值	108809	81737	190546
R^2	0.06	0.05	0.06

注：①括号中的数字为回归系数相应的稳健标准差。

②*表示在10%的水平上显著；**表示在5%的水平上显著；***表示在1%的水平上显著。

在表8-5的回归结果（1）中，$\Delta \ln VER_{it}$ 的回归系数等于-0.489，为负而且显著。说明对于低利润率企业，企业增加值有效汇率升值对企业利润有显著的负向影响。表8-5回归结果（2）中，$\Delta \ln VER_{it}$ 的回归系数不显著。说明对于高利润率企业，企业增加值有效汇率升值对企业利润无显著影响。

为了描述模型推导式中所体现的企业增加值有效汇率变动对企业利润的影响和企业的利润率成反比这一关系，我们在式（8-17）中变量 $\Delta \ln VER_{it}$ 前乘上 $(1 - Roa_{it-1})$，然后进行检验。在表8-5的回归结果（3）中，$(1 - Roa_{it-1})\Delta \ln VER_{it}$ 的回归系数等于-0.708，为负而且显著。说明随着企业利润率的下降，也就是随着 $(1 - Roa_{it-1})$ 的增加，企业增加值有效汇率升值对企业利润的负向影响程度会显著增加。

利润率越低的企业利润受企业增加值有效汇率升值的负向影响程度越大。我们可以这样理解：利润率越低的企业，在企业增加值有效汇率升值时，其根据汇率变动调整经营策略的能力会越差，因而其经营就会受到更大程度的负向影响。企业的利润率在一定程度上和企业的价格成本加成相联系。一些研究发现，价格成本加成越高的企业，其投资和雇佣等行为和绩效受到汇率升值的负向影响程度也越小（Campa 和 Goldberg，1999，2001；Nucci 和 Pozzolo，2001，2010）。本文的结论和这些研究的结论在理论上是一致的。

（三）企业增加值有效汇率变动对不同出口产品种类的企业利润的影响

按照外贸企业所从事的贸易产品种类的多少来划分，可将中国外贸企业分为单产品外贸企业和多产品外贸企业。钱学峰等（2013）基于多产品企业异质性贸易类型，分析了中国多产品出口企业及其产品范围的特征性事实，发现多产品出口企业主导了中国的出口贸易。不同贸易产品种类的企业，其生产方式、生产效率、经营决策等都会有所不同，汇率变动对其影响也有所不同。汇率变动对于不同贸易产品种类企业的利润会有什么影响？已有的研究中，直接对这一问题进行研究的成果不多。但是已有一些研究分析了汇率变动对企业出口产品种类等的影响，我们在前面章节中此已经有所论述。

由于企业的出口产品种类决策会影响到企业的利润，所以我们有必要对这一问题进行分析。我们按照两种标准对企业进行分类：一是按企业出口一种产品或者多种产品把企业划分为出口单产品企业和出口多产品企业，另一种标准是按照样本企业出口产品种类的中位数把样本企业划分为出口产品种类少的企业和出口产品种类多的企业。其中我们按照海关编码6位码对企业的出口产品种类数目进行分类。我们分别对这几类企业进行检验。回归结果见表8-6。

表8-6　企业增加值有效汇率变动对不同出口产品种类企业利润的影响

	(1)	(2)	(3)	(4)
	出口单产品企业	出口多产品企业	出口产品 种类少的企业	出口产品 种类多的企业
	$\Delta\ln Profit_{it}$	$\Delta\ln Profit_{it}$	$\Delta\ln Profit_{it}$	$\Delta\ln Profit_{it}$
$\Delta\ln VER_{it}$	0.176	-0.608***	-0.183	-0.743***
	(0.508)	(0.191)	(0.286)	(0.232)
$\Delta\ln Worker_{it}$	0.624***	0.651***	0.663***	0.629***
	(0.031)	(0.013)	(0.018)	(0.016)
$\Delta\ln TFP_{it}$	1.679***	1.497***	1.653***	1.393***
	(0.073)	(0.033)	(0.042)	(0.043)

续表

	(1)	(2)	(3)	(4)
	出口单产品企业	出口多产品企业	出口产品种类少的企业	出口产品种类多的企业
	$\Delta\ln Profit_{it}$	$\Delta\ln Profit_{it}$	$\Delta\ln Profit_{it}$	$\Delta\ln Profit_{it}$
$\Delta\ln Lev_{it}$	-0.110***	-0.124***	-0.138***	-0.105***
	(0.024)	(0.011)	(0.014)	(0.013)
年度虚拟变量	是	是	是	是
行业虚拟变量	是	是	是	是
常数项	0.049	0.065***	0.030	0.088***
	(0.054)	(0.023)	(0.032)	(0.028)
观测值	35141	155405	97528	93018
R^2	0.05	0.06	0.06	0.06

注：①括号中的数字为回归系数相应的稳健标准差。

②*表示在10%的水平上显著；**表示在5%的水平上显著；***表示在1%的水平上显著。

表8-6的回归结果（1）和回归结果（2）是区分出口单产品和出口多产品企业进行的回归结果。在回归结果（1）中，企业增加值有效汇率升值对出口单产品企业利润的影响不显著；在回归结果（2）中，企业增加值有效汇率升值对出口多产品企业利润的影响为负而且显著。从具体数值来看，企业的增加值有效汇率每升值1%，则出口多产品企业的利润会减少0.608%。

表8-6的回归结果（3）和回归结果（4）是按照出口产品种类多、少对企业进行区分而进行的回归结果。在回归结果（3）中，企业增加值有效汇率升值对出口产品种类少的企业利润的影响不显著；在回归结果（4）中，企业增加值有效汇率升值对出口产品种类多的企业利润的影响为负而且显著。从具体数值来看，企业的增加值有效汇率每升值1%，则出口产品种类多的企业的利润会减少0.743%。这与回归结果（1）和回归结果（2）得出的结论是一致的。

为什么汇率升值对出口单产品企业的利润无显著影响而对出口多产品企业的利润有显著负向影响？可能的原因是出口单产品企业的产品质

量以及竞争优势都优于出口多产品企业。因而在汇率升值时，其抵抗汇率风险的能力更强。或者说在汇率升值时，出口单产品企业有较高的市场竞争力，所以其利润受到汇率变动的负向影响程度相对于出口多产品的企业来说要小。相关的研究也能说明这一点。Eckel 和 Neary（2010）的研究表明，多产品企业大多是在核心产品的生产方面具有比较优势，而且企业产品离核心技术的距离越远，其生产效率越低。Mayer 等（2014）也发现，企业产品生产成本会随着该产品与核心技术距离的增加而提高，而市场竞争会使企业减少非核心产品的生产而集中于核心产品的生产。和上述研究相一致，汇率升值，企业出口市场的竞争就会加剧，而这就会导致企业缩小产品生产范围，更加集中于核心产品的生产和出口。

（四）汇率变动对不同所有制类型企业利润的影响

我国的企业存在不同的所有制类型。由于不同所有制类型企业的企业特征以及经营机制存在差异，因此考察汇率变动对这几类企业利润的影响也很有必要。我们把样本企业按照所有制类型分为国有企业、民营企业和外资企业，然后比较汇率变动对这几类企业利润的影响。回归结果见表 8－7。

表 8－7　企业有效汇率变动对不同所有制类型企业利润的影响

	(1)	(2)	(3)
	国有企业	民营企业	外资企业
	$\Delta\ln Profit_{it}$	$\Delta\ln Profit_{it}$	$\Delta\ln Profit_{it}$
$\Delta\ln VER_{it}$	0.185	−1.045**	−0.476**
	(0.768)	(0.460)	(0.199)
$\Delta\ln Worker_{it}$	0.845***	0.596***	0.622***
	(0.046)	(0.022)	(0.015)
$\Delta\ln TFP_{it}$	1.642***	1.263***	1.562***
	(0.126)	(0.053)	(0.035)
$\Delta\ln Lev_{it}$	−0.165***	−0.100***	−0.125***
	(0.061)	(0.018)	(0.011)
年度虚拟变量	是	是	是

续表

	(1)	(2)	(3)
	国有企业	民营企业	外资企业
	$\Delta\ln Profit_{it}$	$\Delta\ln Profit_{it}$	$\Delta\ln Profit_{it}$
行业虚拟变量	是	是	是
常数项	0.027	-0.079 **	0.063 **
	(0.099)	(0.036)	(0.026)
观测值	14244	42629	131989
R^2	0.09	0.07	0.05

注：①括号中的数字为回归系数相应的稳健标准差。

②*表示在10%的水平上显著；** 表示在5%的水平上显著；*** 表示在1%的水平上显著。

在表8-7的回归结果（1）中可以看出，企业有效汇率升值对国有企业利润的影响是不显著的。可能的原因主要有以下几点。一是国有企业的经营规模普遍比较大，抵御汇率变动风险能力强；二是国有企业可能享受了更多的资源、资金等政策优惠；三是国有企业的外向性程度相对最小。

在表8-7的回归结果（2）中，$\Delta\ln VER_{it}$ 的回归系数等于-1.045，为负而且显著。说明企业有效汇率升值对民营企业利润有负向程度的影响，这可能和民营企业经营规模较小、抵御汇率变动风险的能力较差有关。

在表8-7的回归结果（3）中，$\Delta\ln VER_{it}$ 的回归系数等于-0.476，为负而且显著。说明企业有效汇率升值对外资企业利润有负向程度的影响。可能的原因有以下两点。一是外资企业的外向性程度较大；二是外资企业的销售渠道往往更加固定，其在汇率发生不利于企业的变化时，往往不能及时调整销售策略和销售市场。

我们也对民营企业和外资企业的利润受汇率变动的影响程度进行了比较（见表8-8）。

表 8－8　民营企业和外资企业的利润受汇率变动影响程度的比较

	$\Delta \ln Profit_{it}$
$\Delta \ln VER_{it}$	－0.471 **
	(0.197)
$\Delta \ln Worker_{it}$	0.620 ***
	(0.013)
$\Delta \ln Tfp_{it}$	1.502 ***
	(0.031)
$\Delta \ln Lev_{it}$	－0.628 ***
	(0.031)
$Nature\_dum \Delta \ln VER_{it}$	－0.566
	(0.476)
$Nature\_dum$	－0.007
	(0.008)
年度虚拟变量	是
行业虚拟变量	是
常数项	0.059 ***
	(0.022)
观测值	174618
R^2	0.05

注：①括号中的数字为回归系数相应的稳健标准差。

②＊表示在 10% 的水平上显著；＊＊ 表示在 5% 的水平上显著；＊＊＊ 表示在 1% 的水平上显著。

在表 8－8 的回归结果中，如果企业为民营企业，则 $Nature\_dum = 1$，如果企业为外资企业，则 $Nature\_dum = 0$。回归结果显示，企业有效汇率变动对民营企业和外资企业利润的影响没有显著差异。

（五）企业有效汇率变动对出口和非出口企业利润的影响

前文我们考察了企业有效汇率变动对出口企业利润的影响。为了进一步进行分析，我们比较企业有效汇率变动对出口企业和非出口企业的利润影响的差异。从理论上讲，汇率变动对非出口企业的利润也会有影响。汇率变动的各传导途径并不是互相对立的，各因素在汇率变动影响下变化的同时又影响了其他因素的变动，整个汇率变动传导是一个动态的长期的过程。具体到非出口企业，其虽然不出口，也就是其利润在出口途径不受汇率变动的影响，但是其生产投入品可能包含了一些进口品，而这些进口品市场也可能面临其他进出口企业的竞争，因此其经营绩效也会直接或间接地受到汇率变动的影响。

由于中国工业企业数据库中既包括出口企业，也包括非出口企业，使我们能够比较汇率变动对这两类企业盈利能力的影响。关于非出口企业样本，我们用在样本期间每年都不出口的企业。由于我们比较的是出口企业和非出口企业，所以我们无法使用企业层面的汇率。按照已有一些研究的做法，我们使用国家层面人民币有效汇率作为汇率的代理变量。具体业说，我们使用 IMF 计算出来的人民币有效汇率年度值。

为比较汇率变动对出口企业和非出口企业利润的影响，在原模型的基础上，我们设置 $Export\_dum$ 变量，若是出口企业，则 $Export\_dum=1$；若是非出口企业，则 $Export\_dum=0$。我们设置交叉项变量 $\Delta \ln ER - Imft_t \times Export\_dum$。其中，$\Delta \ln ER\_Imf_t$ 表示国家层面人民币有效汇率对数值的一阶差分值。其他变量的定义不变。实证结果见表 8－9。

表 8－9　企业有效汇率变动对出口和非出口企业利润影响的比较

	$\Delta \ln Profit_{it}$
$\Delta \ln ER\_Imf_t$	－0.001
	(0.004)
$\Delta \ln ER\_Imf_t \times Export\_dum$	－0.035 ***
	(0.007)
$Export\_dum$	－0.000
	(0.000)
$\Delta \ln Worker_{it}$	0.008 ***
	(0.001)
$\Delta \ln TFP_{it}$	0.051 ***
	(0.001)

续表

	$\Delta\ln Profit_{it}$
$\Delta\ln Lev_{it}$	-0.049 ***
	(0.001)
行业虚拟变量	0.001 ***
常数项	-0.004 ***
	(0.001)
观测值	216074
R^2	0.04

注：①括号中的数字为回归系数相应的标准差。

②*表示在10%的水平上显著；** 表示在5%的水平上显著；*** 表示在1%的水平上显著。

在表8-9的回归结果中，交叉项 $\Delta\ln ER\_Imf_t \times Export\_dum$ 的回归系数等于-0.035，为负而且显著。这说明和非出口企业相比较，出口企业的利润受人民币升值的负面影响更大。

四、企业加总有效汇率变动对企业利润的影响

（一）企业加总有效汇率对全体样本企业利润的影响

我们可以考察企业加总有效汇率对企业利润的影响。由于使用一阶差分模型，我们使用普通最小二乘法（OLS）方法进行估计。回归结果见表8-10。

表8-10　企业加总有效汇率变动对企业利润的影响

	$\Delta\ln Profit_{it}$
$\Delta\ln TER_{it}$	-0.010 **
	(0.005)
$\Delta\ln Worker_{it}$	0.009 ***
	(0.001)
$\Delta\ln Tfp_{it}$	0.076 ***
	(0.002)

续表

	$\Delta \ln Profit_{it}$
$\Delta \ln Lev_{it}$	-0.022***
	(0.001)
常数项	0.013***
	(0.002)
年度虚拟变量	是
行业虚拟变量	是
观测值	193252
R^2	0.04

注：①括号中的数字为回归系数相应的标准差。

②*表示在10%的水平上显著；**表示在5%的水平上显著；***表示在1%的水平上显著。

在表8-10的回归结果中，$\Delta \ln TER_{it}$ 表示企业加总有效汇率对数值的一阶差分值。$\Delta \ln TER_{it}$ 的回归系数等于-0.010，为负而且显著。说明企业加总有效汇率升值对企业利润有显著负向影响。从数据上来看，企业的加总有效汇率每升值1%，则企业的利润会减少0.01%。之所以企业加总有效汇率对企业利润的影响为负，是因为虽然人民币升值对企业利润的影响有不利的一方面（如通过出口途径），也有有利的一方面（如通过进口途径），但是总的来看，人民币升值对企业利润的影响，是不利的一方面占优势，这导致汇率变动对企业利润的总体影响是负向的。

（二）企业加总有效汇率变动对不同外向性程度企业利润的影响

如果我们只用企业加总有效汇率来考察其变动对企业利润的影响，可能会存在一些问题。影响外向型企业利润的因素有很多，而汇率只是其中的一个因素，而且汇率变动对企业利润的影响程度的大小是有一定的依存条件的，或者说汇率变动对企业利润的影响还受到企业其他特征的影响。由于汇率变动更多影响的是外向性企业，所以企业的外向性程度应该是制约汇率变动对企业利润产生作用的重要因素。如果企业的外向性程度很大，则汇率变动对其利润的影响会更大一些，而如果企业的外向性程度较小，则汇率变动对其利润的影响可能会更小一些。基于这一分析，我们有必要结合企业的外向性程度来考察汇率变动对企业利润的影响。企业的外向性程度，我们以企业的出口依存度来表示。实证结果见表 8－11。

表 8－11　企业加总有效汇率变动对不同外向性程度企业利润的影响

	(1)	(2)	(3)
	外向性程度低企业	外向性程度高企业	样本全体
	$\Delta\ln Profit_{it}$	$\Delta\ln Profit_{it}$	$\Delta\ln Profit_{it}$
$\Delta\ln TER_{it}$	－0.007	－0.021**	－0.000
	(0.006)	(0.009)	(0.004)
$\Delta\ln Worker_{it}$	0.013***	0.007***	0.010***
	(0.001)	(0.001)	(0.001)
$\Delta\ln Tfp_{it}$	0.076***	0.074***	0.086***
	(0.003)	(0.002)	(0.001)
$\Delta\ln Lev_{it}$	－0.022***	－0.022***	－0.023***
	(0.001)	(0.001)	(0.001)
$\chi_{it-1}\Delta\ln TER_{it}$			－0.056***
			(0.009)
χ_{it-1}			－0.002***
			(0.001)
年度虚拟变量	是	是	是
行业虚拟变量	是	是	是
常数项	0.017***	0.012***	0.008***
	(0.003)	(0.004)	(0.001)
观测值	88612	104640	193252
R^2	0.05	0.04	0.05

注：①括号中的数字为回归系数相应的标准差。

②*表示在 10% 的水平上显著；** 表示在 5% 的水平上显著；*** 表示在 1% 的水平上显著。

表 8－11 的回归结果（1）和回归结果（2）是把企业按照外向性程度大小分为两组，然后对两组企业分别进行的检验。从回归结果（1）中

可以看出，企业加总有效汇率变动对外向性程度低的企业分组的企业利润的影响是不显著的。从回归结果（2）中可以看出，企业加总有效汇率变动对外向性程度高的企业分组的企业利润的影响是负向和显著的。这是符合理论分析的。这也再一次说明了考察汇率变动对企业利润的影响时，考虑企业外向性程度的重要性。

在表 8－11 的回归结果（3）中，$\chi_{it-1}\Delta\ln TER_{it}$ 表示 χ_{it-1} 和 $\Delta\ln TER_{it}$ 的乘积。$\chi_{it-1}\Delta\ln TER_{it}$ 的回归系数为－0.056，符号为负而且显著。说明企业的对外依存程度越高，企业的利润受到汇率升值的负向影响的程度越大。这符合理论分析。企业的对外依存程度越大，企业的汇率风险也就越大，企业也就越容易受到汇率变动的影响。如果企业的出口额只占其总销售额的一小部分，则即使企业面临的汇率有很大变动，企业的利润也不会受到很大程度的影响。

五、使用人民币对美元汇率和人民币有效汇率进行考察

除了本文主要使用的企业层面的有效汇率外，我们也使用人民币对美元汇率以及 IMF 计算的国家层面人民币有效汇率进行稳健性分析（见表 8－12）。

表 8－12　　使用不同的汇率度量方法进行稳定性检验

	(1)	(2)
	$\Delta\ln Profit_{it}$	$\Delta\ln Profit_{it}$
$\Delta\ln ER\_Dollar_t$	－0.009	
	(0.025)	
$\Delta\ln ER\_Imf_t$		－0.022***
		(0.006)
$\Delta\ln Worker_{it}$	0.009***	0.009***
	(0.001)	(0.001)
$\Delta\ln Tfp_{it}$	0.076***	0.076***
	(0.002)	(0.002)
$\Delta\ln Lev_{it}$	－0.022***	－0.022***
	(0.001)	(0.001)

续表

	(1)	(2)
	$\Delta\ln Profit_{it}$	$\Delta\ln Profit_{it}$
年度虚拟变量	否	否
行业虚拟变量	是	是
常数项	0.013 ***	0.012 ***
	(0.002)	(0.002)
观测值	193254	193254
R^2	0.04	0.04

注：①括号中的数字为回归系数相应的标准差。

②* 表示在 10% 的水平上显著；** 表示在 5% 的水平上显著；*** 表示在 1% 的水平上显著。

在表 8-12 的回归结果中，$\Delta\ln ER\_Dollar_t$ 表示人民币对美元汇率对数值的差分值，$\Delta\ln ER\_Imf_t$ 表示 IMF 计算的国家层面人民币有效汇率对数值的差分值。从表 8-12 的回归结果（1）中可以看出，若使用人民币对美元汇率作为汇率的代理变量，则汇率变动对企业利润的影响不显著；从表 8-12 的回归结果（2）中可以看出，若使用 IMF 计算的国家层面人民币有效汇率作为汇率的代理变量，则汇率变动对企业利润的影响显著为负，这和本文的前述结论基本一致。这也在一定程度上说明使用企业层面汇率而不是使用人民币对美元双边汇率来考察企业问题的合理性。

六、关于内生性问题的讨论

使用以贸易额进行加权的方法计算企业有效汇率，在汇率变动时，企业可能会调整进出口方向，从而会影响到企业进出口中各进出口地的相对份额，这会反过来影响到企业面临的有效汇率，进而带来内生性问题。为了解决这一问题，如前文中的做法，以企业的滞后一期的进出口依存度作为加权权重，这样就避免了汇率变动影响企业当期的进出口依存度的问题。使用这一方法处理内生性问题的文献有 Goldberg（2004）以及 Nucci 和 Pozzolo（2001，2010）等。除此之外，为稳健性起见，我们还采用其他方法来处理内生性问题。一是按照 Topalova 和 Khandelwal

（2011）、Yu（2015）以及余淼杰和王雅琦（2015）的方法，将企业对各进出口国家和地区的贸易份额固定在企业对其有进出口行为的第一年，然后以此贸易份额作为权重计算企业接下来各年的有效汇率，这样企业以后各年的贸易份额变化就不会影响到企业有效汇率的计算。二是由于 $\Delta \ln Profit_{it}$ 和 $\Delta \ln NER_{it}$ 仍含有属于相同年份的变量，因此仍然可能会出现内生性问题。为解决这个问题，我们以 $\Delta \ln NER_{it}$ 的滞后一期值作为其工具变量进行两阶段最小二乘法估计。这两种方法的回归结果见表 8 - 13。

表 8 - 13　　企业有效汇率变动对企业利润影响的稳健性检验

	(1)	(2)	(3)
	$\Delta \ln Profit_{it}$	$\Delta \ln Profit_{it}$	$\Delta \ln Profit_{it}$
$\Delta \ln VER\_fir_{it}$	-0.624***		
	(0.112)		
$\Delta \ln VER_{it}$		-0.944***	
		(0.335)	
$\chi_{3t}\Delta \ln EER_{it}$			-0.293**
			(0.119)
$\alpha_{3t}\Delta \ln IER_{it}$			0.352**
			(0.138)
χ_{3t}			-0.007
			(0.006)
α_{3t}			0.019***
			(0.007)
$\Delta \ln Worker_{it}$	0.555***	0.555***	0.853***
	(0.007)	(0.010)	(0.022)
$\Delta \ln TFP_{it}$	1.302***	1.206***	1.059***
	(0.017)	(0.022)	(0.038)
$\Delta \ln Lev_{it}$	-0.088***	-0.091***	-0.333***
	(0.006)	(0.008)	(0.016)
年度虚拟变量	是	是	是
行业虚拟变量	是	是	是
常数项	0.050***	0.123***	0.000
	(0.010)	(0.005)	(0.042)
观测值	193545	120701	193551
R^2	0.12		0.14

注：①括号中的数字为回归系数相应的标准差。

②* 表示在 10% 的水平上显著；** 表示在 5% 的水平上显著；*** 表示在 1% 的水平上显著。

在表 8－13 的回归结果（1）中，$\Delta\ln VER\_fir_{it}$ 是将企业对各贸易伙伴的进出口份额固定在企业对其有进出口行为的第一年而计算出来的企业增加值有效汇率对数值的变动值。$\Delta\ln VER\_fir_{it}$ 的回归系数为负且显著，说明企业的增加值有效汇率升值对企业利润有显著的负向影响。

表 8－13 的回归结果（2）是以 $\Delta\ln NER_{it}$ 的滞后一期值作为其工具变量进行回归的结果。$\Delta\ln NER_{it}$ 的回归系数同样为负且显著，说明企业的增加值有效汇率升值对企业利润有显著的负向影响。这都与前述检验结果一致。

表 8－13 的回归结果（3）是以企业的 3 年移动平均加权的进出口依存度作为企业进出口依存度的代理变量进行的稳定性检验。其中，χ_{3t} 表示企业 3 年移动平均加权的出口依存度，α_{3t} 表示企业 3 年移动平均加权的进口依存度。$\chi_{3t}\ \Delta\ln EER_{it}$ 的回归系数为负且显著，$\alpha_{3t}\ \Delta\ln IER_{it}$ 的回归系数为正且显著，与前面研究得出的结论一致。

另外，我们还以企业总利润作为企业利润的衡量指标以及使用各变量的水平值进行了上述检验，也都得出了基本一致的结论。

第五节　研究结论

本部分考察了企业有效汇率变动对企业利润的影响。本部分计算了企业的增加值有效汇率、出口有效汇率、进口有效汇率以及加总有效汇率，从总体影响以及影响渠道等方面对这一问题进行了研究。

汇率变动在不同企业之间的变动方向以及变动幅度可能是不同的，这就导致不同企业面临的有效汇率可能会不同。本部分计算了企业层面的有效汇率，克服了已有研究中只使用宏观层面汇率来研究汇率与企业利润关系时存在的缺陷，从而更好地测度了企业利润受汇率变动影响的程度。使用企业层面汇率还有一个优势，那就是能够考察汇率变动影响企业利润的渠道，而这也是使用宏观层面汇率做不到的。

从总体上来看，汇率升值对企业利润有显著的负向影响。具体来说，企业的增加值有效汇率升值，企业的利润会越少。从汇率变动影响企业利润的渠道来看，汇率升值通过出口收入渠道对企业利润有显著的负向影响，而通过进口成本渠道对企业利润有显著的正向影响。汇率变动还通过进口竞争渠道影响企业利润。企业面临的进口竞争越激烈，本币汇率升值对其利润的负向影响程度也越大。我们通过考察汇率变动对不同类型企业利润的影响发现，企业增加值有效汇率升值对加工贸易企业利润的负向影响程度最小，对一般贸易企业利润的负向影响程度最大；企业增加值有效汇率升值对利润率水平较低的企业利润的负向影响程度较大，对利润率水平较高的企业利润的负向影响程度较小；企业增加值有效汇率升值对于出口单产品企业的利润无显著影响，而对出口多种类产品企业的利润有显著的负向影响。

从中国的实际情况来看，人民币升值对企业利润的总体影响为负，这说明国家汇率决策部门在制定汇率政策时，要充分考虑其对企业利润可能产生的负向影响，把汇率变动控制在企业可以承受的范围之内。同时，由于汇率变动对企业利润的影响是通过多个渠道而且影响方向是不一致的，因此应该综合考虑多个因素来制定更科学的汇率政策，使其更好地配合国家的贸易政策和产业政策调整。对企业来说，在汇率变动时，应及时调整贸易产品或者贸易方向，以尽量避免汇率变动带来的不利影响和更好地利用汇率变动可能给企业带来的有利影响，从而提高企业利润。不同贸易类型企业、不同利润率水平企业、不同出口产品种类企业的利润受汇率变动影响的程度不同。这就要求在制定汇率政策时，应充分考虑企业的不同类型和特征，采取有差别的政策措施。以引导企业尤其是外向型企业能够更好地应对汇率的变动，从而取得更好的经营效益。

第九章　企业有效汇率变动对企业投资的影响

投资是企业经营的重要决策之一，其不可避免地要受到汇率等宏观变量的影响，尤其是对于有大量进出口贸易的企业来说。而要研究汇率变动对宏观投资变量的影响，研究其对微观企业个体投资的影响是一个重要的研究角度。宏观投资归根到底是由微观企业个体的投资行为导致的，是企业个体投资行为累加的结果。因而只有研究微观个体的投资行为，才能更好地分析汇率变动对宏观投资变量的影响。现有的研究对这一方面关注还不够。现有的研究要么多是研究汇率变动对宏观层面投资变量的影响（如赵晓男、刘霄，2007），要么仅是细分到汇率变动对不同类型企业等投资的影响（如田素华，2008），很少有研究从微观企业层面进行研究。即使国外有研究是从微观企业角度来进行，也存在这样或那样的问题。如使用的汇率是行业汇率，而没有使用企业层面的汇率来进行研究（Campa 和 Goldberg，1999；Nucci 和 Pozzolo，2001）等。只有从微观企业层面研究汇率变动对于企业投资的影响，才能真正理解汇率变动影响宏观投资的渠道和机制，才能有的放矢地采取措施来调整企业和宏观层面的投资。所以从微观企业层面来研究汇率变动对企业投资的影响就具有重要意义。

第一节　研究综述

关于汇率变动对企业投资的影响，已有一些研究从理论和实证方面进行了分析。

就理论分析来说，Campa 和 Goldberg（1999）认为汇率变动影响企业的投资有三种途径。一是出口收入途径。影响途径为：汇率变动改变了企业出口产品的价格和国际市场上的竞争力，从而对企业在国外市场的销售收入产生影响并最终影响企业的投资水平。二是进口成本途径。影响途径为：汇率的变动改变了企业生产所需的进口投入品的价格，从而对企业的生产成本产生影响，并最终影响企业的投资水平。三是进口产品竞争途径。影响途径为：汇率变动影响了进口产成品的价格，使国内市场上同类产品的竞争状况发生改变，从而会影响到生产该种产品的企业的收益和投资。Harchaoui 等（2005）建立了一个同时在国内和国际两个市场销售的厂商的利润最大化模型，来分析汇率变动对企业投资的影响。文章认为，资本的边际产品收益的提高会导致企业增加投资。而资本使用成本和边际调整成本的提高会导致企业降低投资。

关于实证研究，Campa 和 Goldberg（1995）研究了汇率和美国工业行业的投资活动的关系。发现在 20 世纪 70 年代，美元贬值（升值）会导致工业行业投资的增加（减少）。而在 90 年代情况则相反，美元贬值（升值）会导致工业行业投资的减少（增加）。这一结果的出现是由于美国工业企业减少了对出口的依赖程度的同时增加了对进口投入品的依赖程度。Campa 和 Goldberg（1999）研究了 1970—1993 年加拿大、英国和日本国家中的行业投资和汇率水平的关系。发现本币贬值对行业投资的影响和行业对出口的依赖程度正相关，和行业对进口投入品的依赖程度负相关。Nucci 和 Pozzolo（2001）发现，本币贬值通过收入渠道对企业的投资有一个正向的影响，通过成本渠道对于企业的投资有一个负向的影响。

还有一些研究认为企业的一些其他因素会制约汇率变动对企业投资的影响效果。有研究认为汇率变动会在多大程度上影响企业的投资与企业的垄断能力等因素有关。Campa 和 Goldberg（1999）、Nucci 和 Pozzolo（2001）以及 Harchaoui 等（2005）等认为，汇率变动对有着高价格成本加成和低价格成本加成的企业投资的影响是不一样的。有着高价格成本加成的企业可以通过调整产品价格和生产投入数量，从而减轻汇率变动对其收益进而是投资的影响；而对于有着低价格成本加成的企业来说，由于其定价能力有限，其生产根据汇率变动进行调整的空间就小，因此其投资受汇率变动的影响会更大一些。除此之外，也有研究发现，汇率变动对企业投资的影响可能被企业面临的竞争程度、进出口补贴、融资便利性等因素所放大或者减小。因此，关于汇率变动导致企业减少或者增加投资的理论分析并不在所有的条件下都适用。

还有一些研究考察了汇率变动的不确定性对企业投资的影响。Moore和Schaller（2002）认为，在企业能够区分汇率变动冲击是暂时的还是永久性的时候，企业将只对永久性的冲击作出调整。但是在不能区分汇率波动是永久性波动和暂时性波动的时候，汇率波动的不确定性将对企业的投资决策产生影响。Byrne和Davis（2003）使用G7国家的有关数据，证明了汇率变动的不确定性对企业投资会产生不利影响。Atell等（2003）以意大利企业为样本进行的实证检验也表明，汇率变动的不确定性会降低企业投资，但其敏感性随着企业的市场影响力的扩大而下降。Serven（2003）通过研究发展中国家的行业数据发现，汇率变动的不确定性对企业的投资有相当大的负向影响。而且对开放度大以及金融系统更脆弱的国家，这种负向影响程度越大。Fuentes（2006）利用智利的数据，同样发现汇率变动的不确定性和企业投资之间有负向关系。

国内学者赵晓男和刘霄（2007）检验了货币供给、利率和汇率等政策工具对我国固定资产投资产生的影响，发现汇率变动对固定资产投资规模的冲击是正向的。田素华（2008）的研究发现，2005年7月人民币汇率形成机制改革显著地促进了中国大多数企业的新增固定资产投资的增加，而且人民币汇率变动的投资效应有显著的企业结构特征并受不同资金来源的影响。但该文章使用的是行业数据，而不是微观企业数据，也没有考虑企业的特征。刘建和和吴纯鑫（2011）使用宏观数据，发现进口值对固定资产投资存在负向影响，而出口值和汇率对投资存在正向影响。但该文使用的同样是宏观层面的数据而不是微观企业数据。

综合上述研究，我们发现，国外对这一问题的研究相对更加深入，但是在研究这一问题时使用的也多是宏观层面或行业层面的汇率，而不是企业层面的汇率。至于国内对这一问题的研究，已有的成果更少，基本上都还没有涉及汇率变动对企业层面投资的影响，使用企业层面汇率对这一问题进行的研究成果就更少。不同的企业，由于其对外贸易的对象国是不同的，因此会面临着不同的汇率变动情况，这就会导致每个企业面临的汇率都是不一样的。所以只有使用企业层面的汇率，才能更准确估算汇率变动对企业层面投资的影响。此外，对于汇率变动如何影响企业的投资，也就是汇率变动影响企业投资的机制也很少有人进行研究。虽然国外已有一些学者进行了研究，但是应用中国的数据来进行研究还很少有人进行。本书从这些角度进行研究，也是在这一领域进行的尝试。所有上述原因，都使研究这一问题具有一定的意义。

第二节　研究设计和模型设置

本部分内容考察企业有效汇率变动对企业投资的影响，主要从以下方面来进行。一是考察企业有效汇率变动影响企业投资的渠道，二是考察企业有效汇率变动对企业投资的总体影响以及主要制约因素。接下来我们计算本部分研究所涉及的几个关键变量以及设置检验模型。

一、相关变量的计算

（一）企业投资变量的度量

关于企业投资变量的度量，已有的研究中涉及多种度量方法。对企业投资变量最准确的度量是企业的原始投资额，但是这一数据很难得到。一些研究通过变通的方法对企业的投资额进行估算，国外研究如 Richardson（2006），国内研究如陈艳艳和罗党论（2012）、张敏等（2010）以及俞红海等（2010）。按照上述研究思路，以及考虑到数据的限制，本部分按照陈艳艳和罗党论（2012），使用企业的“本期固定资产净值平均余额 - 上期固定资产净值平均余额 + 本期折旧”作为企业年度投资额的代理变量。

（二）企业层面有效汇率

本部分考察企业层面有效汇率对企业投资的影响，使用的企业层面有效汇率包括企业出口有效汇率、进口有效汇率、加总有效汇率、增加值有效汇率等。这几种有效汇率的计算方法如前所述。

（三）企业的出口和进口依存度

我们需要用到企业的外向性程度变量，我们以企业的出口依存度和进口依存度来表示。如前所述，对于企业的出口依存度，我们用企业的出口额占其总销售额的比例来表示。对于企业的进口依存度，我们使用企业的年度进口额占企业生产成本的比例来衡量。

二、检验模型

除了汇率变量外，根据理论分析以及已有的一些研究（Campa，1999），企业的垄断能力也是影响企业投资的一个重要因素。垄断能力大的企业，企业的抗风险能力或者企业盈利能力就越强。对于企业垄断能力的度量，已有的研究主要用价格成本加成来表示。由于我们没有企业产品的销售价格和边际成本的数据，参考 Nucci 和 Pozzolo（2001，2010）、Keller 和 Yeaple（2009）以及余淼杰（2011）等的计算方法，我们采用如下方法计算企业的价格成本加成：价格成本加成 = 销售额/（销售额 - 利润）。

按照已有的研究，还有一些其他因素可能会影响企业的投资。企业的生产规模会影响企业的投资。企业生产规模增长越快，企业投资增加得就越多。我们以企业的年度总产值作为企业生产规模的度量变量。企业的资产负债率以及企业的流动资产状况，都会影响到企业的投资。除此之外，企业所面临的国内外竞争状况等也会影响企业的投资。由于这些因素不是企业本身的特征因素，因此我们可以在模型中加入企业所属行业以及年份等其他控制变量。

根据上述分析，为考察企业层面有效汇率变动对企业投资的影响，参考 Nucci 和 Pozzolo（2001，2010）的模型以及研究思路，我们设置以下检验模型

$$\begin{aligned}\ln Invest_{it} = &\beta_0 + \beta_1 \Delta \ln Output_{it} + \beta_2 \Delta \ln Lev_{it} + \beta_3 \Delta \ln Liquid_{it} \\ &+ \beta_4 \chi_{it-1} \Delta \ln EER_{it} + \beta_5 \alpha_{it-1} \Delta IER_{it} + \beta_6 \chi_{it-1} \\ &+ \beta_7 \alpha_{it-1} + \beta_8 \Delta Markup_{it} + \mu_t + \varphi_i + \varepsilon_{it} \qquad (9-1)\end{aligned}$$

其中，$\ln Invest_{it}$ 表示企业 i 在 t 年的投资额的对数值，$\Delta\ln EER_{it}$ 表示企业出口有效汇率对数值的一阶差分值，$\Delta\ln IER_{it}$ 表示企业进口有效汇率对数值的一阶差分值。χ_{it-1} 表示企业 i 在 $t-1$ 年的出口依存度。由于汇率的变动会影响企业本年度的进出口，为避免内生性问题，所以我们使用企业前一期的出口依存度来表示。α_{it-1} 表示企业 i 在 $t-1$ 年的进口依存度。同样的原因，我们使用企业前一期的进口依存度来表示。$\alpha_{it-1}\ \Delta\ln IER_{it}$ 是 α_{it-1} 与 $\Delta\ln IER_{it}$ 的乘积，$\chi_{it-1}\ \Delta\ln EER_{it}$ 是 χ_{it-1} 与 $\Delta\ln EER_{it}$ 的乘积。$\Delta\ln Output_{it}$ 表示企业产出的对数值的一阶差分值。$\Delta\ln Lev_{it}$ 表示企业资产负债率对数值的一阶差分值，$\Delta\ln Liquid_{it}$ 表示企业流动资产的对数值的一阶差分值。$\Delta Markup_{it}$ 表示企业价格成本加成的一阶差分值。φ_i 表示企业的不随时间变动的特定变量，μ_t 表示企业的随时间变动的量，如时间变量，ε_{it} 表示扰动项。

模型（9－1）中的两个关键变量是 $\chi_{it-1}\ \Delta\ln EER_{it}$ 和 $\alpha_{it-1}\Delta\ln IER_{it}$。之所以使用这两个交叉项，是根据理论模型，为了体现企业的外向性对企业的投资受汇率变动的不同程度的影响。$\chi_{it-1}\ \Delta\ln EER_{it}$ 项的系数 β_4 的符号预期为负。含义是随着企业外销比例的增大，汇率升值对企业投资的负向影响程度会越大；$\alpha_{it-1}\ \Delta\ln IER_{it}$ 项的系数 β_5 的符号预期为正。含义是随着企业所使用的进口投入品比例的增加，汇率升值对企业投资的正向影响程度会越大。虽然我们的模型和 Nucci 和 Pozzolo（2010）等模型的基本理念一致，但本文采用的是企业层面的汇率（包括进口有效汇率和出口有效汇率）。而 Nucci 和 Pozzolo（2010）没有区分企业层面汇率，采用的是行业层面汇率。

第三节　实证结果及分析

一、基本检验结果

我们首先对基本实证模型进行检验。根据模型（9－1），我们使用计算出来的企业的进口有效汇率和出口有效汇率以及企业的进出口依存度，考察这些变量对企业投资的影响。为了保证检验结果的稳健性，我们使用在样本期间既有进口也有出口的企业以及只有进口或者只有出口的企业。回归结果见表9－1。

表9－1　区分出口收入和进口成本考察汇率变动对企业投资的影响

	(1)	(2)
	$\ln Invest_{it}$	$\ln Invest_{it}$
$\chi_{it-1}\Delta\ln EER_{it}$	-0.451^{***}	-0.325^{**}
	(0.172)	(0.164)
$\alpha_{it-1}\Delta\ln IER_{it}$	0.872^{***}	0.953^{***}
	(0.295)	(0.282)
χ_{it-1}	-0.772^{***}	-0.798^{***}
	(0.017)	(0.016)
α_{it-1}	0.431^{***}	0.372^{***}
	(0.026)	(0.025)
$\Delta\ln Output_{it}$		0.576^{***}
		(0.017)
$\Delta\ln Liquid_{it}$		0.194^{***}
		(0.016)
$\Delta\ln Lev_{it}$		-0.134^{***}
		(0.046)
$\Delta Markup_{it}$		0.899^{***}
		(0.063)
年份虚拟变量	是	是
行业虚拟变量	是	是
常数项	7.379^{***}	7.197^{***}
	(0.047)	(0.047)
观测值	74500	74500
R^2	0.08	0.11

注：①括号中的数字为回归系数相应的标准差。

②*表示在10%的水平上显著；**表示在5%的水平上显著；***表示在1的%水平上显著。

在表 9－1 的回归结果（2）中，$\chi_{it-1}\Delta\ln Exer_{it}$ 的回归系数为 －0.325，符号为负而且显著。说明企业有效汇率升值通过出口收入渠道对企业投资的影响是负向而且显著的。并且随着企业出口比例的增加，企业有效汇率升值对企业投资的负向作用会显著增加。或者说，在企业有效汇率升值时，出口依存度越大的企业的投资受到的负向影响程度越大。从具体数值来看，企业出口有效汇率每升值 1%，企业的投资减少 0.13%。[①]

在表 9－1 的回归结果（2）中，$\alpha_{it-1}\Delta\ln IER_{it}$ 的回归系数为 0.953，符号为正而且显著。说明企业有效汇率升值通过进口成本渠道对企业投资的影响是正向而且显著的。并且随着企业进口比例的增加，企业有效汇率升值对企业投资的正向作用会显著增加。或者说，在企业有效汇率升值时，进口依存度越大的企业的投资受到的正向影响程度也越大。从具体数值来看，企业进口有效汇率每升值 1%，企业的投资增加 0.21%。[②]

我们可以分析企业的外向性程度对企业投资的影响。如果一个企业只有出口而没有进口，也就是其 $\alpha=0$，那么在汇率升值时，其投资也就只受到出口收入方的负向影响。至于影响的大小，我们可以用企业的出口比例与 $\chi_{it-1}\Delta\ln EER_{it}$ 项的回归系数的乘积来得到。如果一个企业只有进口而没有出口，也就是其 $\chi=0$，那么在汇率升值时，其投资也就只受到进口成本方的正向影响。至于影响的大小，我们可以用企业的进口比例与 $\alpha_{it-1}\Delta\ln IER_{it}$ 项的回归系数的乘积来得到。

同样的，依据这一测度方法，我们可以估计出口依存度和进口依存度在样本的各分位数上的企业，汇率变动对其投资的影响。我们测度了出口依存度和进口依存度分别在样本企业的 10%、25%、50%、75% 以及 90% 分位数上的企业，人民币对所有货币升值 10% 时，其投资受到影响的程度。测度结果见表 9－2。

① 用 $\chi_{it-1}\Delta\ln EER_{it}$ 的回归系数与企业出口依存度的均值相乘计算得来。

② 用 $\alpha_{it-1}\Delta\ln IER_{it}$ 的回归系数与企业进口依存度的均值相乘计算得来。

表 9－2　汇率变动对不同外向性程度企业投资影响的测度结果

分位数（%）	出口依存度（%）	进口依存度（%）	影响结果（%）
10	0. 74	0. 10	－0. 01
25	4. 45	1. 04	－0. 05
50	21. 40	7. 81	0. 05
75	59. 72	29. 39	0. 86
90	88. 40	56. 01	2. 46

从表 9－2 中可以看出，对于企业的出口依存度和进口依存度在样本企业的 10% 分位数上的企业，人民币对所有货币升值 10% 时，企业的投资会减少 0. 01%；对于企业的出口依存度和进口依存度在样本企业的 50% 分位数上的企业，人民币对所有货币升值 10% 时，企业的投资会增加 0. 05%；而对于企业的出口依存度和进口依存度在样本企业的 90% 分位数上的企业，人民币对所有货币升值 10% 时，企业的投资会增加 2. 46%。

考虑到汇率变动通过出口途径和进口途径影响企业投资的方向不同，则对于同时具有较高的出口依存度和进口依存度的国家，虽然企业的外向性很大，但是由于汇率变动影响企业投资的这两个相反方面作用的互相抵消，汇率变动对其投资的总的影响也可能并不大。为此，我们从企业的净出口依存度指标（企业的出口依存度减去进口依存度）来测度汇率变动对企业投资的影响。我们同样测度了净出口依存度分别在样本企业的 10%、25%、50%、75% 和 90% 分位数上的企业，人民币对所有货币升值 10% 时，其投资受到影响的程度。测度结果见表 9－3。

表 9－3　汇率变动对不同净出口依存度企业投资影响的测度结果

分位数（%）	净出口依存度（%）	影响结果（%）
10	－16. 84	1. 70
25	0. 09	0. 21
50	14. 19	－0. 14
75	44. 85	－0. 86
90	73. 16	－1. 89

从表9－3中可以看出，对于企业的净出口依存度在样本企业的10%分位数上的企业，人民币对所有货币升值10%时，企业的投资会增加1.70%；对于企业的净出口依存度在样本企业的50%分位数上的企业，人民币对所有货币升值10%时，企业的投资会减少0.14%；而对于企业的净出口依存度在样本企业的90%分位数上的企业，人民币对所有货币升值10%时，企业的投资会减少1.89%。

如果一个企业既不进口也不出口，我们认为其投资仍然可能会受到汇率变动的影响。也就是汇率变动可能会影响其产品或者投入品的国内竞争状况，从而对其投资也会产生影响。但是由于其既不出口也不进口，我们就不能计算其具体的企业层面汇率数据，因此就不能直接分析企业层面汇率变动对其投资的影响。当然，我们可以使用宏观层面汇率来对企业的投资进行分析。但是由于本文的分析重点是考察企业层面的汇率对企业投资的影响，再加上使用宏观层面汇率分析汇率变动对企业投资的影响也有一些研究涉及了，所以本文就不再专门进行分析。

从表9－1回归结果（2）中也可以看出，价格成本加成变量（*Markup*）对企业投资的影响为正。企业的价格成本加成越大，说明企业的盈利能力就越强，这就会导致企业投资的增加。这也符合理论分析。

我们还可以分析其他变量对企业投资的影响。从表9－1回归结果（2）中还可以看出，企业的产出变量对企业投资的影响为正，说明企业的产出增加速度越快，企业的投资会越多。流动性变量对企业投资的影响为正，说明企业的可利用的短期资金越多，企业的投资就越多。资产负债率变量对企业投资的影响为负，说明企业的资产负债率越高，企业的投资越少。一般的情况下，企业的资产负债率越高，企业的财务状况以及资金状况往往越差，这就会影响到企业的投资。这几个变量的回归结果都符合一般理论分析。这些结论也和陈艳艳和罗党论（2012）、张敏等（2010）以及俞红海等（2010）的研究结论都基本一致。

表9－1回归结果（1）是在模型中去掉了企业的产出变量、流动性变量、资产负债率变量以及价格成本加成变量等控制变量的回归结果，也得出了和回归结果（2）中相一致的结论。

在我们的检验模型（9－1）中，我们在解释变量中并没有加入被解释变量 $\ln Invest_{it}$ 的滞后一期变量 $\ln Invest_{it-1}$。至于在解释变量中否需要添加 $\ln Invest_{it-1}$，不同的研究有不同的做法。如果在解释变量中添加了 $\ln Invest_{it-1}$，则最合理的方法应该是动态 GMM 方法。当然，各种回归方法都存在一定的局限性，都不可能完全解决问题。为进行稳定性检验，我们也在解释变量中添加 $\ln Invest_{it-1}$ 并使用 GMM 方法进行了检验，也得出了基本一致的结论。

二、汇率变动对具有不同价格成本加成的企业投资的影响

按照 Camp 和 Goldberg（1999）、Nucci 和 Pozzolo（2001）等的研究，企业的价格成本加成也是制约汇率变动影响企业投资的一个重要因素。企业产品在国内和国外市场上的价格对汇率的弹性以及产品在国内和国外市场的需求价格弹性都会受到企业价格成本加成的影响。因此企业的价格成本加成能够在国际市场和国外市场制约企业的投资受汇率变动影响的程度。已有研究发现，具有更低价格成本加成的企业，其投资对汇率变动的反应也更强烈。Dornbush（1987）发现企业产品在国内和国外市场中价格的汇率弹性都是企业的价格成本加成的减函数。也就是说，企业的价格成本加成越小，企业的产品价格受汇率变动的影响也越大，这就影响到企业的盈利能力以及企业的投资。Campa 和 Goldberg（1995，1999）利用美国的行业数据发现，具有更高价格成本加成的企业，更能把汇率的变动吸收到其产品价格中去。也就是说其价格对于汇率的变动越不敏感。这就导致这些企业的盈利能力进而是投资对于汇率的变动越不敏感。

除此之外，具有更低价格成本加成的企业，其盈利能力以及相应的现金流往往对汇率的变动更加敏感，这就会影响到企业的投资。也有研究发现（Allayannis 和 Ofek，2001），具有更低价格成本加成的企业对冲汇率风险的能力往往比具有更高价格成本加成的企业要差，因而其投资受到汇率变动影响的程度往往更大。

为了更进一步分析价格成本加成对企业的投资受汇率变动的影响程度，我们接下来用以下两种方法进行分析。

（一）汇率变动对不同价格成本加成分组企业投资的影响

首先，我们把样本企业按照价格成本加成变量的大小分为两组，然后分别对这两组样本进行回归，考察汇率变动对不同价格成本加成分组企业投资的影响。按照理论分析，汇率变动对具有更低价格成本加成分组企业的投资，通过出口收入途径以及进口成本途径受到的影响都应该越大。回归结果见表9－4。

表9－4　企业有效汇率变动对不同价格成本加成分组企业投资的影响

	(1)	(2)
	低价格成本加成企业分组	高价格成本加成企业分组
	$\ln Invest_{it}$	$\ln Invest_{it}$
$\Delta\ln Output_{it}$	0.417***	0.538***
	(0.030)	(0.031)
$\chi_{it-1}\Delta\ln EER_{it}$	－0.702***	0.071
	(0.263)	(0.247)
$\alpha_{it-1}\Delta\ln IER_{it}$	0.947**	0.081
	(0.461)	(0.473)
χ_{it-1}	－0.302***	－0.322***
	(0.024)	(0.021)
α_{it-1}	0.186***	0.118***
	(0.036)	(0.035)
$\Delta\ln\Delta\mathrm{Liquid}_{it}$	0.219***	0.105***
	(0.026)	(0.030)
$\Delta\ln Lev_{it}$	－0.211***	0.187**
	(0.077)	(0.074)
$\Delta Markup_{it}$	0.668***	0.147*
	(0.168)	(0.083)
年份虚拟变量	是	是
行业虚拟变量	是	是
常数项	2.443***	2.437***
	(0.052)	(0.050)
观测值	22470	24606
R^2	0.50	0.54

注：①括号中的数字为回归系数相应的标准差。

②*表示在10%的水平上显著；**表示在5%的水平上显著；***表示在1%的水平上显著。

从表 9－4 回归结果中可以看出，汇率变动只对低价格成本加成分组企业的投资产生影响，包括从出口收入以及进口成本两个渠道。而对高价格成本加成分组企业的投资没有显著影响。从具体数值来看，在低价格成本加成的企业分组，$\chi_{it-1}\Delta\ln EER_{it}$ 的回归系数为 －0.702，符号为负而且显著，$\alpha_{it-1}\Delta\ln IER_{it}$ 的回归系数为0.947，符号为正而且显著。而对于高价格成本加成的企业分组，$\chi_{it-1}\Delta\ln EER_{it}$ 和 $\alpha_{it-1}\Delta\ln IER_{it}$ 的回归系数都不显著。这也在一定程度上验证了我们的分析。那就是低价格成本加成的企业的投资在更大程度上受到了汇率变动的影响。

（二）价格成本加成对企业投资受汇率变动影响程度的影响

为了进一步分析这一问题，按照 Nucci 和 Pozzolo（2001，2010），我们对模型（9－1）进行改动，在模型（9－1）中的$\chi_{it-1}\Delta\ln EER_{it}$ 和 $\alpha_{it-1}\Delta\ln IER_{it}$ 前分别乘上（$1-Markup_{it-1}$），其中 $Markup_{it-1}$ 表示企业 i 在 $t-1$ 期的价格成本加成。因而模型（9－1）变为

$$\begin{aligned}\ln Invest_{it} = {} & \beta_0+\beta_1\Delta\ln Output_{it}+\beta_2\Delta\ln Lev_{it}+\beta_3\Delta\ln Liquid_{it}\\ & +\beta_4(1-Markup_{it-1})\chi_{it-1}\Delta\ln EER_{it}\\ & +\beta_5(1-Markup_{it-1})\alpha_{it-1}\Delta\ln IER_{it}+\beta_6\chi_{it-1}\\ & +\beta_7\alpha_{it-1}+\beta_8\Delta Markup_{it}+\mu_t+\varphi_i+\varepsilon_{it}\end{aligned} \quad (9-2)$$

之所以在$\chi_{it-1}\Delta\ln EER_{it}$ 和 $\alpha_{it-1}\Delta\ln IER_{it}$ 前面乘上（$1-Markup_{it-1}$），是考虑到企业投资对汇率变动的敏感性是企业价格成本加成的减函数。

模型（9－2）的设置更接近我们的理论模型。该模型意味着汇率变动通过企业的出口收入途径以及进口成本途径对企业投资的影响，都会受到企业的价格成本加成的制约。检验结果见表 9－5。

表 9－5　价格成本加成对企业投资受汇率变动影响程度的影响

	(1)	(2)
	$\ln Invest_{it}$	$\ln Invest_{it}$
$\Delta\ln Output_{it}$	0.476***	0.482***
	(0.022)	(0.022)
$(1-Markup_{it-1})\chi_{it-1}\Delta\ln EER_{it}$	-0.420**	-0.379*
	(0.210)	(0.210)

续表

	(1)	(2)
	$\ln Invest_{it}$	$\ln Invest_{it}$
$(1-Markup_{it-1})\alpha_{it-1}\Delta\ln IER_{it}$	0.645 *	0.655 *
	(0.385)	(0.385)
χ_{it-1}	-0.314 ***	-0.319 ***
	(0.016)	(0.016)
α_{it-1}	0.140 ***	0.130 ***
	(0.025)	(0.025)
$\Delta\ln Liquid_{it}$	0.166 ***	0.167 ***
	(0.020)	(0.020)
$\Delta\ln Lev_{it}$	-0.022	-0.021
	(0.053)	(0.053)
$\Delta Markup_{it}$	0.442 ***	
	(0.059)	
年份虚拟变量	是	是
行业虚拟变量	是	是
常数项	2.419 ***	2.479 ***
	(0.035)	(0.034)
观测值	47076	47076
R^2	0.52	0.52

注：①括号中的数字为回归系数相应的标准差。

②*表示在10%的水平上显著；**表示在5%的水平上显著；***表示在1%的水平上显著。

在表9-5的回归结果（1）中，$(1-Markup_{it-1})\chi_{it-1}\Delta\ln EER_{it}$ 的回归系数为-0.420，符号为负而且显著。说明汇率升值从企业出口收入方对企业投资的影响是负向的，而且这个负向影响程度随着企业出口比例的增大而增加，随着企业价格成本加成的增大而减小。在进口成本方，$(1-Markup_{it-1})\alpha_{it-1}\Delta\ln IER_{it}$ 的回归系数为0.645，符号为正而且显著。说明汇率升值从企业进口成本方对企业投资的影响是正向的，而且这个正向影响程度随着企业进口投入品比例的增大而增加，随着企业价格成本加成的增大而减小。

表9-5的回归结果（2）是在模型中去掉了 $\Delta Markup_{it}$ 而进行的回归，也得出了和回归结果（1）中相一致的结论。虽然本部分与 Nucci 和 Pozzolo（2001）使用的是不同层面的汇率，但我们的结论和其结论基本一致。

三、考虑进口产品竞争因素时汇率变动对企业投资的影响

汇率变动对企业投资的影响，除了出口收入和进口成本渠道外，还有一种渠道，那就是进口产品竞争渠道。具体来说，汇率变动会导致企业产品在国内市场的竞争状况发生改变，进而对企业的内销收入以及企业的投资产生影响。例如在汇率升值的情况下，国外的产品出口到本国会变得更加容易，这样本土的厂商就会面临更大的进口产品竞争，导致其盈利能力进而是其投资的减少。汇率贬值的情况则正好相反。为了检验这一影响途径，参考 Nucci 和 Pozzolo（2001，2010）的方法，我们在回归模型中加入一个交叉项：企业所属行业的行业进口渗透率乘以企业内销比率，再乘上企业出口有效汇率，以此交叉项表示进口产品竞争效应。根据理论分析，汇率升值对进口产品竞争程度比较高的行业中的企业投资以及内销比例比较大的企业投资应该有更大程度的负面影响，所以我们预期交叉项的回归系数的符号为负。检验结果见表9-6。

表9-6　考虑进口产品竞争时汇率变动对企业投资的影响

	(1)	(2)
	$\ln Invest_{it}$	$\ln Invest_{it}$
$\Delta\ln EER_{it}(1-\chi_{it-1})IP_{it-1}$	-0.913***	-0.817***
	(0.293)	(0.291)
$\chi_{it-1}\Delta\ln EER_{it}$	-0.360**	-0.454***
	(0.173)	(0.172)
$\alpha_{it-1}\Delta\ln IER_{it}$	0.620**	0.682**
	(0.308)	(0.308)
χ_{it-1}	-0.796***	-0.797***
	(0.016)	(0.016)
α_{it-1}	0.344***	0.372***
	(0.025)	(0.025)

续表

	(1)	(2)
	$\ln Invest_{it}$	$\ln Invest_{it}$
$\Delta\ln Output_{it}$		0.575***
		(0.017)
$\Delta\ln Liquid_{it}$		0.194***
		(0.016)
$\Delta\ln Lev_{it}$		-0.135***
		(0.046)
$\Delta Markup_{it}$		0.896***
		(0.063)
年度虚拟变量	是	是
行业虚拟变量	是	是
常数项	7.364***	7.196***
	(0.046)	(0.047)
观测值	74500	74500
R^2	0.10	0.11

注：①括号中的数字为回归系数相应的标准差。

②*表示在10%的水平上显著；**表示在5%的水平上显著；***表示在1%的水平上显著。

表9-6中，$\Delta\ln EER_{it}(1-\chi_{it-1})IP_{it-1}$ 表示 $\Delta\ln EER_{it}$ 和 $(1-\chi_{it-1})$ 以及 IP_{it-1} 的乘积，其中 IP_{it-1} 表示企业所属行业的行业进口渗透率。表9-6回归结果（2）中，交叉项 $\Delta\ln EER_{it}(1-\chi_{it-1})IP_{it-1}$ 的回归系数为-0.817，符号为负而且显著。说明人民币升值通过进口产品竞争渠道对企业的投资有负向影响，并且这一负向影响对于销售更多地集中于本土市场的企业来说更加明显。

表9-6的回归结果（1）是在模型中去掉了企业的产出变量、流动性变量、资产负债率变量以及价格成本加成变量等控制变量的回归结果，也得到了和回归结果（2）中相一致的结论。

四、企业加总有效汇率变动对企业投资的影响

前文我们主要考察了企业有效汇率变动对企业投资影响的途径和机

制。那么汇率变动对企业投资的总体影响如何？我们使用企业加总有效汇率对这一问题进行考察。由于企业加总有效汇率既考虑了企业的出口，也考虑了企业的进口，所以其能够在一定程度上体现汇率变动对企业投资的总体影响。我们设置如下检验模型

$$\ln Invest_{it} = \beta_0 + \beta_1 \Delta \ln Output_{it} + \beta_2 \Delta \ln Lev_{it} + \beta_3 \Delta \ln Liquid_{it} + \beta_4 \Delta \ln TER_{it} + \beta_5 \Delta Markup_{it} + \mu_t + \varphi_i + \varepsilon_{it} \quad (9-3)$$

其中，$\Delta \ln TER_{it}$ 表示企业加总有效汇率对数值的一阶差分值。

由于模型（9－3）是一阶差分模型，我们同样使用最小二乘法方法（OLS）进行回归。表9－7是用样本所有企业对模型进行回归的结果。

表9－7　企业加总有效汇率变动对企业投资的影响

	$\ln Invest_{it}$
$\Delta \ln TER_{it}$	－0.969***
	(0.158)
$\Delta \ln Output_{it}$	0.512***
	(0.013)
$\Delta \ln Liquid_{it}$	0.232***
	(0.012)
$\Delta Markup_{it}$	0.017***
	(0.002)
$\Delta \ln Lev_{it}$	－0.055***
	(0.012)
年度虚拟变量	是
行业虚拟变量	是
常数项	6.433***
	(0.031)
观测值	83254
R^2	0.06

注：①括号中的数字为回归系数相应的标准差。

②*表示在10%的水平上显著；**表示在5%的水平上显著；***表示在1%的水平上显著。

在表9－7的回归结果中，$\Delta \ln TER_{it}$ 的回归系数等于－0.969，为负而

且显著。说明汇率升值对企业投资在总体上有负向的影响。企业有效汇率升值，企业投资的增长速度会在一定程度上减缓。从数值上来看，企业有效汇率每升值1%，企业的投资会减少0.969%。这和理论上是相符的。企业有效汇率升值，企业的经营业务受到影响，就会减慢企业固定资产投资的速度。同时，企业对于汇率变动也有一个预期，如果企业预期汇率继续升值，也会减慢投资的速度。

五、企业增加值有效汇率变动对企业投资的影响

如前文所述，使用企业加总有效汇率考察其对企业投资的影响，可能会存在一定的问题。主要原因在于这一汇率形式不能区分企业的出口收入和进口成本渠道，而这两个渠道对企业投资的影响是呈相反方向的。为了体现这两个渠道对企业投资不同方向的影响，我们使用前文计算出的企业增加值有效汇率来考察其对企业投资的影响。

我们在模型（9－3）中以企业增加值有效汇率变量替代企业加总有效汇率变量，来考察汇率变动对企业投资的影响。

（一）企业增加值有效汇率变动对企业投资的影响

根据模型（9－3），我们以企业增加值有效汇率作为汇率变量，考察其变动对企业投资的影响。回归结果见表9－8。

表9－8　企业增加值有效汇率变动对企业投资的影响

	$\ln Invest_{it}$
$\Delta\ln Output_{it}$	0.168***
	(0.017)
$\Delta\ln VER_{it}$	-0.022***
	(0.006)
$\Delta\ln Liquid_{it}$	0.057***
	(0.015)
$\Delta Markup_{it}$	1.006***
	(0.125)
$\Delta\ln Lev_{it}$	-0.010
	(0.017)

续表

	$\ln Invest_{it}$
年度虚拟变量	是
行业虚拟变量	是
常数项	7.469***
	(0.008)
观测值	83254
R^2	0.06

注：①括号中的数字为回归系数相应的标准差。

②*表示在10%的水平上显著；**表示在5%的水平上显著；***表示在1%的水平上显著。

在表9-8的回归结果中，$\Delta\ln VER_{it}$的回归系数等于-0.022，为负而且显著。说明企业增加值有效汇率升值对企业投资有显著的负向影响。这是符合理论分析的。从数据上来看，企业增加值有效汇率每升值1%，企业的投资会减少0.022%。

（二）企业增加值有效汇率变动对不同所有制类型企业投资的影响

企业的投资还受到国家的产业政策、企业的融资约束等因素的影响。企业的这些因素的差别，能够部分地体现在不同所有制类型企业之间，因此我们也可以考察汇率变动对不同所有制类型企业投资的影响。由于不同所有制类型企业的经营体制以及所享受的政策等有差异，所以汇率变动对其投资的影响也会不同。我们对样本企业按所有制类型划分为国有企业、民营企业和外资企业，分别考察企业增加值有效汇率变动对其投资的影响。检验结果见表9-9。

表9-9　企业增加值有效汇率变动对不同所有制类型企业投资的影响

	(1)	(2)	(3)
	国有企业	民营企业	外资企业
	$\Delta\ln Invest_{it}$	$\Delta\ln Invest_{it}$	$\Delta\ln Invest_{it}$
$\Delta\ln Output_{it}$	0.143	0.175***	0.167***
	(0.094)	(0.034)	(0.020)

续表

	(1)	(2)	(3)
	国有企业	民营企业	外资企业
	$\Delta\ln Invest_{it}$	$\Delta\ln Invest_{it}$	$\Delta\ln Invest_{it}$
$\Delta\ln VER_{it}$	0.029	-0.036***	-0.019**
	(0.030)	(0.011)	(0.007)
$\Delta\ln Liquid_{it}$	0.034	0.055*	0.057***
	(0.081)	(0.029)	(0.019)
$\Delta Markup_{it}$	1.933***	1.632***	0.851***
	(0.499)	(0.344)	(0.139)
$\Delta\ln Lev_{it}$	-0.123	-0.104***	0.019
	(0.086)	(0.037)	(0.019)
年度虚拟变量	是	是	是
行业虚拟变量	是	是	是
常数项	8.620***	7.423***	7.341***
	(0.026)	(0.019)	(0.010)
观测值个数	6707	22242	54305
R^2	0.01	0.01	0.01

注：①括号中的数字为回归系数相应的标准差。

②*表示在10%的水平上显著；**表示在5%的水平上显著；***表示在1%的水平上显著。

在表9-9的回归结果（1）中，$\Delta\ln VER_{it}$ 的回归系数等于0.029，为正但是不显著。说明企业增加值有效汇率变动对国有企业投资的影响是不显著的。企业增加值有效汇率变动对国有企业投资的影响不显著，可能有以下几个方面的原因。一是国有企业的经营规模普遍比较大，抗汇率变动风险能力强；二是国有企业可能享受了更多的资源、资金等政策优惠，从而抵御汇率风险的能力更强；三是国有企业的外向性程度相对最小，这也在一定程度上减少了其投资受汇率变动影响的程度。从表9-10中可以看出，国有企业的出口依存度仅为18.77%，进口依存度仅为6.24%。

表 9-10　　不同类型企业的进出口依存度均值表

企业类型	出口依存度（%）	进口依存度（%）
国有企业	18.77	6.24
私营企业	30.92	4.97
外资企业	39.82	22.33

在表 9-9 的回归结果（2）中，$\Delta \ln VER_{it}$ 的回归系数等于 -0.036，为负而且显著。说明企业增加值有效汇率升值对民营企业投资的影响是负向的。从具体数值来看，若民营企业的增加值有效汇率每升值 1%，则民营企业的投资会减少 0.036%。企业增加值有效汇率升值对于民营企业投资的影响为负而且显著，这可能和民营企业的经营环境比国有企业更差以及其本身规模较小、抵御汇率风险的能力较差有关。另外，民营企业的出口依存度相对较大，为 30.92%，而进口依存度相对较小，为 4.97%。这也在一定程度上加大了汇率变动对其投资的负向影响。

在表 9-9 的回归结果（3）中，$\Delta \ln VER_{it}$ 的回归系数等于 -0.019，为负而且显著。说明企业增加值有效汇率升值对外资企业投资的影响是负向的。之所以出现这种结果，可能有两个方面的原因。一是外资企业的进口依存度和出口依存度都较大。企业的外向性程度大，企业投资受到增加值有效汇率变动的影响程度可能就越大。从表 9-10 中可以看出，外资企业的出口依存度为 39.82%，进口依存度为 22.33%。二是外资企业的销售渠道往往更加固定，其在汇率发生不利于企业的变动时，往往不能及时调整销售策略和销售市场，所以其投资受到汇率变动的影响程度也比较大。

第四节　研究结论

利用国家统计局中国工业企业数据库和中国海关数据库，本部分研究了汇率变动对微观层面企业投资的影响。本部分通过计算企业层面有效汇率，从总体影响以及影响途径两个方面对这一问题进行了考察。

人民币升值通过出口收入途径对企业的投资有负向影响，而且这种负向影响随着企业出口依存度的增加而增加。人民币升值通过进口成本途径对企业的投资有正向影响，而且这种影响随着企业的进口依存度的增大而增加。

考虑汇率变动影响企业投资的进口产品竞争因素，则汇率变动会影响到进口产品的价格，进而对企业在国内销售的产品的竞争状况造成影响，从而会影响到企业的产品在国内的销售，进而会影响到企业的投资。具体来说，汇率升值对在国内市场面临一个更高程度进口产品竞争的企业投资的负向影响程度更大，而且对更多地在国内市场销售的企业的投资造成的负向影响更大。

企业的价格成本加成是制约汇率变动影响企业投资的一个重要因素。具有更低价格成本加成的企业，其投资受到汇率变动影响的程度更大。

从汇率变动对企业投资的总体影响来看，企业的增加值有效汇率对企业的投资有负向影响。企业的增加值有效汇率升值，会导致企业的投资下降。

分企业所有制类型来看，汇率变动对国有企业投资的影响不显著，而对民营企业和外资企业投资的影响显著。这和不同所有制类型企业的经营机制、生产规模、所享有的政策优惠、企业的外向性程度等有关。

人民币升值通过出口收入渠道以及进口产品竞争渠道对企业投资的影响为负，这就要求我国在制定汇率政策时，要考虑到人民币升值太快对企业的投资等可能造成的负面影响。因此要适度控制人民币升值幅度，争取把升值幅度控制在企业可以承受的范围之内。同时，我们也看到，人民币升值通过进口成本渠道对企业投资的影响为正，这就说明人民币升值并不一定对企业投资就只有负向影响，其可以通过进口中间品成本的降低来促进企业效益的提高和投资的增加。尤其是对我国这种具有大规模进口的国家来说，强调人民币升值在这一方面的效应也非常重要。因此当人民币升值时，我们应该适度扩大进口。一方面能够有效地促进我国企业效益的提高；另一方面通过进口，也有利于我国企业生产率的提高和经济转型的尽早实现。

当然，我们也应看到，汇率变动对企业投资的影响对不同类型的企业是不同的。就企业所有制类型来说，汇率变动对于国有企业投资的影响不显著，而对民营企业和外资企业投资的负向影响显著。这就要求我国加大对民营企业的扶持力度，同时采取措施鼓励企业转变经营方式，加快产业升级，以降低企业的投资受到汇率变动不利影响的程度。

第十章　有效汇率变动对企业雇佣的影响

关于汇率变动对雇佣的影响的研究，一般来说，有以下两个层面。一个是宏观层面，研究汇率变动对宏观层面就业的影响；另一个层面是微观层面，研究汇率变动对微观经济个体雇佣的影响。国内一些学者研究了汇率变动对宏观层面就业的影响（如俞乔，1999；丁建平和鄂永健，2005 等），而对汇率变动对微观企业主体的雇佣行为的影响，研究得则很少。要研究汇率变动对就业的影响，最大的着力点应该是企业，尤其是外向型企业。汇率变动直接对这些企业的雇佣产生影响，而宏观层面就业的变动仅是这些企业个体雇用行为的结果。只有研究微观企业的雇佣行为对汇率变动的反应，尤其是外向型企业的雇佣行为在人民币汇率变动后是否受到影响，影响有多大，才能真正了解汇率变动对中国宏观层面就业影响的传导机制。这样也有利于国家制定宏观经济政策来引导企业在汇率变动期间积极采取有效应对措施，实现更好发展。因此，从微观企业角度来研究汇率变动对企业雇佣行为的影响就具有重要的意义。

第一节　研究综述

关于汇率变动对就业的研究状况，从宏观层面的研究来看，Branson 和 Love（1988）利用美国 1970—1986 年的季度数据进行的实证研究发现，美元升值导致制造业特别是耐用品部门产量和就业的下降。Revenga（1992）研究了美国制造业就业与汇率的关系，发现 1980—1985 年美元的升值导致就业减少 4.5% ~7.5% 。Campa 和 Goldberg（2001）选取美国制造业各行业 20 年的数据进行研究发现，价格成本加成低的行业和使用非熟练劳动力的行业，就业量对汇率变动的弹性较大。

从微观层面的研究来看，Alexandre 等（2011）利用葡萄牙 1988—2006 年的数据进行的研究发现，高技术部门的就业受到汇率变动的影响相对较小，而高开放度低技术水平的部门的就业受到汇率变动的影响相对较大。Nucci 和 Pozzolo（2010）利用意大利有代表性的制造业企业的面板数据，考察了岗位变动和劳动投入量对汇率变动的反应。文章发现，企业雇佣对汇率变动的反应主要依赖于企业对出口以及对进口投入品的依赖程度。

关于汇率变动对就业的传导途径，Klein 和 Triest（2003）认为汇率对企业雇佣的影响取决于企业的外向性程度以及企业和其所属行业的平均开放度的差距。行业开放度越高，企业雇佣受汇率变动的影响就越明显。Campa 和 Goldberg（2001）对 20 世纪 70 年代至 90 年代中期美国制造业行业进行分析，认为汇率变动可通过三种渠道影响劳动力需求：进口渗透、出口拉动和投入替代。Hua（2007）认为汇率变动通过技术渠道、出口需求渠道和效率渠道三个渠道对企业雇佣存在影响，而其中技术渠道最为重要。

国内对于这一问题从宏观层面进行的研究，俞乔（1999）的研究发现，人民币贬值有利于扩大就业。丁剑平和鄂永健（2005）在同时考虑贸易部门和非贸易部门的情况下，发现实际汇率贬值会增加贸易部门就业，但会减少非贸易部门就业。曾莹（2006）对国内 15 个行业的就业和汇率间的关系进行了实证研究。研究结果发现，对大多数行业来说，人民币升值会抑制其就业增长，而贬值有利于其就业扩张，尤其是对高开放度和劳动密集型行业影响更为显著。毛日昇（2013）采用四位码工业行业面板数据所进行的研究发现，人民币实际汇率升值通过出口开放和进口渗透渠道同时对工业行业净就业水平产生显著的负向影响。

国内对这一问题在微观企业层面上的研究，如戴觅等（2013）研究了汇率变动对中国制造业企业雇佣的影响。发现人民币汇率变动会通过出口收益渠道和进口成本渠道影响企业雇佣水平。但不同类型企业的雇佣受影响的程度各不相同。劳动密集型企业、低生产率企业和私营企业的雇佣受到的影响程度更大。

总体来看，国内外尤其是国内对汇率变动对企业雇佣的影响这一问题研究得还不够。因此，从微观企业层面研究这一问题，就具有重要意义。

第二节　研究设计和模型设置

本部分考察企业有效汇率变动对企业雇佣的影响，主要从以下两个方面来进行：一是考察企业有效汇率变动影响企业雇佣的渠道；二是考察企业有效汇率变动对企业雇佣的总体影响以及制约因素。接下来我们计算本部分研究涉及的几个关键变量以及设置研究模型。

一、使用的数据

本文使用的数据库包括两套。第一套数据库是国家统计局中国工业企业数据库，第二套数据库是中国海关数据库。数据库详细介绍见第五章。

二、相关变量的计算

（一）企业雇佣变量的度量

我们用数据库中的企业员工人数来表示企业雇佣变量。

（二）企业层面有效汇率的计算

本部分考察企业层面有效汇率对企业雇佣的影响，使用的企业层面有效汇率包括企业出口有效汇率、进口有效汇率、加总有效汇率、增加值有效汇率。这几种有效汇率的计算方法如前所述。

（三）企业的出口和进口依存度

我们需要用到企业的外向性程度变量，我们以企业的出口依存度和进口依存度来表示。如前所述，企业的出口依存度，我们用企业的出口额占其总销售额的比例来表示。对于企业的进口依存度，我们使用企业的年度进口额占企业生产成本的比例来衡量。

除上述关键变量外，还有一些其他因素可能会影响企业的雇佣决策。

企业的生产规模会影响企业的雇佣人数，企业生产规模增长越快，企业雇佣工人就越多。我们用企业年度总产值表示企业的规模。企业员工工资水平也会影响企业的雇佣人数，企业的员工工资水平越高，企业雇佣的工人就会越少。按照 Nucci 和 Pollzo（2010）等，企业的价格成本加成也会影响到企业的雇佣人数。对于价格成本加成，按照前文，我们这样计算：价格成本加成 = 销售额/（销售额 - 利润）。

除此之外，还有一些其他因素也影响到企业的雇佣决策，如企业所面临的国内外竞争状况。由于这些因素不是企业本身的特征因素，因此我们可以在模型中加入企业所属行业等控制变量。

三、检验模型

由于汇率变量序列是非平稳的，如果我们直接用汇率的水平值来进行回归，就容易出现回归偏差。因此我们使用汇率的变动值作为解释变量。为了度量的一致性，我们对其他主要变量也采用其年度变动值，也就是差分值进行估计。

根据上述分析，参考 Nucci 和 Pollzo（2010），我们设立以下检验模型

$$\begin{aligned}\Delta\ln Worker_{it} = {} & \beta_0 + \beta_1\Delta\ln Output_{it} + \beta_2\Delta\ln Wage_{it} \\ & + \beta_3\chi_{it-1}\Delta\ln EER_{it} + \beta_4\alpha_{it-1}\Delta\ln IER_{it} + \beta_5\chi_{it-1} \\ & + \beta_6\alpha_{it-1} + \beta_7\Delta Markup_{it} + \mu_t + \varphi_i + \varepsilon_{it} \qquad (10-1)\end{aligned}$$

其中，$\Delta\ln Worker_{it}$ 表示企业 i 在 t 年的雇佣人数对数值的一阶差分值，$\Delta\ln Output_{it}$ 表示企业 i 在 t 年的总产值的一阶差分值，$\Delta Markup_{it}$ 表示企业 i 在 t 年的价格成本加成的一阶差分值。χ_{it-1} 表示企业 i 在 $t-1$ 年的出口依存度。由于汇率的变动会影响企业本年度的进出口，为避免内生性问题，我们使用企业前一期的出口依存度来表示。α_{it-1} 表示企业 i 在 $t-1$ 年的进口依存度。同样的原因，我们使用企业前一期的进口依存度来表示。$\chi_{it-1}\Delta\ln EER_{it}$ 是 χ_{it-1} 与 $\Delta\ln EER_{it}$ 的乘积，$\alpha_{it-1}\Delta\ln IER_{it}$ 是 α_{it-1} 与 $\Delta\ln IER_{it}$ 的乘积。φ_i 表示企业所属行业的虚拟变量，μ_t 表示企业的随时间变动的变量，ε_{it} 表示随机扰动项。

我们主要关注$\chi_{it-1}\Delta\ln EER_{it}$以及$\alpha_{it-1}\Delta\ln IER_{it}$的回归系数的符号。按照我们的理论分析，$\chi_{it-1}\Delta\ln EER_{it}$的回归系数$\beta_3$的符号应该为负，说明在人民币升值的情况下，企业的出口依存度越高，企业的雇佣人数受到的负向影响程度就越大；$\alpha_{it-1}\Delta\ln IER_{it}$回归系数$\beta_4$的符号应该为正，说明在人民币升值的情况下，企业的进口依存度越高，企业的雇佣人数受到的正向影响程度就越大。

第三节　实证结果及分析

一、企业进出口有效汇率变动对企业雇佣的影响

由于模型是一阶差分模型，因此我们使用最小二乘法（OLS）进行估计。回归结果见表10－1。

表10－1　企业进出口有效汇率变动对企业雇佣的影响

	$\Delta\ln Worker_{it}$
$\Delta\ln Output_{it}$	0.007***
	(0.000)
$\chi_{it-1}\Delta\ln EER_{it}$	－0.345***
	(0.052)
$\alpha_{it-1}\Delta\ln IER_{it}$	0.179**
	(0.072)
χ_{it-1}	0.013***
	(0.003)
α_{it-1}	0.067***
	(0.004)
$\Delta Markup_{it}$	0.342***
	(0.019)
$\Delta\ln Wage_{it}$	－0.249***
	(0.004)
年度虚拟变量	是

续表

	$\Delta\ln Worker_{it}$
行业虚拟变量	是
常数项	0.023 ***
	(0.004)
观测值	193499
R^2	0.07

注：①括号中的数字为回归系数相应的标准差。

②＊表示在10%的水平上显著；＊＊ 表示在5%的水平上显著；＊＊＊ 表示在1%的水平上显著。

在表10－1回归结果中，$\chi_{it-1}\Delta\ln EER_{it}$ 的回归系数等于－0.345，为负而且显著。说明企业有效汇率升值通过出口收入渠道对企业雇佣的影响为负。而且出口依存度越大，企业的雇佣人数受到的负向影响程度越大。这和理论分析是相符的。从数值上来看，企业出口有效汇率每升值10%，通过出口收入渠道对企业雇佣的负面影响约为0.115%。[①]

表10－1回归结果中，$\alpha_{it-1}\Delta\ln IER_{it}$ 的回归系数等于0.179，为正而且显著。说明企业有效汇率升值通过进口成本渠道对企业雇佣的影响为正。而且进口依存度越大，企业的雇佣人数受到的正向影响程度也越大。这也和理论分析是相符的。企业的进口依存度越大，在企业进口有效汇率上升时，企业的边际生产成本就会减少得越多，企业的经营绩效会增加，企业雇佣人数就应该越多。从数值上来看，企业进口有效汇率每升值10%，通过进口成本渠道对企业雇佣的正向影响约为0.033%。

我们也可以分析其他因素对企业雇佣的影响。从表10－1回归结果中可以看出，$\Delta\ln Output_{it}$ 的回归系数为正而且显著，说明企业总产值增加得越快，企业越倾向于雇佣更多的工人；$\Delta\ln Wage_{it}$ 的回归系数为负而且显著，说明企业员工的工资增加得越快，企业越倾向于雇佣更少的工人；$\Delta Markup_{it}$ 的回归系数为正而且显著，说明企业的价格成本加成越大，企业越倾向于雇佣更多的工人。这都符合一般的理论分析。

① 此数值为 β_3 与出口依存度样本总体中 χ 均值的乘积，以下计算方法相同。

二、企业进出口有效汇率变动对不同价格成本加成企业雇佣的影响

企业的价格成本加成也是制约汇率变动影响企业雇佣的一个重要因素。企业产品在国内和国外市场上的价格对汇率的弹性以及产品在国内和国外市场的需求价格弹性都会受到企业价格成本加成的影响，因此企业的价格成本加成在国际市场和国外市场都能制约企业的雇佣受汇率变动影响的程度。已有研究发现（Nucci 和 Pozzolo，2010），具有更低价格成本加成的企业，其雇佣对汇率变动的反应也更强烈。

为了分析价格成本加成对企业的雇佣受汇率变动的影响程度的影响，我们接下来用以下两种方法进行分析。

（一）企业有效汇率变动对不同价格成本加成分组企业雇佣的影响

首先，我们把样本企业按照价格成本加成变量的大小分为两组，然后分别对这两组样本进行回归，考察汇率变动对不同价格成本加成分组企业雇佣的影响。按照理论分析，汇率变动对具有更低价格成本加成分组企业的雇佣，通过出口收入途径以及进口成本途径受到的影响程度都应该越大。检验结果见表 10－2。

表 10－2　　企业进出口有效汇率变动对不同价格成本加成分组企业雇佣的影响

	(1)	(2)
	低价格成本加成分组	高价格成本加成分组
	$\Delta \ln Worker_{it}$	$\Delta \ln Worker_{it}$
$\Delta \ln Output_{it}$	0.006***	0.007***
	(0.001)	(0.001)
$\chi_{it-1}\Delta \ln EER_{it}$	−0.354***	−0.334***
	(0.070)	(0.076)
$\alpha_{it-1}\Delta \ln IER_{it}$	0.255**	0.081
	(0.101)	(0.103)
χ_{it-1}	0.025***	0.016***
	(0.004)	(0.004)

续表

	(1)	(2)
	低价格成本加成分组	高价格成本加成分组
	$\Delta\ln Worker_{it}$	$\Delta\ln Worker_{it}$
α_{it-1}	0.079 ***	0.061 ***
	(0.005)	(0.006)
$\Delta Markup_{it}$	0.376 ***	0.066 **
	(0.028)	(0.026)
$\Delta\ln Wage_{it}$	-0.261 ***	-0.238 ***
	(0.005)	(0.005)
年度虚拟变量	是	是
行业虚拟变量	是	是
常数项	-0.011 **	0.073 ***
	(0.004)	(0.005)
观测值	95969	97530
R^2	0.08	0.06

注：①括号中的数字为回归系数相应的标准差。

②* 表示在10%的水平上显著；** 表示在5%的水平上显著；*** 表示在1%的水平上显著。

从表10-2回归结果中可以看出，企业有效汇率变动对低价格成本加成分组企业的雇佣的影响程度要大于高价格成本加成分组，包括从出口收入以及进口成本两个渠道。从具体数值来看，对于低价格成本加成分组的企业，$\chi_{it-1}\Delta\ln EER_{it}$ 的回归系数为-0.354，符号为负而且显著，$\alpha_{it-1}\Delta\ln IER_{it}$ 的回归系数为0.255，符号为正而且显著。而对于高价格成本加成分组的企业，$\chi_{it-1}\Delta\ln EER_{it}$ 的回归系数为-0.334，符号为负而且显著，$\alpha_{it-1}\Delta\ln IER_{it}$ 的回归系数为0.081，符号为正但是不显著。这也在一定程度上验证了我们的分析，那就是低价格成本加成分组的企业的雇佣受到了汇率变动更大程度的影响。

（二）价格成本加成对企业雇佣受汇率变动影响程度的影响

为了进一步分析这一问题，按照Nucci和Pozzolo（2001，2010），我们对模型（10-1）进行改动，在模型中的 $\chi_{it-1}\Delta\ln EER_{it}$ 和 $\alpha_{it-1}\Delta\ln IER_{it}$

前分别乘以（$1-Markup_{it-1}$）。因而模型（10－1）变为

$$\begin{aligned}\Delta\ln Worker_{it} =& \beta_0+\beta_1\Delta\ln Output_{it}+\beta_2\Delta\ln Wage_{it}\\&+\beta_3(1-Markup_{it-1})\chi_{it-1}\Delta\ln EER_{it}\\&+\beta_4(1-Markup_{it-1})\alpha_{it-1}\Delta\ln IER_{it}+\beta_5\chi_{it-1}\\&+\beta_6\alpha_{it-1}+\beta_7\Delta Markup_{it}+\mu_t+\varphi_i+\varepsilon_{it}\end{aligned}\qquad(10-2)$$

之所以在 $\chi_{it-1}\Delta\ln EER_{it}$ 和 $\alpha_{it-1}\Delta\ln IER_{it}$ 前面乘以（$1-Markup_{it-1}$），是考虑到企业雇佣对于汇率变动的敏感性是企业价格成本加成的减函数。

模型（10－2）的设置更接近我们的理论模型。该模型意味着汇率变动通过企业的出口收入途径以及进口成本途径对企业雇佣的影响，都会受到企业的价格成本加成的制约。检验结果见表10－3。

表10－3　价格成本加成对企业雇佣受汇率变动影响程度的影响

	$\Delta\ln Worker_{it}$
$\Delta\ln Output_{it}$	0.004***
	(0.001)
$(1-Markup_{it-1})\chi_{it-1}\Delta\ln EER_{it}$	−0.298***
	(0.063)
$(1-Markup_{it-1})\alpha_{it-1}\Delta\ln IER_{it}$	0.259***
	(0.084)
χ_{it-1}	0.003
	(0.004)
α_{it-1}	0.068***
	(0.005)
$\Delta Markup_{it}$	0.346***
	(0.024)
$\Delta\ln Wage_{it}$	−0.250***
	(0.005)
年度虚拟变量	是
行业虚拟变量	是
常数项	0.018***
	(0.005)
观测值	100048
R^2	0.07

注：①括号中的数字为回归系数相应的标准差。

②*表示在10%的水平上显著；**表示在5%的水平上显著；***表示在1%的水平上显著。

从表 10 - 3 回归结果中可以看出，$(1-Markup_{it-1})\chi_{it-1}\Delta\ln EER_{it}$ 的回归系数为 -0.298，符号为负而且显著。我们可以这样理解：企业有效汇率升值从企业出口收入方对企业雇佣的影响是负向的，而且这个负向影响程度随着企业出口比例的增大而增加，随着企业价格成本加成的增大而减小。在进口成本方，$(1-Markup_{it-1})\alpha_{it-1}\Delta\ln IER_{it}$ 的回归系数为 0.259，符号为正而且显著。说明企业有效汇率升值从企业进口成本方对企业雇佣的影响是正向的，而且这个正向影响随着企业进口投入品比例的增大而增加，随着企业价格成本加成的增大而减小。

三、企业加总有效汇率变动对企业雇佣的影响

前文我们考察了企业的进口有效汇率和出口有效汇率对企业雇佣的影响，实际上考察的是企业有效汇率变动影响企业雇佣的渠道。但是汇率变动对企业雇佣的总体影响有多大？如果只考虑影响渠道，则无法直观地衡量这一问题。本部分我们考察企业有效汇率变动对企业雇佣的总体影响。首先我们考察企业加总有效汇率变动对企业雇佣的影响。

（一）检验模型

基于计算出来的企业加总有效汇率，我们设置如下一阶差分模型来考察企业加总有效汇率变动对企业雇佣的影响。

$$\Delta\ln Worker_{it}=\beta_0+\beta_1\Delta\ln Output_{it}+\beta_2\Delta\ln Wage_{it}+\beta_3\Delta\ln TER_{it}+\beta_4\Delta Markup_{it}+\mu_t+\varphi_i+\varepsilon_{it} \quad (10-3)$$

其中，$\Delta\ln TER_{it}$ 为企业加总有效汇率对数值的一阶差分值。

（二）检验结果

由于模型（10 - 3）是一阶差分模型，我们采用最小二乘法（OLS）进行估计。回归结果见表 10 - 4。

表 10 - 4　　企业加总有效汇率变动对企业雇佣的影响

	$\Delta\ln Worker_{it}$
$\Delta\ln Output_{it}$	0.007***
	(0.000)

续表

	$\Delta \ln Worker_{it}$
$\Delta \ln TER_{it}$	-0.021
	(0.032)
$\Delta Markup_{it}$	0.349***
	(0.019)
$\Delta \ln Wage_{it}$	-0.249***
	(0.004)
年度虚拟变量	是
行业虚拟变量	是
常数项	0.042***
	(0.004)
观测值	190490
R^2	0.07

注：①括号中的数字为回归系数相应的标准差。

②*表示在10%的水平上显著；**表示在5%的水平上显著；***表示在1%的水平上显著。

从表10-4中可以看出，企业加总有效汇率的回归系数等于-0.021，为负但是不显著。原因在于企业的进口和出口对企业雇佣的影响是不一致的。汇率升值时，从出口方向对企业雇佣的影响为负，而从进口方向对企业雇佣的影响为正。而我们计算的企业加总有效汇率是以企业的进口比例和出口比例之和作为加权权重的，也就是说没有区分进口和出口这两个渠道。因此也就得出了企业加总有效汇率变动对企业雇佣的影响不显著这一回归结果。

四、企业增加值有效汇率变动对企业雇佣的影响

由于使用企业加总有效汇率来考察其对企业雇佣的影响存在缺陷，我们使用企业的增加值有效汇率来考察汇率变动对企业雇佣的影响。

（一）检验模型

基于计算出来的企业增加值有效汇率，我们设置如下模型来考察企业增加值有效汇率变动对企业雇佣的影响。

$$\Delta\ln Worker_{it} = \beta_0 + \beta_1\Delta\ln Output_{it} + \beta_2\Delta\ln Wage_{it} + \beta_3\Delta\ln VER_{it} + \beta_4\Delta Markup_{it} + \mu_t + \varphi_i + \varepsilon_{it} \quad (10-4)$$

其中，$\Delta\ln VER_{it}$ 表示企业增加值有效汇率对数值的一阶差分值。

（二）检验结果

1. 企业增加值有效汇率变动对样本总体雇佣的影响

我们首先考察企业增加值有效汇率变动对样本企业总体雇佣的影响。我们使用最小二乘方法（OLS）对模型进行估计。回归结果见表 10 - 5。

表 10 - 5　企业增加值有效汇率变动对样本企业总体雇佣的影响

	$\Delta\ln Worker_{it}$
$\Delta\ln Output_{it}$	0.007***
	(0.000)
$\Delta\ln VER_{it}$	-0.152***
	(0.053)
$\Delta Markup_{it}$	0.348***
	(0.019)
$\Delta\ln Wage_{it}$	-0.249***
	(0.004)
年度虚拟变量	是
行业虚拟变量	是
常数项	0.048***
	(0.003)
观测值	190490
R^2	0.07

注：①括号中的数字为回归系数相应的标准差。

②*表示在 10% 的水平上显著；** 表示在 5% 的水平上显著；*** 表示在 1% 的水平上显著。

在表 10 - 5 中，$\Delta\ln VER_{it}$ 的回归系数等于 - 0.152，为负而且显著。说明企业增加值有效汇率升值对企业雇佣在总体上有显著的负向影响。

2. 企业增加值有效汇率变动对不同资本密集度企业雇佣的影响

按照贸易结构理论，劳动密集型和资本密集型是区分不同产业和企业类型的一个重要的分类。衡量这两类企业的标准可以用企业的人均资本来代替。企业的人均资本相对大小是影响企业经营的重要因素。尤其是对于中国这样一个具有劳动力优势的国家来说，企业的人均资本大小对企业经营的影响就更大。我们考察不同人均资本企业的雇佣对汇率变动的反应是否有明显差异。

我们按照样本企业人均资本的均值把样本企业划分为两组：高人均资本企业组和低人均资本企业组。然后分别考察企业增加值有效汇率变动对企业雇佣的影响。检验结果见表 10－6。

表 10－6　企业增加值有效汇率变动对不同资本密集度企业雇佣的影响

	(1)	(2)
	低人均资本企业分组	高人均资本企业分组
	$\Delta\ln Worker_{it}$	$\Delta\ln Worker_{it}$
$\Delta\ln Output_{it}$	0.013***	0.003***
	(0.001)	(0.001)
$\Delta\ln VER_{it}$	0.100	－0.285***
	(0.084)	(0.069)
$\Delta Markup_{it}$	0.387***	0.292***
	(0.026)	(0.027)
$\Delta\ln Wage_{it}$	－0.226***	－0.270***
	(0.005)	(0.005)
年度虚拟变量	是	是
行业虚拟变量	是	是
常数项	0.016***	0.080***
	(0.004)	(0.004)
观测值	96381	94109
R^2	0.06	0.08

注：①括号中的数字为回归系数相应的标准差。

②*表示在10%的水平上显著；**表示在5%的水平上显著；***表示在1%的水平上显著。

在表 10－6 的回归结果（1）中，$\Delta\ln VER_{it}$ 的回归系数等于 0.100，为正但是不显著。说明企业增加值有效汇率升值对低人均资本企业分组的企业雇佣没有显著影响。

在表 10 - 6 回归结果（2）中，$\Delta\ln VER_{it}$ 的回归系数等于 - 0. 285，为负但是显著。说明企业增加值有效汇率升值对高人均资本企业分组的企业雇佣有显著的负向影响。

毛日昇（2013）使用行业层面汇率考察汇率变动对行业层面雇佣的影响，也得出了同样的结论。文章认为，主要原因在于：在资本密集型行业，劳动要素边际报酬相对于国内资本品要素的边际报酬较高，汇率升值会降低进口中间资本品的相对价格，导致厂商更可能采用进口资本品替代劳动生产要素；相反，在劳动密集型行业，汇率升值更可能导致厂商采用进口资本品替代相对价格较高的国内资本品，减少对劳动生产要素的替代。

3. 企业增加值有效汇率变动对不同生产率企业雇佣的影响

不同生产率企业雇佣的汇率弹性也有所不同。戴觅等（2013）认为，一方面，高生产率企业调整成本加成能力较强，更容易吸收汇率变动对雇佣的影响，而低生产率企业调整成本加成能力较弱，更容易遭受汇率变动的冲击；另一方面，高生产率企业往往倾向于招聘受教育程度较高的员工，而低生产率企业的员工受教育程度偏低。在员工的教育程度较高的行业，雇佣的汇率弹性较低；而在员工受教育程度较低的行业，雇佣的汇率弹性较高。所以，高生产率企业汇率的雇佣弹性会更低。为了考察这一点，我们把样本企业以企业生产率的中位数为标准划分为两类：高生产率企业和低生产率企业。生产率高于中位数的企业为高生产率企业分组，生产率低于中位数的企业为低生产率企业分组。然后考察汇率风险变动对这两类企业雇佣的影响。检验结果见表 10 - 7。

表 10 - 7　企业增加值有效汇率变动对不同生产率企业雇佣的影响

	（1）	（2）	（3）
	高生产率分组	低生产率分组	样本全体
	$\Delta\ln Worker_{it}$	$\Delta\ln Worker_{it}$	$\Delta\ln Worker_{it}$
$\Delta\ln Output_{it}$	0. 007 ***	0. 007 ***	0. 007 ***
	(0. 001)	(0. 001)	(0. 000)

续表

	(1)	(2)	(3)
	高生产率分组	低生产率分组	样本全体
	$\Delta \ln Worker_{it}$	$\Delta \ln Worker_{it}$	$\Delta \ln Worker_{it}$
$\Delta \ln VER_{it}$	-0.141 *	-0.181 **	-0.168 **
	(0.077)	(0.073)	(0.076)
$\Delta Markup_{it}$	0.279 ***	0.391 ***	0.335 ***
	(0.027)	(0.026)	(0.019)
$\Delta \ln Wage_{it}$	-0.228 ***	-0.281 ***	-0.251 ***
	(0.005)	(0.005)	(0.004)
$\Delta \ln VER_{it} Tfp\_dum$			0.027
			(0.104)
Tfp_dum			-0.024 ***
			(0.002)
年度虚拟变量	是	是	是
行业虚拟变量	是	是	是
常数项	0.064 ***	0.018 ***	0.060 ***
	(0.005)	(0.005)	(0.003)
观测值	97294	93196	190490
R^2	0.06	0.08	0.07

注：①括号中的数字为回归系数相应的标准差。

②* 表示在 10% 的水平上显著；** 表示在 5% 的水平上显著；*** 表示在 1% 的水平上显著。

在表 10－7 的回归结果（1）中，$\Delta \ln VER_{it}$ 的回归系数等于 -0.141，为负而且显著；表 10－7 的回归结果（2）中，$\Delta \ln VER_{it}$ 的回归系数等于 -0.181，为负而且显著。可以看出，这两个回归系数差别不大。也就是说，汇率变动对不同生产率企业的雇佣的影响没有显著区别。

在表 10－7 的回归结果（3）中，$\Delta \ln VER_{it} Tfp\_dum$ 表示 $\Delta \ln VER_{it}$ 和 Tfp_dum 的乘积，其中 Tfp_dum 为虚拟变量。当企业属于低生产率分组时，$Tfp\_dum = 1$；当企业属于高生产率分组时，$Tfp\_dum = 0$。检验结果发现，$\Delta \ln VER_{it} Tfp\_dum$ 的回归系数等于 0.027，为正但是不显著。这

就再一次说明了汇率变动对不同生产率企业雇佣的影响没有显著区别。

4. 企业增加值有效汇率变动对不同所有制类型企业雇佣的影响

企业的所有制类型不同，造成其雇佣机制、外贸方式等不同，所以汇率变动对其雇佣的影响可能就不同。我们考察汇率变动对不同所有制类型企业雇佣的影响。检验结果见表 10－8。

表 10－8　企业增加值有效汇率变动对不同所有制类型企业雇佣的影响

	(1)	(2)	(3)
	国有企业	民营企业	外资企业
	$\Delta\ln Worker_{it}$	$\Delta\ln Worker_{it}$	$\Delta\ln Worker_{it}$
$\Delta\ln Output_{it}$	0.084***	0.010***	0.004***
	(0.006)	(0.001)	(0.001)
$\Delta\ln VER_{it}$	－0.644*	－0.216	－0.107*
	(0.335)	(0.181)	(0.056)
$\Delta Markup_{it}$	0.197**	0.432***	0.336***
	(0.088)	(0.054)	(0.020)
$\Delta\ln Wage_{it}$	－0.244***	－0.257***	－0.245***
	(0.020)	(0.007)	(0.004)
年度虚拟变量	是	是	是
行业虚拟变量	是	是	是
常数项	－0.027***	0.106***	0.051***
	(0.010)	(0.011)	(0.004)
观测值	14230	42620	131965
R^2	0.10	0.07	0.07

注：①括号中的数字为回归系数相应的标准差。

②＊表示在 10% 的水平上显著；＊＊ 表示在 5% 的水平上显著；＊＊＊ 表示在 1% 的水平上显著。

从表 10－8 的回归结果中可以看出，汇率变动对国有企业和外资企业雇佣的影响程度最大，而对民营企业雇佣的影响不显著。

毛日昇（2013）的研究发现，国有企业与私营企业相比对于实际汇率的变动反应更为敏感。文章认为，产生这一现象主要有两个方面的原因。一方面，国有企业就业的市场化程度越来越高，激烈的市场竞争会导致更多生产效率低下的国有企业退出市场，从而使国有企业净就业水平显著下降。另一方面，国有企业的资本密集度要显著高于私营企业。由于汇率变动对资本密集型行业就业产生的负向影响程度更大，所以汇率变动对国有企业雇佣的负向影响程度更大。之所以外资企业的雇佣水平相对于私营企业来说对于汇率变动更为敏感，原因在于：一方面，外资企业的贸易开放度远高于私营企业；另一方面，外资企业的资本密集度也远高于私营企业，因此从汇率变动引起要素替代的角度来看，汇率升值会对外资企业的雇佣产生更大程度的负向影响。

五、用其他层面的汇率进行稳定性检验

我们已经用企业层面有效汇率对企业的雇佣受汇率变动的影响程度进行了检验。接下来我们可以用其他层面的汇率对这一问题进行稳定性检验。检验结果见表 10－9。

表 10－9　　　　其他层面汇率变动对企业雇佣的影响

	(1)	(2)
	$\Delta \ln Worker_{it}$	$\Delta \ln Worker_{it}$
$\Delta \ln Output_{it}$	0.007***	0.007***
	(0.000)	(0.000)
$\Delta \ln ER\_Dollar_t$	−0.003	
	(0.086)	
$\Delta Markup_{it}$	0.347***	0.347***
	(0.019)	(0.019)
$\Delta \ln Wage_{it}$	−0.247***	−0.247***
	(0.004)	(0.004)
$\Delta \ln ER\_Imf_t$		−0.030
		(0.030)
年度虚拟变量	是	否
行业虚拟变量	是	是
常数项	0.042***	0.042***
	(0.005)	(0.005)
观测值	193499	193499
R^2	0.07	0.07

注：①括号中的数字为回归系数相应的标准差。

② * 表示在 10% 的水平上显著；** 表示在 5% 的水平上显著；*** 表示在 1% 的水平上显著。

表 10－9 的回归结果（1）是以人民币对美元汇率作为汇率变量进行的检验。ΔER_Dollar_t 表示人民币对美元汇率对数值的一阶差分值。回归结果显示，影响结果并不显著。表 10－9 回归结果（2）是以 IMF 计算的人民币有效汇率作为汇率变量进行的检验。$\Delta \ln ER\_Imf_t$ 表示 IMF 计算的人民币有效汇率对数值的一阶差分值。回归结果显示，影响结果并不显著。这也再一次说明了使用企业层面有效汇率对这一问题进行检验的重要性。

第四节　研究结论

利用国家统计局中国工业企业数据库和中国海关数据库，本部分研究了企业有效汇率变动对企业雇佣人数的影响。本部分使用计算出来的企业进口有效汇率、出口有效汇率、加总有效汇率以及增加值有效汇率，从影响渠道以及总体影响等角度进行了考察。

检验结果显示，汇率升值从出口收入方向对企业雇佣的影响为负，而且企业的出口依存度越大，企业的雇佣受汇率升值的负向影响程度越大；汇率升值从进口成本方向对企业雇佣的影响为正，而且企业的进口依存度越大，汇率升值对企业雇佣的正向影响程度也越大。企业的价格成本加成也是制约汇率变动影响企业雇佣的一个重要因素。汇率升值对低价格成本加成分组企业的雇佣产生的影响程度要大于高价格成本加成分组企业，包括从出口收入以及进口成本两个渠道。

企业加总有效汇率变动对企业雇佣的影响不显著。由于在计算企业加总有效汇率指标时没有区分进口和出口这两个渠道，因此得出了企业加总有效汇率变动对企业雇佣的影响不显著的结论。

企业增加值有效汇率对企业雇佣在整体上有显著的负向影响。区分人均资本高低，则企业增加值有效汇率变动对高人均资本分组企业雇佣的负向影响程度更大。区分企业生产率高低，则企业增加值有效汇率变动对低生产率企业雇佣的影响程度略高于高生产率企业，但是两者之间差别不大。区分企业所有制类型，则企业增加值有效汇率变动对国有企业和外资企业雇佣的影响程度最大，而对民营企业雇佣的影响不显著。

使用人民币对美元汇率以及 IMF 计算的人民币有效汇率进行检验，检验结果都不显著。这也再一次说明了使用企业层面汇率对这一问题进行检验的重要性。

企业有效汇率上升对企业雇佣在整体上有显著的负向影响。考虑到就业问题在我国的重要性，这就要求我国在制定汇率政策时，要适度控制人民币升值幅度，争取把升值幅度控制在企业可以承受的范围之内。企业有效汇率变动从出口收入渠道和进口成本渠道对企业雇佣的影响方向不同。这就要求我国外贸企业在防范出口风险的同时，可以适度扩大进口，通过进口中间品成本的降低来促进企业效益的提高和雇佣人数的增加。

第十一章　企业有效汇率变动对企业生产率的影响

有研究发现，汇率变动会对企业的生产率产生影响。但是国内对这一问题的研究还不多。随着人民币汇率制度改革，人民币汇率形成机制市场化程度加速，人民币汇率的波动幅度也增加，汇率风险也越来越引起各方的重视。企业的生产率是衡量企业经营绩效的重要指标，提高企业生产率对我国企业技术升级、生产效益提高和国际竞争力的增强都具有重要意义。在人民币汇率变动幅度增加的情况下，其对企业生产率会产生什么样的影响？人民币升值是促进还是抑制了企业生产率的提高？这些问题的研究对我国汇率制度的制定以及企业的经营绩效的提高都有重要的意义。因此有必要对这一问题进行研究。已有的国内外的研究也多是考察宏观层面汇率变动对企业生产率的影响，而没有使用微观企业层面的汇率来进行考察。本章尝试使用企业有效汇率对这一问题进行进一步的研究。

第一节　研究综述

已有的关于汇率变动对企业生产率影响的研究，张德进和王洛林（2012）以及许家云（2015）等都做过一些综述。总的来看，已有的研究可以分为两个方面。一是汇率变动是否会对企业的生产率产生影响，二是汇率变动影响企业生产率的机制，也就是汇率变动是通过什么渠道或途径影响企业生产率的。

一、汇率变动是否对企业生产率产生影响

关于这方面已有研究得出的结论，大致来说有三种。

（一）汇率升值（贬值）能够促进（抑制）企业生产率

Harris（2001）认为20世纪90年代加拿大元相对于美元出现贬值是导致同一时期其生产率增长速度落后于美国生产率增长速度的原因。Xu（2008）的研究也发现，1986—1992年新台币升值虽然在短期内降低了出口额和就业，但在长期却促进了中国台湾地区制造业从简单加工制造向技术密集型和资本密集型制造转型，这在一定程度上促进了企业生产率的提高。Jeanneney和Hua（2011）运用中国各省份1986—2007年的面板数据研究了人民币升值对我国生产率的影响。研究结果发现，实际汇率升值会显著促进劳动生产率的增长，并且导致一种循环：一方面，实际汇率升值促进生产率的提高；另一方面生产率的提高也会进一步推动汇率升值。文章认为这一循环符合巴拉萨—萨缪尔森定律。Ekholm等（2012）发现，在2000—2004年，挪威克朗升值导致了挪威同时期生产率的提高。从数值上来说，这一时期挪威克朗升值幅度约为17%，而在这一时期挪威制造业的生产率也提高了约24%。文章认为，汇率升值带来的竞争压力是促进挪威制造业生产率提高的重要外因。

（二）汇率升值并不能促进企业生产率的提高

Fung和Liu（2009）通过对中国台湾地区证券交易所上市的199家企业的实证研究发现，新台币的贬值显著提高了企业的出口额、内销额、总销售额和工业增加值，并且汇率贬值带来的生产规模扩张效应显著提高了企业的劳动生产率。Fung（2008）运用加拿大制造业企业1987—1996年的年度数据和行业层面的实际有效汇率进行检验后发现，加拿大元的升值显著降低了企业的生产率，并且这种负向影响对出口企业尤为明显。宗伟濠（2013）使用中国行业层面数据进行的研究发现，人民币汇率与行业全要素生产率呈负相关关系，也就是人民币升值不能提升行业生产率。

（三）不能明确判断汇率变动和企业生产率之间是否存在因果关系

Lafrance和Schembri（2000）认为，汇率升值与企业生产率并不存在因果关系。因为有很多因素同时影响企业生产率和汇率变动，其中最重要的是具有顺周期性的总需求因素。文章以加拿大元在20世纪90年代的贬值和同时期的加拿大生产率下降为例，认为加拿大90年代的汇率贬值和生产率下降可能是总需求发生变动同时影响二者的结果，而并非两者之间存在因果关系。张斌（2011）研究也发现，1970—1995年德国马克汇率经历了巨大的波动，但是同时期德国的劳动生产率并没有显著变动；20世纪70年代日元大幅升值，劳动生产率都高出其长期趋势线；而80年代中后期日元大幅升值期间，劳动生产率却低于其长期趋势线。因此，从德国和日本的例子来看，尽管汇率在大幅波动，但是劳动生产率基本围绕在其自身变动趋势周围小幅波动，与汇率变动没有显著联系。

二、汇率变动影响企业生产率的机制

关于汇率变动影响企业生产率的机制，已有的研究发现，主要存在以下几种机制。

（一）汇率变动导致的规模经济效应对企业生产率产生影响

一些研究表明，规模经济效应有助于企业降低生产成本和提高资本使用效率，进而促进企业生产率的提高。关于汇率变动通过影响企业规模进而对企业生产率的影响，已有的研究有以下两种观点。

一种观点是，汇率升值导致企业面临的竞争压力增大，将导致企业兼并重组，劣势企业被淘汰。其留下的市场将被生存下来的企业和新进入的企业所占有，这些企业的生产规模可能扩大，规模经济效应有助于企业生产率的提高。Fung等（2011）的研究结果显示，1985—1989年台币实际升值幅度达22%，这提高了企业的淘汰率，扩大了生存下来的企业规模。生产规模的扩大有利于企业实现规模经济，从而提高企业生产率。

还有一种观点认为，汇率升值将导致企业规模缩小进而导致生产率下降。Baggs等（2009）运用1987—1996年加拿大的制造业样本数据进行的研究发现，这一时期加拿大元的升值降低了企业生产规模，由此导致了企业生产率的下降。Tomlin（2014）对汇率波动对加拿大型制造企业影响的研究表明，汇率升值导致企业出口市场缩小和进口竞争加剧，部分低效率的企业被迫退出市场；而那些生存下来的公司，由于市场规模缩小，企业规模也缩小，这也就导致了企业生产率的下降。Fung 和 Liu（2009）考察了台币在 1998 年东南亚金融危机后的贬值对企业生产率的影响。研究结果发现，台币贬值提高了企业出口规模、岛内市场规模和总体生产规模，从而促进了企业生产率的提高。

（二）汇率变动会影响企业资本劳动比例，进而对企业生产率产生影响

根据经典的索洛模型，企业的资本深化将有助于企业生产率的进步。汇率变动通过价格传递效应影响企业的出口产品价格和进口成本，对企业利润产生影响，进而影响企业投资。企业资本设备投资增加将提高资本劳动比例。Carlaw 和 Kosempel（2000）使用加拿大 1961—1996 年的数据进行了研究。研究结果发现，这一时期加拿大元贬值导致资本品价格相对上涨从而抑制资本品进口和技术进口，导致加拿大企业的创新活动减少，阻碍了加拿大企业生产率的提高。Landon 和 Smith（2007）对美国设备进口的研究表明，本国货币相对于设备来源国货币的贬值将导致资本设备进口减少，而相对于设备来源国货币的升值将导致资本设备进口的增加。Leung 和 Yuen（2010）对加拿大 1981—1997 年制造业进行的研究发现，加拿大元贬值 10% 导致加拿大制造业资本劳动比例下降了 1.7 个百分点。

（三）汇率变动会导致企业进入或退出市场，进而导致企业生产率的变动

企业之间的竞争以及由此导致的进入和退出市场是企业生产率增长的重要原因。Aw 等（2001）对台湾地区企业 1981—1991 年生产率变动的考察发现，中国台湾企业进入和退出市场对整体制造业生产率增长的贡献约为 40%。Foster 等（2001）的研究发现，企业的进入和退出市场对美国 1977—1987 年服装制造业生产率增长的贡献高达 40% ~50%。文章认为，汇率变动将加速企业进入和退出市场，汇率升值使国外商品在国内市场更具竞争力，同时本国企业在国际市场面临更大的竞争压力，这种压力将使低效率的企业不得不退出市场，新进入的企业和生存下来的企业的生产率将得到提高。Harris（2001）认为，20 世纪 90 年代加拿大元的贬值阻碍了加拿大经济结构的升级。部分原因在于加拿大相对于美国来说小企业更多，这导致了在加拿大元贬值时通过两个渠道影响了其产业结构的升级。具体体现为两个方面。一是小企业比大企业更倚重企业现金流，但在货币贬值下，这些企业利润得到增加，因此这些生产率较低的企业退出市场的概率下降；二是新生产者的进入，由于货币贬值导致的行业整体生产率下降，一些生产率较低的生产者容易进入市场，结果使行业整体生产率进一步下降。Tomlin（2010）对1973—1997年加拿大农业机械设备制造行业的研究表明，这一时期加拿大元升值导致了低生产率企业的退出和较高生产率企业的进入，从而提高了行业的整体生产率。

（四）汇率变动影响企业生产率的其他因素分析

1. 一国的金融市场的发展程度会制约汇率变动对企业生产率的影响

Aghion 和 Rogoff（2009）认为，一国汇率的波动对一国企业生产率的影响与该国金融发展水平密切相关。文章认为，汇率的波动可能导致企业利润降低。如果一国的金融发展水平高，企业的外部融资就会较顺利，从而可以部分抵消由于汇率波动导致的企业利润降低的负向影响。企业的创新和投资受到的资金约束就更少，从而导致企业技术进步和生产率增长较快。反之，企业的生产率增长就较慢。

2. 汇率变动对不同类型企业生产率的影响不同

一些研究发现，汇率变动对不同类型企业生产率的影响也会不同。Bugamelli 等（2008）分析了欧元汇率变动对欧元区不同发展水平的国家和不同行业的影响。研究结果发现，就国家层面来看，专业从事低技术产品生产的一些国家如希腊、葡萄牙受到欧元汇率变动影响最严重；就行业层面来看，汇率变动对低技术行业的影响最大，而高技术行业受到汇率变动的影响很小。另外，也有研究发现，在1987年日元出现升值时，日本轻工业出口出现了快速降低，生产率出现下降。而日本的电子等行业出口快速增长，生产率得到了提高。

第二节　研究设计和模型设置

本部分考察企业有效汇率变动对企业生产率的影响，主要从以下两个方面来进行。一是考察企业有效汇率变动对样本总体企业生产率的影响，二是考察企业有效汇率变动对不同类型企业生产率的影响。接下来我们计算几个关键变量以及设置研究模型。

一、使用的数据

本文使用的数据库包括两套。第一套数据库是国家统计局中国工业企业数据库，第二套数据库是中国海关数据库。数据库的详细介绍见第五章。

二、相关变量

（一）企业生产率

本部分采用 OP 方法来测算企业的生产率。

（二）汇率变量

我们用计算出来的企业出口有效汇率以及企业加总有效汇率作为汇率变量。

（三）其他变量

1. 资本密集度因素

按照前述影响途径，企业的资本密集度因素会影响企业的生产率。在本部分中，企业的资本密集度变量我们用人均固定资产来表示。

2. 企业规模因素

在新贸易理论框架下，企业规模经济对企业出口的推动作用不仅体现在市场容量上，更主要体现在企业自身所具有的规模所形成的成本优势。按照前述影响途径，企业的规模因素会影响企业的生产率。

关于企业规模因素的度量，本部分采用企业的总资产作为企业的代理变量。

3. 工资因素

一些技术密集型企业或者对人力资本要求比较高的企业，其为了吸引更多的优秀人才来企业工作，会给工人更高的工资。这类企业的生产率往往会越高。

4. 其他因素

除上述因素之外，还有一些其他因素也会影响到企业的生产率，如企业所面临的国内外竞争状况、企业所属行业的技术特征等。由于这些因素不是企业本身的特征因素，因此我们可以在模型中加入企业所属行业等控制变量。

三、模型设定

根据上述分析，我们可以设置检验模型。由于汇率变量序列是非平稳的，我们设置差分模型进行估计

$$\Delta \ln Tfp_{it} = \beta_0 + \beta_1 \Delta \ln Asset_{it} + \beta_2 \Delta \ln K/l_{it} + \beta_3 \Delta \ln Wage_{it} + \beta_4 \Delta \ln EER_{it} + \beta_5 \Delta \ln Lev_{it} + \mu_t + \varphi_i + \varepsilon_{it} \quad (11-1)$$

其中，$\Delta \ln Tfp_{it}$ 表示企业生产率对数值的一阶差分值；$\Delta \ln EER_{it}$ 表示企业出口有效汇率对数值的一阶差分值；$\Delta \ln Asset_{it}$ 表示企业总资产的对数的一阶差分值；$\Delta \ln K/l_{it}$ 表示企业人均资本的对数值的一阶差分值；$\Delta \ln Wage_{it}$ 表示企业人均工资的对数值的一阶差分值；$\Delta \ln Lev_{it}$ 表示企业的资产负债率对数值的一阶差分值；μ_t 表示时间变量；φ_i 表示企业不随时间变动而变动的变量，如企业的行业分类，所有制性质等；ε_{it} 表示随机扰动项。

第三节 实证结果及分析

一、企业有效汇率变动对样本总体企业生产率的影响

由于模型是一阶差分模型，我们使用最小二乘法（OLS）进行估计。回归结果见表 11 - 1。

表 11－1　　企业有效汇率变动对样本总体企业生产率的影响

	(1)	(2)
	$\Delta\ln Tfp_{it}$	$\Delta\ln Tfp_{it}$
$\Delta\ln Asset_{it}$	0.026***	0.027***
	(0.001)	(0.001)
$\Delta\ln K/l_{it}$	－0.025***	－0.024***
	(0.001)	(0.001)
$\Delta\ln EER_{it}$	－0.024**	
	(0.011)	
$\Delta\ln Wage_{it}$	0.049***	0.048***
	(0.001)	(0.001)
$\Delta\ln TER_{it}$		－0.025**
		(0.011)
年度虚拟变量	是	是
行业虚拟变量	是	是
常数项	0.011***	0.011***
	(0.002)	(0.002)
观测值	169578	190273
R^2	0.02	0.02

注：①括号中的数字为回归系数相应的稳健标准差。

②＊表示在10%的水平上显著；＊＊ 表示在5%的水平上显著；＊＊＊ 表示在1%的水平上显著。

在表 11－1 的回归结果（1）中，$\Delta\ln EER_{it}$ 的回归系数等于－0.024，为负而且显著，说明企业有效汇率升值降低了企业的生产率。

我们可以考察其他变量对企业生产率的影响。在表 11－1 回归结果（1）中，$\Delta\ln Asset_{it}$ 的回归系数等于0.026，为正而且显著，说明企业规模越大，企业的生产率越高。$\Delta\ln K/l_{it}$ 的回归系数等于－0.025，为负而且显著，说明企业的资本密集度越高，企业的生产率越低。这也进一步说明了我国现阶段劳动密集型产业占优势的现状。$\Delta\ln Wage_{it}$ 的回归系数等于0.049，为正而且显著，说明企业员工工资越高，企业的生产率越高。

表 11－1 的回归结果（2）是以企业的加总有效汇率为汇率变量进行的检验。$\Delta\ln TER_{it}$ 的回归系数等于－0.025，为负而且显著，说明企业加总有效汇率升值对企业生产率有显著的负向影响。

二、企业有效汇率变动对不同类型企业生产率的影响

按照异质性企业理论，我们有理由推测，汇率变动对具有不同特征

企业的生产率的影响不同。一些研究已经显示出这一点。接下来我们分析汇率变动对不同贸易类型企业和不同所有制类型企业生产率的影响。

(一) 企业有效汇率变动对不同贸易类型企业生产率的影响

如前所述，我国的企业从事的贸易方式有一般贸易和加工贸易等。不同贸易类型的企业，其生产率受汇率变动的影响程度也可能会不同。按照前述分类方法，我们把样本企业划分为一般贸易企业、加工贸易企业和混合贸易企业，然后考察汇率变动对这三类企业的生产率的影响。回归结果见表 11 -2。

表 11 -2　企业有效汇率变动对不同贸易类型企业生产率的影响

	(1)	(2)	(3)	(4)	(5)	(6)
	一般贸易企业	加工贸易企业	混合贸易企业	一般贸易企业	加工贸易企业	混合贸易企业
	$\Delta\ln Tfp_{it}$	$\Delta\ln Tfp_{it}$	$\Delta\ln Tfp_{it}$	$\Delta\ln Tfp_{it}$	$\Delta\ln Tfp_{it}$	$\Delta\ln Tfp_{it}$
$\Delta\ln Asset_{it}$	0.026***	0.025***	0.029***	0.028***	0.024***	0.029***
	(0.002)	(0.002)	(0.002)	(0.002)	(0.002)	(0.002)
$\Delta\ln K/l_{it}$	-0.025***	-0.026***	-0.023***	-0.024***	-0.025***	-0.023***
	(0.001)	(0.002)	(0.002)	(0.001)	(0.002)	(0.002)
$\Delta\ln EER_{it}$	-0.006	-0.064**	-0.024			
	(0.016)	(0.026)	(0.020)			
$\Delta\ln Wage_{it}$	0.053***	0.043***	0.050***	0.050***	0.042***	0.050***
	(0.002)	(0.002)	(0.002)	(0.001)	(0.002)	(0.002)
$\Delta\ln TER_{it}$				-0.006	-0.073***	-0.026
				(0.015)	(0.025)	(0.020)
年度虚拟变量	是	是	是	是	是	是
行业虚拟变量	是	是	是	是	是	是
常数项	0.007**	0.019***	0.010**	0.008***	0.018***	0.010**
	(0.003)	(0.005)	(0.005)	(0.003)	(0.005)	(0.004)
观测值	80848	42463	46267	96003	46550	47720
R^2	0.03	0.02	0.02	0.02	0.02	0.02

注：①括号中的数字为回归系数相应的稳健标准差。

②*表示在10%的水平上显著；**表示在5%的水平上显著；***表示在1%的水平上显著。

从表 11－2 的回归结果（1）和回归结果（3）可以看出，汇率变动对一般贸易和混合贸易企业生产率的影响不显著。

在表 11－2 的回归结果（2）中，$\Delta\ln EER_{it}$ 的回归系数等于－0.064，为负而且显著。这说明汇率升值对加工贸易企业的生产率有显著负向影响。之所以汇率升值对加工贸易企业生产率的负向影响程度最大，这可能和加工贸易的性质有关。汇率升值，加工贸易企业的经营规模下降得更大，导致企业的生产率也受到更大程度的负向影响。

表 11－2 的回归结果（4）、回归结果（5）和回归结果（6）是以企业的加总有效汇率进行的稳定性检验，也得出了一致的结论。

（二）企业有效汇率变动对不同所有制类型企业生产率的影响

我国的企业可以分为国有企业、民营企业和外资企业等，我们可以考察汇率变动对不同所有制类型企业生产率的影响。检验结果见表11－3。

表 11－3　企业有效汇率变动对不同所有制类型企业生产率的影响

	(1)	(2)	(3)	(4)	(5)	(6)
	国有企业	民营企业	外资企业	国有企业	民营企业	外资企业
	$\Delta\ln Tfp_{it}$	$\Delta\ln Tfp_{it}$	$\Delta\ln Tfp_{it}$	$\Delta\ln Tfp_{it}$	$\Delta\ln Tfp_{it}$	$\Delta\ln Tfp_{it}$
$\Delta\ln Asset_{it}$	0.024 ***	0.021 ***	0.029 ***	0.021 ***	0.022 ***	0.030 ***
	(0.004)	(0.002)	(0.002)	(0.004)	(0.002)	(0.002)
$\Delta\ln K/l_{it}$	－0.032 ***	－0.022 ***	－0.025 ***	－0.027 ***	－0.022 ***	－0.024 ***
	(0.004)	(0.002)	(0.001)	(0.004)	(0.002)	(0.001)
$\Delta\ln EER_{it}$	0.065	－0.025	－0.029 **			
	(0.042)	(0.022)	(0.014)			
$\Delta\ln Wage_{it}$	0.062 ***	0.058 ***	0.046 ***	0.060 ***	0.056 ***	0.044 ***
	(0.005)	(0.002)	(0.001)	(0.005)	(0.002)	(0.001)
$\Delta\ln TER_{it}$				0.027	－0.030	－0.026 **
				(0.036)	(0.021)	(0.013)
年度虚拟变量	是	是	是	是	是	是
行业虚拟变量	是	是	是	是	是	是
常数项	0.019	0.002	0.012 ***	0.016	0.003	0.012 ***
	(0.015)	(0.004)	(0.003)	(0.015)	(0.004)	(0.003)
观测值	12439	39847	115949	14215	42601	131783
R^2	0.03	0.03	0.02	0.03	0.03	0.02

注：①括号中的数字为回归系数相应的稳健标准差。

②＊表示在 10% 的水平上显著；＊＊ 表示在 5% 的水平上显著；＊＊＊ 表示在 1% 的水平上显著。

从表 11 -3 的回归结果（1）和回归结果（2）中可以看出，汇率升值对国有企业和民营企业生产率的影响都不显著。

在表 11 -3 的回归结果（3）中，$\Delta\ln EER_{it}$ 的回归系数等于 -0.029，为负而且显著。说明汇率升值而对外资企业生产率有显著的负向影响。之所以汇率升值对外资企业的生产率的负向影响最大，一个可能的原因是，外资企业中加工贸易企业的比例更大。这和汇率变动对加工贸易企业生产率影响的结果一致。

表 11 -3 的回归结果（4）、回归结果（5）和回归结果（6）是以企业的加总有效汇率进行的稳定性检验，也得出了一致的结论。

提高企业生产率对我国企业技术升级、国际竞争力的增强以及我国的产业转型都具有重要意义。汇率升值会导致企业生产率的下降，这就要求我国一方面要控制人民币升值幅度，汇率形成机制改革要平稳进行；另一方面要建立更加完备的金融市场，提高企业抵御汇率波动风险的能力。对企业来说，则需要进一步加大对技术创新的投入，生产和出口技术含量高的更具竞争力的产品，以便更好地抵御汇率风险，获得更好的经营效益。

第十二章　企业应对汇率风险的对策

从前几章的分析中可以看出，人民币升值，对企业的出口、投资、雇佣、生产率等都能产生不同程度的影响。因此，如何规避汇率风险已成为外向型企业面临的一个重要问题。

汇率风险管理真正建立起理论体系并应用于企业管理开始于20世纪70年代。由于20世纪70年代爆发了多次美元危机，布雷顿森林体系崩溃，各国间货币的汇率大幅波动，对各国外贸企业造成了很大影响，很多经济学家开始致力于汇率风险规避的研究。

Shapiro（1975）把汇率风险分为交易风险、折算风险和和经济风险三部分。交易风险是在约定以外币计价成交的交易过程中，由于结算时的汇率与签订合同时的汇率不同而引起收益或亏损的风险。交易风险具体表现在以下两个方面。一是外汇买卖风险，即在外汇买卖过程中发生的风险，是买卖主体交割时因汇率变动而引起收益或亏损的可能性。二是交易结算风险，是在国际贸易活动中，从签订合同到结算期间，由于汇率发生了变动，使经营主体面临的风险。折算风险是某一经济主体在将各种负债或外币资产折算成母国货币的会计处理过程中，由于交易发生日的汇率与折算日的汇率不一致导致会计账簿上的有关项目发生变动的风险。经济风险是由于经济政策、国际环境等多种因素的影响导致未来的经济发展形势具有不确定性。经济风险是市场经济发展的一种必然现象，是不可避免的，是一种潜在风险。

我国自2005年汇率形成机制改革后，一些部门和研究人员针对汇率改革后企业的应对行为进行了调查和研究。中国人民银行2006年的调查表明，企业面对汇率风险的反应行为中，选择提高产品档次、技术含量和附加值，提高生产效率、降低中间消耗，提高品牌影响力，通过谈判、维护出口产品价格和运用金融工具规避汇率风险的企业比例一直保持在40%以上。选择减少出口产品产量或减少出口、增加国内销量的企业比较少，且呈下降趋势。同时，贸易融资在企业的汇率风险规避行为中居首要地位，远期结售汇在各类金融衍生产品中的使用量占比保持了绝对优势地位。该调查研究的结论在一定程度上指出了企业在人民币升值时为减少损失应该采取的措施。

在我国现阶段人民币汇率形成机制市场化进程进一步加深、汇率波动幅度越来越大的背景下，企业应该采取什么措施来规避汇率风险，减少损失呢？本章对这一问题进行进一步的论述并提出建议。

第一节　运用贸易手段和金融工具

利用金融手段来规避风险是企业规避风险的有效措施。这一措施已在国外企业中得到广泛使用。在我国，由于汇率改革的时间较短，一些企业还缺乏汇率风险意识和有效的风险规避机制。同时由于国内金融制度创新、金融衍生工具的发展滞后于市场需要，所以企业在运用金融工具规避汇率风险的措施还很不完善。随着我国企业越来越融入世界市场，我国金融制度和体系的逐步完善，越来越多的金融工具被开发和利用，企业运用金融手段来规避汇率风险就更加迫切。

一、提前或推迟结汇

根据预期汇率波动方向，提前收款或推后付款以防范外汇风险。当预测外汇将要升值时，有外汇债权的企业就应提前收汇，有外汇债务的企业应在信用期内推迟付汇。不同情况下的企业应对举措见表12－1。

表12－1　　企业在不同情形下的提前或推迟结汇决策

	预测外币升值	预测外币贬值
出口商	推迟收汇	提前收汇
进口商	提前付汇	推迟付汇

利用推迟结汇方法成功抵消外汇风险，是建立在对外汇波动方向能准确预测的基础上的，提前结汇能使暴露在外面的外汇风险减少。但是，推迟结汇保留了暴露在外的外汇，当预测失败时就会遭受损失。

在国际贸易中，跨国企业为了避免汇率波动造成的交易风险，可以在对汇率的变动趋势进行预判的基础上，有针对性地采取提前或延后收付款项等措施。一方面，企业在进出口贸易中，如果预测到计价货币即将贬值，企业就可以推迟从国外进口，采取延期付款的方式，或适当延长国外出口商的交货时间，以实现货款的延后支付。另一方面，在出口方面，出口商应及早与国外供货商签订合约，尽量使交货期前移，从而使收款时间提前，避免汇率变动造成的影响。假设企业预测到计价货币将要升值，则企业应当采取与上述相反的策略。

二、利用金融衍生工具等规避风险

常用的金融衍生工具包括以下几种。

（一）外汇远期交易

外汇远期交易是企业与银行达成协议，在未来某一日期按照远期汇率办理外汇收付业务的交易行为。这是目前国内外规避汇率风险的普遍做法之一。当公司将有外汇支付或外汇收入时，可以通过外汇的远期买入或卖出来锁定其在将来买入外汇的本币成本或卖出外汇的本币收益。具体做法是出口商在签订贸易合同后，按当时的远期汇率预先卖出合同金额的外币远期，在收到货款时再按原定汇率办理交割。进口商则预先买进所需外汇的远期，到支付货款时按原定汇率进行交割。

外汇远期交易根据交割日的不同可分为固定交割日远期交易和择期交易两种类型。固定交割日远期交易是规定的交割日是确定日期，买卖双方只能在这一天交割，即通常所说的外汇远期交易。择期外汇交易则不规定具体的交割日期，只规定交割的期限范围。在规定的交割期限范围内，客户可以按规定的汇率和金额自由选择日期进行交割。

我们可以举两个利用外汇远期交易进行规避汇率风险的例子。

1. 进口付汇的远期外汇交易

某一中国出口商向美国进口商出口价值 10 万美元的商品，该批商品的成本为 70 万元人民币，约定 3 个月后付款。双方签订买卖合同时的汇率为 1 美元兑换 7.5 元人民币。按此汇率，出口该批商品可换得 75 万元人民币，扣除 70 万元人民币成本后出口商可获得 5 万元人民币利润。但 3 个月后，若美元汇率跌至 1 美元兑换 7.3 元人民币，则出口商只可换得 73 万元人民币，比按原汇率计算少赚了 2 万元人民币；若美元汇价跌至 1 美元兑换 7.0 元人民币以下，则出口商就出现亏损。因此中国出口商在订立买卖合同时，就按 1 美元兑换 7.5 元人民币的汇率，将 3 个月的 10 万美元远期卖出，即把双方约定远期交割的 10 万美元外汇售给中国的银行，届时就可收取 75 万元人民币的货款，从而避免了汇率变动的风险。

2. 出口收汇的远期外汇交易

某一中国进口商从美国进口价值 10 万美元的商品，约定 3 个月后交付款。如果进口商品时的汇率为 1 美元兑换 7.5 元人民币，则该批货物买价为 75 万元人民币。但 3 个月后，美元升值，人民币对美元的汇率为 1 美元兑换 7.8 元人民币，那么这批商品价款就上升为 78 万元人民币，进口商得多付出 3 万元人民币。所以，中国的进口商为避免遭受美元汇率变动的损失，在订立买卖合约时就按照 1 美元兑换 7.5 元人民币的汇率向美国的银行买进这 3 个月的美元期汇，以此避免美元汇率上升所承担的成本风险。这样，3 个月后，中国进口商只要付出 75 万元人民币就可以了。

（二）货币期货合同

在金融期货市场上，进出口商可与清算公司或经纪人签订货币期货合同，防止外汇风险。进口商为防范日后结算货币升值带来的风险损失，在签订贸易合同的同时应在期货市场上先买进期货合同，支付到期时再卖出期货合同进行对冲。出口商为防范日后结算货币贬值带来的风险，在签订贸易合同的同时应在期货市场上卖出期货合约，收回贷款时再买进期货合约进行对冲。

我们可以举一个利用货币期货合同进行规避汇率风险的例子。例如，中国一个出口商预计在 3 个月后会有 20 万英镑的外汇收入。出口商担心英镑贬值，所以在外汇的期货市场中通过空头套期保值，做空英镑，卖出 1 份 3 个月的英镑期货合约，当天卖价 160 万元人民币。如果 3 个月后，英镑贬值，出口商的出口收入将减少。但是由于出口商做了套期保值，在期货市场，出口商可以以现价 150 万元人民币买一份同样的英镑期货合约来完成对冲。这样，出口商获得收入 10 万元人民币，从而有效规避了汇率风险。

（三）外币期权

外币期权交易合同是买卖远期外汇双方以所缔结的标的物为外汇的一种有买卖选择权的合约。外币期权持有者在付出一定的期权费和佣金之后就取得了执行或不执行合约的权利。外币期权交易与远期外汇交易相比更灵活、主动。因为远期外汇交易合同到期必须按约定的汇率履约，而外币期权交易当汇率与预期相反时则可不履行。

进口商应买进看涨期权规避外汇风险。若到期支付货款时市场汇率高于合同汇率，进口商就执行合约，按合同汇率买进并支付货款，从而不受汇率变动的影响；若到期支付货款时市场汇率下跌到低于合同汇率水平，则进口商可不执行合约，而是在现汇市场上买进支付所需外汇，从中获得汇率下跌带来的好处。和进口商相反，出口商应买进看跌期权规避外汇风险。

我们可以举一个利用外币期权进行规避汇率风险的例子。一家出口企业将要收一笔美元。则该出口企业可以向银行支付一笔期权费，并与银行约定将来有权以约定 1 美元兑换 8 元人民币的价格卖出美元。如果到期市场美元价格为 7.5 元人民币，企业可以行使权利，用 8 元人民币的价格卖出美元；但如果到期美元价格为 8.5 元人民币，企业可以不行使期权，转而到即期市场上按照 8.5 元人民币的价格卖出美元，只需要支付少量期权费用。

（四）外币掉期

签订买进或卖出即期合同的同时，再卖出或买进远期合同，称为掉期。掉期交易中两笔外汇买卖币种、金额相同，买卖方向相反，交割日不同，一个是即期一个是远期。这种交易常见于短期投资或短期借贷业务外汇风险的防范。

外汇掉期适合于在当前和未来既有外汇收入，也有外汇支出，且金额接近。这样可以通过一笔掉期交易，同时规避两次外汇收支的汇率风险。

我们可以举一个利用外币掉期进行规避汇率风险的例子。一家国内公司向美国出口产品，收到货款 100 万美元。该公司需将货款兑换为人民币用于中国国内支出。同时，公司需从美国进口原材料，将于 3 个月后支付 100 万美元的货款。若当时的 1 美元兑换 8.20 元人民币，公司以 8.20 元人民币的价格将 100 万美元换成了 820 万元人民币，3 个月后需要美元时，公司还要去购汇。这样，公司在做两笔结售汇交易的同时，承担着汇率风险。这家公司可以采取以下措施来对冲风险：和银行做一笔 3 个月美元兑人民币掉期外汇买卖，即期卖出 100 万美元买入相应的人民币，同时约定 3 个月后卖出人民币买入 100 万美元。假设银行给出的掉期点数为 -450，则客户换回 1 美元的成本就固定为 8.155 元人民币。这样，公司通过外汇掉期既解决了流动资金短缺的问题，也达到了规避汇率风险的目的。

三、选择适当的结算币种

在对外贸易时，计价货币的合理选择可以防范外汇风险。例如出口商品应选择有上升趋势的或比较稳定的货币进行计价；进口商品应选择有下降趋势的货币进行计价。在对外贸易中，最常采用的有三种方法。一是选择可自由兑换货币计价，主要是指美元、英镑、欧元、日元等。二是采用本币进行计价结算。三是对构成债权资产的交易尽量用可自由兑换货币计价，而对构成债务支出的交易则尽量采用其他货币计价。

具体到我国现阶段，外向型企业应逐步改变目前以美元为主的对外结算币种，灵活选择欧元等其他非美元货币或采用人民币进行结算。

第二节　调整产品销售方向

一、扩大内销份额

自改革开放以来，我国采取了外向型战略，实现了经济快速增长，也导致了我国外贸依存度达60%以上。一国外贸依存度过高，容易使本国经济遭受外部的冲击。对于微观企业个体，也是如此。一个企业的出口比例过高，也容易遭受外部的冲击。我国出口企业的出口比例普遍很高，在人民币升值时，更容易受到影响。

中国作为世界上人口最多的发展中国家，市场容量巨大，而且中国的内需还远远没有启动起来。因此，外向型企业应减少出口比例，增加在国内市场的销售。这在人民币升值的背景下，就具有很高的可行性。

二、开拓国际市场，实施多元化出口策略

近些年来，总体上中国进出口市场结构具有以下两个特点。

（一）我国进出口贸易相对集中在少数几个国家和地区

从国家/地区考察来看，我国对欧盟、美国、东盟、中国香港的进出口贸易占据了我国外贸的主要份额。从洲别考察来看，主要分布在欧洲、北美洲和亚洲。表12－2是我国2016年的十大贸易伙伴。

表12－2　　2016年我国十大贸易伙伴

排序	国家/地区	进出口总额占比（%）
1	欧盟	14.8
2	美国	14.1
3	东盟	12.3
4	中国香港	8.3
5	日本	7.5
6	韩国	6.9
7	中国台湾	4.9
8	澳大利亚	2.9
9	俄罗斯	1.9
10	巴西	1.8

数据来源：中国对外贸易形势报告（2017年春季）。

（二）中国对外贸易相对集中在发达国家

从贸易伙伴的经济发展程度来看，中国的对外贸易高度集中于少数发达国家和地区。这种贸易格局在一定情况下会对我国的外贸易造成一定的负面影响。一方面，当这些国家和地区经济发生较大波动时，会给我国造成一定的负面影响，增加我国对外贸易的风险；另一方面，也削弱了我国外贸的灵活性和竞争力。

因此，一方面，我国应重视与原有贸易伙伴的关系，增加产品品种和提高产品质量，以稳定发展这些市场；另一方面，要积极开拓新兴市场，积极发展同东南亚、非洲、拉美市场等新兴市场的经济贸易关系。和其他地区相比，在这些地区我国的出口产品不仅具有较大的比较优势，而且市场开发的空间也较大。

第三节 扩大对外直接投资

对实力雄厚的企业来说，对外直接投资是企业降低成本的一个可以选择的有效措施。通过对外投资，在国外就地设厂，就地生产，就地销售。这样不仅原材料来自国外，而且人工费用也不受本币升值的影响，企业的国际竞争力得以维持。这是日本和亚洲四小龙等经济发展比较成功的国家和地区应对本币升值的经验。如 1985 年日元升值后，日本企业开始大幅度向海外扩张，把生产线从日本本土迁到海外，利用当地廉价的劳动力、原材料生产零部件和成品。这样日本不但绕过了贸易伙伴的贸易壁垒，缓和了贸易摩擦，也保持了产品竞争力，抢占了国外市场。

一、对外直接投资的不同形态

企业对外直接投资时要使用投资目的地所在国的货币。人民币升值使国外资产和资源变得相对便宜，国内企业可以以较低的成本在海外进行并购、设厂和广告宣传，减少代理和贴牌生产，开拓直销渠道，增加国际竞争力。人民币升值为一部分有实力的企业实施“走出去”战略创造了条件。近年来，中国企业海外投资一直呈现出加速发展的态势。

具体来看，我国企业的对外投资主要有三种形态。

（一）把在国内生产的产品转移到国外进行生产

企业把在国内已经失去比较优势地位的产品转移到生产该产品有比较优势的国家继续生产。例如，根据亚洲鞋业协会的统计，近年来从珠三角迁出的鞋类企业中，有25%迁往东南亚的越南、泰国、印度、印度尼西亚、马来西亚等国家。

（二）进行产业垂直整合

企业进行垂直整合，建立其产品的中上游企业。特别是当有些行业的上游产品是原材料密集型产业时，企业只要掌握了原材料供应，就可以降低产品价格和生产不确定风险。

（三）在国外生产新产品

企业直接到国外去建立自己的营销网络、自己的品牌和自己的服务体系。这样可以逐步把自己的产品同其他产品差别化，从而部分地控制其价格，以赚取超额利润。

二、中国对外投资现状

近几年，我国企业加大了“走出去”的步伐，不断扩大对外直接投资。尤其是2005年以来，这一趋势更加明显。图12－1是中国对外直接投资的现状。

从图12－1中可以看出，在2005年以后，我国的对外直接投资迅速增加。在2016年，我国对外投资金额流量达1961.5亿美元。

当然，我国的对外直接投资的变动，是由多种因素造成的。但是人民币升值也在一定程度上促进了企业对外直接投资的增加。

我们还可以考察国外净要素收入的变动与汇率变动的关系。中国的对外直接投资越多，中国的国外净要素收入也就越多。因此，从理论上讲，国外净要素收入与人民币价值应该成正比例关系。

国外净要素收入＝国民总收入（GNP）－国内生产总值（GDP）

图12－2是1994—2010年中国的国外净要素收入。

从图12－2中可以看出，自从2005年以后，中国的国外净要素收入

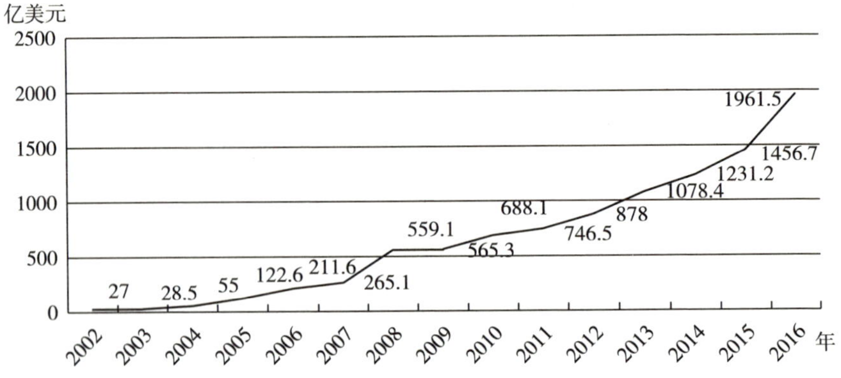

数据来源：2016 年度中国对外直接投资统计公报。

图 12－1　中国对外直接投资变动情况（1995—2016 年）

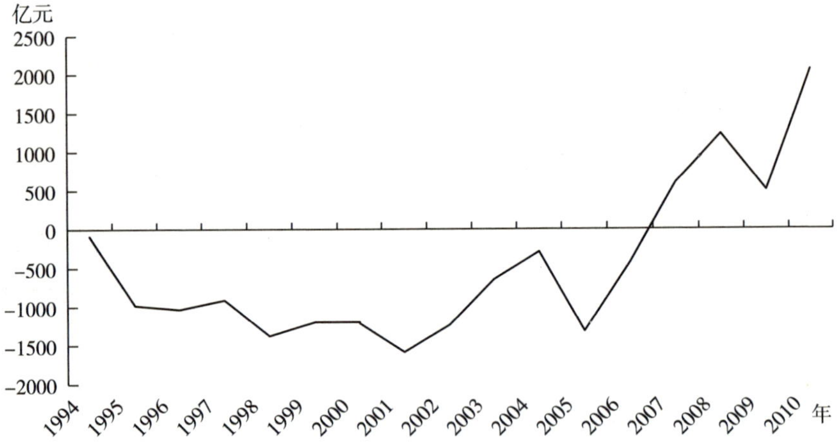

数据来源：Wind 数据库。

图 12－2　中国国外净要素收入变动表（1994—2010 年）

大幅增加。说明自 2005 年起，由于我国实行“走出去”战略，对外直接投资大幅增加，这导致了我国来自国外的净要素收入大幅增加。考虑到我国 2005 年实行人民币汇率形成机制改革，人民币大幅升值，因此可以认为，人民币升值对中国企业的对外直接投资起到了一定的促进作用。

第四节　提高企业核心竞争力

一、加大研发投入，提高企业核心竞争力

经济全球化和知识经济使企业竞争力的主要因素发生了根本变化，创新能力已成为决定企业持续竞争能力的主要因素。企业只有把资源优势和劳动力成本优势与创新能力相结合，才能真正形成持续的竞争优势。2005 年人民币汇率形成机制改革以后，我国一些劳动密集型出口企业和传统技术企业受到的冲击较大，而一些具有自主创新能力的企业则显示出较强的抵御汇率风险能力和市场竞争能力。

2016 年，中国机电产品出口 8.0 万亿元，占出口总值的 57.7%；七大类劳动密集型产品出口 2.9 万亿元，占出口总值的 20.8%。虽然近年来，我国企业的自主研发能力有了明显的提高，但从总体来看，企业的创新能力还是跟不上企业发展的规模。大量核心技术还是要依赖进口，技术创新能力不足已成为制约企业可持续发展的瓶颈。

因此，为克服人民币升值带来的不利影响，企业应把增强技术创新能力摆在突出位置，从而形成具有自主知识产权的自有品牌，逐步占领产业技术前沿和市场。这就要求企业加大研发力度，开发新产品，增加自有知识产权和核心技术的持有比重。把新技术、新能源、新材料等高新技术渗透到传统优势产业，使企业出口产品由劳动密集型、资源密集型产品逐步转变为技术含量高、加工程度深、附加值高的新型产品。

二、加强企业内部管理，提升盈利水平

管理是企业得以生存和发展的基础。在人民币升值和汇率变动幅度不断增大的背景下，我国企业要真正克服困难，在竞争中胜出，就要不断加强企业的内部管理，提高应对困难的能力和水平。企业要充分挖掘内部潜力，降能节耗，降低采购成本，提高生产效率和经营效益。

参考文献

[1] 巴曙松，沈姗姗. 中国对美出口结构研究——基于美国经济增长和汇率水平视角的分析 [J]. 中国工业经济，2009 (5)：15 - 24.

[2] 巴曙松，吴博，朱元倩. 关于实际有效汇率计算方法的比较与评述——兼论对人民币实际有效汇率指数的构建 [J]. 管理世界，2007 (5)：24 - 29.

[3] 陈德萍，陈永圣. 股权集中度、股权制衡度与公司绩效关系研究——2007 ~ 2009 年中小企业板块的实证检验 [J]. 会计研究，2011 (1)：38 - 43.

[4] 陈磊，宋丽丽. 金融发展与制造业出口的二元边际——基于新新贸易理论的实证分析 [J]. 南开经济研究，2011 (4)：67 - 85.

[5] 陈六傅，钱学锋，刘厚俊. 人民币实际汇率波动风险对我国各类企业出口的影响 [J]. 数量经济技术经济研究，2007，24 (7)：81 - 88.

[6] 陈夙. 人民币有效汇率指数的编制及国际经验借鉴 [J]. 金融教育研究，2016，29 (4)：3 - 12.

[7] 陈平，熊欣. 进口国汇率波动影响中国出口的上分析 [J]. 国际金融研究，2002 (6)：7 - 11.

[8] 陈婷. 人民币汇率与多产品企业出口 [J]. 世界经济研究，2015 (1)：48 - 55.

[9] 陈婷，向训勇. 人民币汇率与中国出口的二元边际：基于多产品企业的研究视角 [J]. 国际贸易问题，2015 (8)：168 - 176.

[10] 陈学彬，李世刚，芦东. 中国出口汇率传递率和盯市能力的实证研究 [J]. 经济研究，2007 (12)：106 - 117.

[11] 陈学彬，徐明东. 人民币实际汇率变动对我国进出口贸易影响：1997—2006 [J]. 亚太经济，2007 (3)：57 - 63.

［12］陈艳艳，罗党论．地方官员更替与企业投资［J］．经济研究，2012（S2）：18－30.

［13］陈雨露．国际金融（第五版）［M］．北京：中国人民大学出版社，2015.

［14］曹阳，李剑武．人民币实际汇率水平与波动对进出口贸易的影响——基于1980～2004年的实证研究［J］．世界经济研究，2006（8）：56－59.

［15］Yin－Wong Cheong，秦凤鸣．人民币汇率：过去、现在与未来［M］．北京：中国金融出版社，2012.

［16］崔凡，邓兴华．异质性企业贸易理论的发展综述［J］．世界经济，2014（6）：138－160.

［17］戴觅，施炳展．中国企业层面有效汇率测算：2000～2006［J］．世界经济，2013（5）：52－68.

［18］戴觅，徐建炜，施炳展．人民币汇率冲击与制造业就业——来自企业数据的经验证据［J］．管理世界，2013（11）：14－27.

［19］戴觅，余淼杰．中国出口企业生产率之谜：加工贸易的作用［J］．经济学，2014，13（2）：675－698.

［20］戴觅，余淼杰，Madhura Maitra．中国出口企业生产率之谜：加工贸易的作用［J］．经济学（季刊），2014，13（2）：675－698.

［21］戴世宏．人民币汇率与中日贸易收支实证研究［J］．金融研究，2006（6）：150－158.

［22］戴翔，张二震．危机冲击、汇率波动与出口绩效——基于跨国面板数据的实证分析［J］．金融研究，2011（8）：47－56.

［23］戴祖祥．我国贸易收支的弹性分析：1981—1995［J］．经济研究，1997（7）：55－62.

［24］邓小华，李占风．汇率变动对我国商品贸易结构影响研究［J］．数量经济技术经济研究，2014（8）：56－71.

［25］丁剑平，鄂永健．实际汇率，工资和就业——对中国贸易部门和非贸易部门的实证研究［J］．财经研究，2005，31（11）：41－49.

［26］范方志，赵大平．人民币汇率变化及其传递对中国外贸平衡影响的实证分析［J］．中央财经大学学报，2006（2）：25－31.

［27］冯芸，吴冲锋．一种新的汇率波动度量方法：波动率法［J］．世界经济，2001（8）：38－43.

［28］高伟刚，盛斌．人民币汇率变动对中国贸易价格和通货膨胀的影响研究：基于汇率传递的视角［J］．世界经济研究，2016（9）.

［29］高运胜，尚宇红，潘群娣．基于VAR模型的中欧贸易“J曲线效应”实证分析［J］．经济理论与经济管理，2011（4）：80－84.

［30］顾国达，张正荣，张钱江．汇率波动、出口结构与贸易福利——基于要素流动与世界经济失衡的分析［J］．世界经济研究，2007（2）：3－8.

［31］辜岚．人民币双边汇率与我国贸易收支关系的实证研究：1997—2004［J］．经济科学，2006（1）：65－73.

［32］谷宇，高铁梅．人民币汇率波动性对中国进出口影响的分析［J］．世界经济，2007（10）：49－57.

［33］郭琨，成思危．人民币汇率指数研究［J］．管理评论，2012，24（9）：3－10.

［34］何哲，孙林岩，刘旭园．汇率变动对中国制造各行业出口的影响——基于调节变量的实证研究［J］．科学学研究，2009，27（2）：209－213.

［35］黄薇，任若恩．中国价格竞争力变动趋势分析：基于单位劳动成本的实际有效汇率测算研究［J］．世界经济，2008（6）：17－26.

［36］黄小兵．异质企业、汇率波动与出口——基于中国企业的实证研究［J］．国际金融研究，2011（10）：47－54.

［37］姜波克．国际金融新编（第四版）［M］．上海：复旦大学出版社，2009.

［38］姜昱，邢曙光，杨胜刚．人民币汇率传递的不对称效应［J］．广东金融学院学报，2010（4）：14－21.

［39］金泽虎．国际贸易学（第二版）［M］．北京：中国人民大学

出版社，2015.

［40］康志勇．融资约束，贷款拖欠与中国本土企业出口：机理与实证[J]．世界经济研究，2013（8）：41－47.

［41］李春顶．新—新贸易理论文献综述［J］．世界经济文汇，2010（1）：102－117.

［42］李春顶．中国出口企业是否存在“生产率悖论”：基于中国制造业企业数据的检验［J］．世界经济，2010（7）：64－81.

［43］李春顶，尹翔硕．我国出口企业的“生产率悖论”及其解释［J］．财贸经济，2009（11）：84－90.

［44］李宏彬，马弘，熊艳艳，徐嫄．人民币汇率对企业进出口贸易的影响——来自中国企业的实证研究［J］．金融研究，2011（2）：1－16.

［45］李红岗，黄昊，叶欢．实际有效汇率：衡量方法与实践运用［J］．金融研究，2010（7）：181－193.

［46］梁琦，王洪亮，黄瑞玲．中美、中日双边贸易收支的影响因素及其比较研究［J］．管理世界，2005（5）：46－54.

［47］梁中华，余淼杰．人民币升值与中国出口企业盈利能力［J］．金融研究，2014（7）：1－15.

［48］林发勤，崔凡．克鲁格曼新贸易理论及其发展评析［J］．经济学动态，2008（12）：79－83.

［49］刘富江，江源．人民币升值对我国出口企业利润和就业的影响［J］．统计研究，2010，27（12）：30－34.

［50］刘海洋，孔祥贞，宋巧．融资约束与中国制造业企业出口——基于Heckman样本选择模型的经验检验［J］．世界经济研究，2013（1）：29－34.

［51］刘建和，吴纯鑫．进出口、汇率与固定资产投资：绝对模型和相对模型的考察［J］．国际贸易问题，2011（5）：121－128.

［52］刘沁清，邵挺．人民币汇率变动对我国制造业的影响——基于投入产出表的分析和测算［J］．上海经济研究，2011（8）：54－62.

［53］刘旸．人民币汇率波动对我国进出口贸易的影响分析［D］．

辽宁：东北财经大学，2014.

[54] 刘园，韩斌. 人民币实际有效汇率和对外贸易收支的关系——基于中国与东盟5国贸易的实证研究 [J]. 当代财经，2012 (11)：101-109.

[55] 陆家骝. 克鲁格曼与新贸易理论——新国际经济格局下的政策含义 [J]. 中山大学学报：社会科学版，2008，48 (4)：178-183.

[56] 陆前进. 有效汇率指数编制探讨及人民币有效汇率指数测算 [J]. 新金融，2012 (1)：17-22.

[57] 卢向前，戴国强. 人民币实际汇率波动对我国进出口的影响：1994—2003 [J]. 经济研究，2005 (5)：31-39.

[58] 鲁晓东，连玉君. 中国工业企业全要素生产率估计：1999—2007 [J]. 经济学（季刊），2012，11 (2)：541-558.

[59] 马丹，许少强. 中国贸易收支，贸易结构与人民币实际有效汇率[J]. 数量经济技术经济研究，2005 (6)：23-32.

[60] 马光明，邓露. 加工贸易比重，汇率与贸易顺差关联性的实证研究 [J]. 财贸经济，2012 (12)：94-101.

[61] 马君潞，王博，杨新铭. 人民币汇率变动对我国出口贸易结构的影响研究——基于SITC标准产业数据的实证分析 [J]. 国际金融研究，2010 (12)：21-28.

[62] 马淑琴，鲍观明. 汇率传递机制下出口商品策略定价能力研究——来自浙江的经验数据 [J]. 国际贸易问题，2010 (5)：111-119.

[63] 毛日昇. 人民币实际汇率变化如何影响工业行业就业 [J]. 经济研究，2013 (3)：56-69.

[64] 聂辉华，贾瑞雪. 中国制造业企业生产率与资源误置 [J]. 世界经济，2011 (7)：27-42.

[65] 潘红宇. 汇率波动率与中国对主要贸易伙伴的出口 [J]. 数量经济技术经济研究，2007 (2)：73-81.

[66] 钱学锋. 企业异质性，贸易成本与中国出口增长的二元边际 [J]. 管理世界，2008 (9)：48-56.

［67］钱学锋，王菊蓉，黄云湖，王胜．出口与中国工业企业的生产率——自我选择效应还是出口学习效应［J］．数量经济技术经济研究，2011（2）：37－51.

［68］钱学锋，王胜，陈勇兵．中国的多产品出口企业及其产品范围：事实与解释［J］．管理世界，2013（1）：9－27.

［69］钱学锋，熊平．中国出口增长的二元边际及其因素决定［J］．经济研究，2010（1）：65－79.

［70］商务部．人民币汇率制度改革对出口企业承受力的影响研究——基于江苏机电产业和纺织服装产业的分析［J］．世界经济与政治论坛，2008（6）：35－41.

［71］邵军，冯伟．异质性企业贸易理论研究进展综述［J］．国际贸易问题，2013（3）：167－176.

［72］沈国兵．美中贸易收支与人民币汇率关系：实证分析［J］．当代财经，2005（1）：43－47.

［73］盛丹，包群，王永进．基础设施对中国企业出口行为的影响："集约边际"还是"扩展边际"［J］．世界经济，2011（1）：17－36.

［74］盛丹，王永进．中国企业低价出口之谜——基于企业加成率的视角［J］．管理世界，2012（5）：8－23.

［75］施炳展．中国出口增长的三元边际［J］．经济学（季刊），2010，9（4）：1311－1330.

［76］施建淮，傅雄广．汇率传递理论文献综述［J］．世界经济，2010（5）：3－26.

［77］苏振东，洪玉娟．中国出口企业是否存在"利润率溢价"——基于随机占优和广义倾向指数匹配方法的经验研究［J］．管理世界，2013（5）：12－34.

［78］孙霄翀，宋逢明．人民币汇率升值对我国贸易影响的评估［J］．国际贸易问题，2008（1）：87－97.

［79］唐宜红，林发勤．异质性企业贸易模型对中国企业出口的适用性检验［J］．南开经济研究，2009（6）：88－99.

［80］陶涛．国际贸易学［M］．北京：机械工业出版社，2015.

［81］田朔，张伯伟，陈立英．汇率变动与出口扩展边际——兼论企业异质性行为［J］．国际贸易问题，2015（2）：168－176.

［82］田朔，张伯伟，慕绣如．汇率变动，中间品进口与企业出口［J］．世界经济与政治论坛，2015（4）：88－102.

［83］田素华．人民币汇率变动投资效应的企业特征［J］．世界经济，2008（5）：44－55.

［84］田巍，余淼杰．企业出口强度与进口中间品贸易自由化：来自中国企业的实证研究［J］．管理世界，2013（1）：28－44.

［85］佟家栋，许家云，毛其淋．人民币汇率、企业出口边际与出口动态［J］．世界经济研究，2016（3）：70－85.

［86］王爱华．人民币有效汇率指数构建及应用研究［D］．吉林：东北师范大学，2016.

［87］王华，许和连，杨晶晶．出口、异质性与企业生产率——来自中国企业层面的证据［J］．财经研究，2011，37（6）：36－46.

［88］文争为．人民币汇率变动对我国进出口价格传递效应研究［D］．重庆：重庆大学，2012.

［89］吴国鼎，姜国华．人民币汇率变化与制造业投资——来自企业层面的证据［J］．金融研究，2015（11）：1－14.

［90］巫强，刘志彪．中国沿海地区出口奇迹的发生机制分析［J］．经济研究，2009（6）：83－93.

［91］席艳乐，胡强．企业异质性、中间品进口与出口绩效——基于中国企业微观数据的实证研究［J］．产业经济研究，2014（5）：72－82.

［92］向训勇，陈婷，陈飞翔．进口中间投入、企业生产率与人民币汇率传递——基于我国出口企业微观数据的实证研究［J］．金融研究，2016（9）：33－49.

［93］肖立晟，郭步超．中国金融实际有效汇率的测算与影响因素分析［J］．世界经济，2014（2）：95－115.

［94］谢建国，陈漓高．人民币汇率与贸易收支协整研究与冲击分解

[J]. 世界经济, 2002 (9): 27-34.

[95] 邢予青. 人民币汇率及其对日本美国进口价格的传递效应 [J]. 金融研究, 2010 (7): 45-58.

[96] 邢予青. 加工贸易、汇率和中国的双边贸易平衡 [J]. 金融研究, 2012 (2): 18-29.

[97] 徐国祥, 杨振建, 郑雯. 人民币汇率指数编制及其与宏观经济变量的联动分析 [J]. 统计研究, 2014 (4): 39-50.

[98] 许家云, 佟家栋, 毛其淋. 人民币汇率变动、产品排序与多产品企业的出口行为——以中国制造业企业为例 [J]. 管理世界, 2015 (2): 17-31.

[99] 许家云, 佟家栋, 毛其淋. 人民币汇率与企业生产率变动——来自中国的经验证据 [J]. 金融研究, 2015 (10): 1-16.

[100] 徐建炜, 田丰. 中国行业层面实际有效汇率测算: 2000~2009 [J]. 世界经济, 2013 (5): 21-36.

[101] 许统生, 涂远芬. 中国贸易弹性的估计及其政策启示 [J]. 数量经济技术经济研究, 2006, 23 (12): 14-22.

[102] 杨长江, 姜波克. 国际金融学 (第四版) [M]. 北京: 高等教育出版社, 2014.

[103] 杨春艳, 孔庆峰. 中国对美国高新技术产品出口结构——基于贸易二元边际的研究 [J]. 商业经济与管理, 2011 (3): 54-60.

[104] 阳佳余. 融资约束与企业出口行为: 基于工业企业数据的经验研究 [J]. 经济学 (季刊), 2012, 11 (3): 1503-1524.

[105] 易靖韬, 傅佳莎. 企业生产率与出口: 浙江省企业层面的证据 [J]. 世界经济, 2011 (5): 74-92.

[106] 俞红海, 徐龙炳, 陈百助. 终极控股股东控制权与自由现金流过度投资 [J]. 经济研究, 2010 (8): 103-114.

[107] 于洪霞, 龚六堂, 陈玉宇. 出口固定成本融资约束与企业出口行为 [J]. 经济研究, 2011 (4): 55-67.

[108] 于津平, 吴小康, 熊俊. 双边实际汇率、出口规模与出口质量

[J]．世界经济研究，2014（10：）47－48.

［109］余淼杰．中国的贸易自由化与制造业企业生产率［J］．经济研究，2010（12）：97－110.

［110］余淼杰．加工贸易，企业生产率和关税减免——来自中国产品面的证据［J］．经济学季刊，2011，10（4）：1251－1280.

［111］余淼杰，王雅琦．人民币汇率变动与企业出口产品决策[J]．金融研究，2015（4）：19－33.

［112］俞乔．论我国汇率政策与国内经济目标的冲突及协调［J］．经济研究，1999（7）：23－32.

［113］余珊萍．汇率波动对我国出口影响的实证研究［J］．东南大学学报（哲学社会科学版），2005，7（2）：13－17.

［114］袁志刚，邵挺．人民币升值对我国各行业利润率变动的影响——基于 2007 年投入产出表的研究［J］．金融研究，2011（4）：1－15.

［115］曾莹．汇率冲击和行业就业调整［J］．南开经济研究，2006（5）：46－55.

［116］曾铮，张亚斌．人民币实际汇率升值与中国出口商品结构调整［J］．世界经济，2007（5）：16－24.

［117］张斌．经济转型与汇率制度选择的国际比较研究［M］．北京：中国发展研究基金会，2011.

［118］张德进，王洛林．汇率变化对企业生产率影响的文献综述［J］．国际经贸探索，2012（2）：4－14.

［119］张杰，李勇，刘志彪．出口与中国本土企业生产率——基于江苏制造业企业的实证分析［J］．管理世界，2008（11）：50－64.

［120］张杰，郑文平，陈志远，王雨剑．进口是否引致了出口：中国出口奇迹的微观解读［J］．世界经济，2014（6）：3－26.

［121］张会清，唐海燕．人民币升值，企业行为与出口贸易——基于大样本企业数据的实证研究：2005～2009［J］．管理世界，2012（12）：23－34.

［122］张敏，吴联生，王亚平．国有股权，公司业绩与投资行为［J］．金融研究，2010（12）：115－130.

［123］赵晓男，刘霄．货币政策对我国投资水平影响的实证分析［J］．中央财经大学学报，2007（4）：26－31.

［124］钟昌标．影响中国电子行业出口决定因素的经验分析［J］．经济研究，2007（9）：62－70.

［125］周逢民，张会元，周海．人民币实际有效汇率与中俄贸易收支实证研究［J］．金融研究，2009（6）：60－71.

［126］周杰琦，汪同三．人民币实际汇率波动对我国贸易收支的影响——基于非对称协整的实证分析［J］．经济问题，2010（1）：4－8.

［127］周文贵，陈梁．人民币名义汇率变动对中美贸易收支影响的研究——基于毕肯戴克—罗宾逊—梅茨勒条件视角的实证分析［J］．广东金融学院学报，2011，26（6）：108－118.

［128］周业樑．浙江纺织服装业应对人民币升值影响的调查报告［J］．国际经济评论，2008（1）：42－47.

［129］宗伟濠．人民币实际有效汇率变动与我国内涵式经济增长［J］．南京财经大学学报，2013（3）：56－61.

［130］宗毅君．本地市场效应与出口增长二元边际——基于中国1996～2009年制造行业面板数据的实证研究［J］．浙江社会科学，2011（11）：25－31.

［131］宗毅君．出口二元边际对竞争优势的影响——基于中美1992～2009年微观贸易数据的实证研究［J］．国际经贸探索，2012（1）：24－33.

［132］Abbott A. The Impact of Exchange Rate Volatility on UK Exports to EU Countries［J］. Scottish Journal of Political Economy, 2004, 51（1）：62－81.

［133］Aghion P, Bacchetta P, Ranciere R. et al. Exchange Rate Volatility and Productivity Growth: The Role of Financial Development［J］. Journal of Monetary Economics, 2009, 56（4）：494－513.

[134] Ahmed S. Are Chinese Exports Sensitive to Changes in the Exchange Rate? [R]. Board of Governors of the Federal Reserve System (US), 2009.

[135] Alexandre F, Bação P, Cerejeira J. et al. Employment and Exchange Rates: the Role of Openness and Technology [J]. Open Economies Review, 2011, 22 (5): 969 – 984.

[136] Allayannis G, Ofek E. Exchange Rate Exposure, Hedging, and the Use of Foreign Currency Derivatives [J]. Journal of International Money and Finance, 2001, 20 (2): 273 – 296.

[137] Amiti M. The Anatomy of China's Export Growth [M]. World Bank Publications, 2008.

[138] Amiti M, Itskhoki O, Konings J. Importers, Exporters, and Exchange Rate Disconnect [J]. The American Economic Review, 2014, 104 (7): 1942 – 1978.

[139] Anderton B. Extra – euro Area Manufacturing Import Prices and Exchange Rate Pass – through [R]. ECB Working Paper, 2003.

[140] Antràs P. Firms, Contracts, and Trade Structure [J]. The Quarterly Journal of Economics, 2003, 118 (4): 1375 – 1418.

[141] Antràs P. Incomplete Contracts and the Product Cycle [J]. The American Economic Review, 2005, 95 (4): 1054 – 1073.

[142] Antras P, Helpman E. Global Courcing [J]. Journal of Political Economy, 2004, 112 (3): 552 – 580.

[143] Aristotelous K. Exchange – rate Volatility, Exchange – rate Regime, and Trade Volume: Evidence from the UK – US Export Function (1889 – 1999) [J]. Economics Letters, 2001, 72 (1): 87 – 94.

[144] Arize A C, Osang T, Slottje D J. Exchange – rate Volatility and Foreign Trade: Evidence from Thirteen LDC's [J]. Journal of Business & Economic Statistics, 2000, 18 (1): 10 – 17.

[145] Arrow K. Economic Welfare and the Allocation of Resources for

Invention [M]. The Rate and Direction of Inventive Activity: Economic and Social Factors. Princeton University Press, 1962: 609-626.

[146] Atella V, Atzeni G E, Belvisi P L. Investment and Exchange Rate Uncertainty [J]. Journal of Policy Modeling, 2003, 25 (8): 811-824.

[147] Aw B Y, Chung S, Roberts M J. Productivity and Turnover in the Export Market: Micro-level Evidence from the Republic of Korea and Taiwan (China) [J]. The World Bank Economic Review, 2000, 14 (1): 65-90.

[148] Aw B Y, Chen X, Roberts M J. Firm-level Evidence on Productivity Differentials and Turnover in Taiwanese Manufacturing [J]. Journal of Development Economics, 2001, 66 (1): 51-86.

[149] Aziz J, Li X. China's Changing Trade Elasticities [J]. China & World Economy, 2008, 16 (3): 1-21.

[150] Baggs J, Beaulieu E, Fung L. Firm Survival, Performance, and the Exchange Rate [J]. Canadian Journal of Economics/Revue Canadienne D'économique, 2009, 42 (2): 393-421.

[151] Bahmani-Oskooee M M, Goswami G G. A Disaggregated Approach to Test the J-curve Phenomenon: Japan versus Her Major Trading Partners [J]. Journal of Economics and Finance, 2003, 27 (1): 102-113.

[152] Baldwin R, Krugman P. Persistent Trade Effects of Large Exchange Rate Shocks [J]. The Quarterly Journal of Economics, 1989, 104 (4): 635-654.

[153] Baron D P. Fluctuating Exchange Rates and the Pricing of Exports [J]. Economic Inquiry, 1976, 14 (3): 425-438.

[154] Bas M, Strauss-Kahn V. Does Importing more Inputs Raise Exports? Firm-level Evidence from France [J]. Review of World Economics, 2014, 150 (2): 241-275.

[155] Bellone F, Musso P, Nesta L, et al.. Financial Constraints and Firm Export Behaviour [J]. The World Economy, 2010, 33 (3): 347-373.

[156] Bems R, Johnson R C. Value - added Exchange Rates [R]. National Bureau of Economic Research, 2012.

[157] Berman N, Berthou A. Financial Market Imperfections and the Impact of Exchange Rate Movements [J]. 2006.

[158] Berman N, Héricourt J. Financial Factors and the Margins of Trade: Evidence from Cross - country Firm - level Data [J]. Journal of Development Economics, 2010, 93 (2): 206 -217.

[159] Bernard A B, Jensen J B, Lawrence R Z. Exporters, Jobs, and Wages in US Manufacturing: 1976 - 1987 [J]. Brookings Papers on Economic Activity. Microeconomics, 1995: 67 - 119.

[160] Bernard A B, Wagner J. Export Entry and Exit by German Firms [J]. Review of World Economics, 2001, 137 (1): 105 - 123.

[161] Bernard A B, Jensen J B. Why Some Firms Export [J]. The Review of Economics and Statistics, 2004, 86 (2): 561 -569.

[162] Bernard A B, Jensen J B. Exporting and Productivity in the USA [J]. Oxford Review of Economic Policy, 2004, 20 (3): 343 -357.

[163] Bernard A B, Jensen J B. Entry, Expansion, and Intensity in the US Export Boom, 1987—1992 [J]. Review of International Economics, 2004, 12 (4): 662 -675.

[164] Bernard A B, Jensen J B, Redding S J, et al.. Firms in International Trade [J]. The Journal of Economic Perspectives, 2007, 21 (3): 105 - 130.

[165] Bernard A B, Jensen J B, Redding S J, et al. The Margins of US Trade [J]. The American Economic Review, 2009, 99 (2): 487 -493.

[166] Bernard A B, Redding S J, Schott P K. Multiproduct Firms and Trade Liberalization [J]. The Quarterly Journal of Economics, 2011, 126 (3): 1271 -1318.

[167] Bernard A B, Van Beveren I, Vandenbussche H. Multi—Product Exporters and the Margins of Trade [J]. The Japanese Economic Review,

2014, 65 (2): 142 - 157.

[168] Betts C, Devereux M B. The Exchange Rate in a Model of Pricing - to - market [J]. European Economic Review, 1996, 40 (3): 1007 - 1021.

[169] Betts C, Devereux M B. Exchange Rate Dynamics in A Model of Pricing - to - market [J]. Journal of international Economics, 2000, 50 (1): 215 - 244.

[170] Bonaccorsi A. On the Relationship between Firm Size and Export Intensity [J]. Journal of International Business Studies, 1992, 23 (4): 605 - 635.

[171] Boyd D, Caporale G M, Smith R. Real Exchange Rate Effects on the Balance of Trade: Cointegration and the Marshall—Lerner Condition [J]. International Journal of Finance & Economics, 2001, 6 (3): 187 - 200.

[172] Bragdon J H, Redding S J, Schott P K. Multiple - product Firms and Product Switching [J]. The American Economic Review, 2010, 100 (1): 70 - 97.

[173] Branson W H, Love J P. Dollar Appreciation and Manufacturing Employment and Output [R]. National Bureau of Economic Research, Inc, 1986.

[174] Brodsky D A. Arithmetic versus Geometric Effective Exchange Rates [J]. Review of World Economics, 1982, 118 (3): 546 - 562.

[175] Broll U, Eckwertt B. Exchange Rate Volatility and [J]. Southern Economic Journal, 1999, 66 (1): 178 - 185.

[176] Bugamelli M, Schivardi F, Zizza R. The Euro and Firm Restructuring [R]. National Bureau of Economic Research, 2008.

[177] Byrne J P, Philip Davis E. Disaggregate Wealth and Aggregate Consumption: An Investigation of Empirical Relationships for the G7 [J]. Oxford Bulletin of Economics and Statistics, 2003, 65 (2): 197 - 220.

[178] Caglayan M, Demir F. Firm Productivity, Exchange Rate Move-

ments, Sources of Finance, and Export Orientation [J]. World Development, 2014, 54: 204 -219.

[179] Campa J, Goldberg L S. Investment in Manufacturing, Exchange Rates and External Exposure [J]. Journal of International Economics, 1995, 38 (3): 297 -320.

[180] Campa J M, Goldberg L S. Investment, Pass - through, and Exchange Rates: A Cross - Country Comparison [J]. International Economic Review, 1999, 40 (2): 287 -314.

[181] Campa J M, Goldberg L S. Employment versus Wage Adjustment and the US Dollar [J]. The Review of Economics and Statistics, 2001, 83 (3): 477 -489.

[182] Campa J M, Goldberg L S. Exchange Rate Pass - through Into Import Prices: A Macro or Micro Phenomenon [R]. National Bureau of Economic Research, 2002.

[183] Campa J M, Goldberg L S. Exchange Rate Pass - through into Import Prices [J]. The Review of Economics and Statistics, 2005, 87 (4): 679 -690.

[184] Campbell J R, Lapham B. Real Exchange Rate Fluctuations and the Dynamics of Retail Trade Industries on the US - Canada Border [J]. American Economic Review, 2004, 94 (4): 1194 -1206.

[185] Carlaw K, Kosempel S. The Sources of Total Factor Productivity Growth: Evidence from Canadian Data [J]. Economics of Innovation and New Technology, 2004, 13 (4): 299 -309.

[186] Cassel G. Abnormal Deviations in International Exchanges [J]. The Economic Journal, 1918, 28 (112): 413 -415.

[187] Chaney T. Liquidity Constrained Exporters [J]. 2005.

[188] Chou W L. Exchange Rate Variability and China's Exports [J]. Journal of Compaative Economics, 2000, 28 (1): 61 -79.

[189] Choudhri E U, Hakura D S. Exchange Rate Pass - through to Do-

mestic Prices: Does the Inflationary Environment Matter [J]. Journal of International Money and Finance, 2006, 25 (4): 614 -639.

[190] Chowdhury A R. Does Exchange Rate Volatility Depress Trade Flows? Evidence from Error - correction Models [J]. The Review of Economics and Statistics, 1993: 700 -706.

[191] Clark P B. Uncertainty, Exchange Risk, and the Level of International Trade [J]. Economic Inquiry, 1973, 11 (3): 302 -313.

[192] Clerides S K, Lach S, Tybout J R. Is Learning by Exporting Important? Micro - dynamic Evidence from Colombia, Mexico, and Morocco [J]. The Quarterly Journal of Economics, 1998, 113 (3): 903 -947.

[193] Corsetti G, Dedola L. A Macroeconomic Model of International Price Discrimination [J]. Journal of International Economics, 2005, 67 (1): 129 -155.

[194] De Grauwe P. Exchange Rate Variability and the Slowdown in Growth of International Trade [J]. IMF Staff Papers, 1988, 35 (1): 63 -84.

[195] Dèes S. The Real Exchange Rate and Types of Trade: Heterogeneity of Trade Behaviours in China [C]. Workshop on China's Economy organised by the CEPII, 2001.

[196] Dekle R, Jeong H, Ryoo H. A Re - Examination of the Exchange Rate Disconnect Puzzle: Evidence from Firm Level Data [J]. University of Southern California Mimeo, 2009.

[197] Dekle R, Ryoo H H. Exchange Rate Fluctuations, Financing Constraints, Hedging, and Exports: Evidence from Firm Level Data [J]. Journal of International Financial Markets, Institutions and Money, 2007, 17 (5): 437 -451.

[198] Delgado M A, Farinas J C, Ruano S. Firm Productivity and Export Markets: A Non - parametric Approach [J]. Journal of international Economics, 2002, 57 (2): 397 -422.

[199] Devereux M B, Engel C, Storgaard P E. Endogenous Exchange Rate Pass – through When Nominal Prices Are Set in Advance [J]. Journal of international Economics, 2004, 63 (2): 263 – 291.

[200] Devereux M B, Engel C. Expenditure Switching Versus Real Exchange Rate Stabilization: Competing Objectives for Exchange Rate Policy [J]. Journal of Monetary Economics, 2007, 54 (8): 2346 – 2374.

[201] Devereux M B, Lane P R. Understanding Bilateral Exchange Rate Volatility [J]. Journal of International Economics, 2003, 60 (1): 109 – 132.

[202] Devereux M B, Yetman J. Price Setting and Exchange Rate Pass – through: Theory and Evidence [R]. Hong Kong Institute for Monetary Research, 2002.

[203] Devereux M B, Yetman J. Leverage Constraints and the International Transmission of Shocks [J]. Journal of Money, Credit and Banking, 2010, 42 (s1): 71 – 105.

[204] Dominguez K M E, Tesar L L. Exchange Rate Exposure [J]. Journal of International Economics, 2006, 68 (1): 188 – 218.

[205] Dooley M P, Folkerts – Landau D, Garber P. An Essay on the Revived Bretton Woods System [R]. National Bureau of Economic Research, 2003.

[206] Dooley M P, Folkerts - Landau D, Garber P. The Revived Bretton Woods System [J]. International Journal of Finance & Economics, 2004, 9 (4): 307 – 313.

[207] Dooley M P, Folkerts – Landau D, Garber P M. The US Current Account Deficit and Economic Development: Collateral for A Total Return Swap [R]. National Bureau of Economic Research, 2004.

[208] Dooley M P, Folkerts – Landau D, Garber P M. Savings Gluts and Interest Rates: The Missing Link to Europe [R]. National Bureau of Economic Research, 2005.

[209] Dooley M P, Folkerts – Landau D, Garber P. Direct Investment, Rising Real Wages and the Absorption of Excess Labor in the Periphery [M]. G7 Current Account Imbalances: Sustainability and Adjustment. University of Chicago Press, 2007: 103 – 132.

[210] Dooley M P, Folkerts – Landau D, Garber P M. The Revived Bretton Woods System's First Decade [R]. National Bureau of Economic Research, 2014.

[211] Dornbusch R. Expectations and Exchange Rate Dynamics [J]. Journal of Political Economy, 1976, 84 (6): 1161 – 1176.

[212] Dornbusch R. Exchange Rates and Prices [J]. American Economic Review, 1987, 77 (1): 93 – 106.

[213] Eckel C, Neary J P. Multi – product Firms and Flexible Manufacturing in the Global Economy [J]. The Review of Economic Studies, 2010, 77 (1): 188 – 217.

[214] Edwards S. Real Exchange Rates in the Developing Countries: Concepts and Measurement [R]. National Bureau of Economic Research, 1989.

[215] Egger P, Kesina M. Financial Constraints and Exports: Evidence from Chinese Firms [J]. CESifo Economic Studies, 2013, 59 (4): 676 – 706.

[216] Ekholm K, Moxnes A, Ulltveit – Moe K H. Manufacturing Restructuring and the Role of Real Exchange Rate Shocks [J]. Journal of International Economics, 2012, 86 (1): 101 – 117.

[217] Engle R F. Autoregressive Conditional Heteroscedasticity with Estimates of the Variance of United Kingdom Inflation [J]. Econometrica, 1982, 50 (4): 981 – 1008.

[218] Engle R F, Bollerslev T. Modelling the Persistence of Conditional Variances [J]. Econometric Reviews, 1986, 5 (1): 1 – 50.

[219] Feenstra R C, Li Z, Yu M. Exports and Credit Constraints under

Incomplete Information: Theory and Evidence from China [J]. Review of Economics and Statistics, 2014, 96 (4): 729 - 744.

[220] Feng L, Li Z, Swenson D L. The Connection between Imported Intermediate Inputs and Exports: Evidence from Chinese Firms [R]. National Bureau of Economic Research, 2012.

[221] Fisher E. A Model of Exchange Rate Pass - through [J]. Journal of International Economics, 1989, 26 (1): 119 - 137.

[222] Forbes K J. How Do Large Depreciations Affect Firm Performance? [R]. National Bureau of Economic Research, 2002.

[223] Foster L, Haltiwanger J C, Krizan C J. Aggregate Productivity Growth: Lessons from Microeconomic Evidence [M]. University of Chicago Press, 2001: 303 - 372.

[224] Franke G. Exchange Rate Volatility and International Trading Strategy [J]. Journal of International Money and Finance, 1991, 10 (2): 292 - 307.

[225] Freund C, Hong C, Wei S J. China's Trade Response to Exchange Rate [C]. The 68th International Atlantic Economic Conference, 2011.

[226] Fuentes O M. Exchange Rate Volatility and Investment: Evidence at the Plant - level [R]. Boston University, Mimeo, 2006.

[227] Fung L. Large Real Exchange Rate Movements, Firm Dynamics, and Productivity Growth [J]. Canadian Journal of Economics/Revue canadienne Déconomique, 2008, 41 (2): 391 - 424.

[228] Fung L, Baggs J, Beaulieu E. Plant Scale and Exchange - Rate - Induced Productivity Growth [J]. Journal of Economics & Management Strategy, 2011, 20 (4): 1197 - 1230.

[229] Fung L, Liu J T. The Impact of Real Exchange Rate Movements on Firm Performance: A case Study of Taiwanese Manufacturing Firms [J]. Japan and the World Economy, 2009, 21 (1): 85 - 96.

[230] Gagnon J E, Knetter M M. Markup Adjustment and Exchange Rate

Fluctuations: Evidence from Panel Data on Automobile Exports [J]. Journal of International Money and Finance, 1995, 14 (2): 289 - 310.

[231] Ge Y, Lai H, Zhu S. Intermediates Import and Gains from Trade Liberalization [J]. University of International Business. Mimeo, 2011.

[232] Giovannini A. Exchange Rates and Traded Goods Prices [J]. Journal of international Economics, 1988, 24 (1 - 2): 45 - 68.

[233] Goldberg L S. Industry - specific Exchange Rates for the United States [J]. Economic Policy Review, 2004 (5): 1 - 16.

[234] Goldberg P K, Knetter M M. Goods Prices and Exchange Rates: What Have We Learned [R]. National Bureau of Economic Research, 1996.

[235] Goschen G J. Speculation and Interest Rate Parity without Forward Exchange in The Theory of Foreign Exchange [J]. Cahiers D'Economie Politique, 1861 (29): 21 - 34.

[236] Gourinchas P O. Exchange Rates and Jobs: What Do We Learn from Job Flows [J]. NBER Chapters, 1999: 153 - 222.

[237] Greenaway D, Kneller R, Zhang X. The Effect of Exchange Rates on Firm Exports: The Role of Imported Intermediate Inputs [J]. The World Economy, 2010, 33 (8): 961 - 986.

[238] Grier K B, Smallwood A D. Uncertainty and Export Performance: Evidence from 18 Countries [J]. Journal of Money, Credit and Banking, 2007, 39 (4): 965 - 979.

[239] Hanson G H, Mataloni Jr R J, Slaughter M J. Vertical Production Networks in Multinational Firms [J]. The Review of Economics and Statistics, 2005, 87 (4): 664 - 678.

[240] Harchaoui T M, Tarkhani F, Yuen T. The Effects of the Exchange Rate on Investment: Evidence from Canadian Manufacturing Industries [M]. Bank of Canada, 2005.

[241] Harris R G. Is there A Case for Exchange Rate Induced Productivity Changes [M]. Centre for International Economic Studies, 2001.

[242] Head K, Ries J. Rationalization Effects of Tariff Reductions [J]. Journal of International Economics, 1999, 47 (2): 295 – 320.

[243] Head K, Ries J. Heterogeneity and the FDI versus Export Decision of Japanese Manufacturers [J]. Journal of the Japanese and International Economies, 2003, 17 (4): 448 – 467.

[244] Helpman E, Melitz M J, Yeaple S R. Export versus FDI with Heterogeneous Firms [J]. American Economic Review, 2004, 94 (1): 300 – 316.

[245] Helpman E, Itskhoki O, Muendler M A, et al. Trade and Inequality: From Theory to Estimation [J]. The Review of Economic Studies, 2017, 84 (1): 357 – 405.

[246] Héricourt J, Poncet S. Exchange Rate Volatility, Financial Constraints, and Trade: Empirical Evidence from Chinese Firms [J]. The World Bank Economic Review, 2013, 29 (3): 550 – 578.

[247] Hooper P, Kohlhagen S W. The Effect of Exchange Rate Uncertainty on the Prices and Volume of International Trade [J]. Journal of international Economics, 1978, 8 (4): 483 – 511.

[248] Hua P. Real Exchange Rate and Manufacturing Employment in China [J]. China Economic Review, 2007, 18 (3): 335 – 353.

[249] Hummels D, Ishii J, Yi K M. The Nature and Growth of Vertical Specialization in World Trade [J]. Journal of international Economics, 2001, 54 (1): 75 – 96.

[250] Hummels D, Klenow P J. The Variety and Quality of A Nation's Exports [J]. The American Economic Review, 2005, 95 (3): 704 – 723.

[251] Irandoust M, Ekblad K, Parmler J. Bilateral Trade Flows and Exchange Rate Sensitivity: Evidence from Likelihood – based Panel Cointegration [J]. Economic Systems, 2006, 30 (2): 170 – 183.

[252] Jabbour L. Offshoring and Firm Performance: Evidence from French Manufacturing Industry [J]. The World Economy, 2010, 33 (3):

507 – 524.

[253] Jeanneney S G, Hua P. How Does Real Exchange Rate Influence Labour Productivity in China [J]. China Economic Review, 2011, 22 (4): 628 – 645.

[254] Jones R W. Globalization and the Theory of Input Trade [M]. MIT Press, 2000.

[255] Kasa K. Adjustment Costs and Pricing – to – market Theory and Evidence [J]. Journal of International Economics, 1992, 32 (1 – 2): 1 – 30.

[256] Kasahara H, Lapham B. Import Protection as Export Destruction [R]. University of Western Ontario, Economic Policy Research Institute, 2006.

[257] Kasahara H, Lapham B. Productivity and the Decision to Import and Export: Theory and evidence [J]. Journal of International Economics, 2013, 89 (2): 297 – 316.

[258] Keller W, Yeaple S R. Multinational Enterprises, International Trade, and Productivity Growth: Firm – level Evidence from the United States [J]. The Review of Economics and Statistics, 2009, 91 (4): 821 – 831.

[259] Klein M W, Schuh S, Triest R K. Job Creation, Job Destruction, and the Real Exchange Rate [J]. Journal of International Economics, 2003, 59 (2): 239 – 265.

[260] Kreinin M E. The Effect of Exchange Rate Changes on the Prices and Volume of Foreign Trade [J]. Staff Papers, 1977, 24 (2): 297 – 329.

[261] Krugman P R. Increasing Returns, Monopolistic Competition, and International Trade. Journal of International Economics, 1979, 9 (4): 469 – 479.

[262] Krugman P. Scale Economies, Product Differentiation, and the Pattern of Trade [J]. The American Economic Review, 1980, 70 (5): 950 – 959.

[263] Krugman P. Pricing to Market When the Exchange Rate Changes [R]. National Bureau of Economic Research, Inc, 1986.

[264] Krugman P R, Baldwin R E, Bosworth B. et al. The Persistence of the US Trade Deficit [J]. Brookings Papers on Economic Activity, 1987 (1): 1-55.

[265] Krugman P. Differences in Income Elasticities and Trends in Real Exchange Rates [J]. European Economic Review, 1989, 33 (5): 1031-1046.

[266] Lafrance R, Schembri L L. The Exchange Rate, Productivity, and the Standard of Living [J]. Bank of Canada Review, 2000, 1999 (Winter): 17-28.

[267] Landon S, Smith C E. The Exchange Rate and Machinery and Equipment Imports: Identifying the Impact of Import Source and Export Destination Country Currency Valuation Changes [J]. The North American Journal of Economics and Finance, 2007, 18 (1): 3-21.

[268] Lau F, Mo Y, Li K. The Impact of A Renminbi Appreciation on Global Imbalances and Intra-regional Trade [J]. Hong Kong Monetary Authority Quarterly Bulletin, 2004: 16-26.

[269] Lee J, Yi B C. Industry Level Real Effective Exchange Rates for Korea [J]. Economic Papers, 2005, 9 (1): 143-85.

[270] Leung D, Yuen T. Do Exchange Rates Affect the Capital-labour Ratio? Panel Evidence from Canadian ManufacturIng Industries [J]. Applied Economics, 2010, 42 (20): 2519-2535.

[271] Li H, Ma H, Xu Y. How Do Exchange Rate Movements Affect Chinese Exports—A Firm-level Investigation [J]. Journal of International Economics, 2015, 97 (1): 148-161.

[272] Li Z, Yu M. Exports, Productivity, and Credit Constraints: A Firm-level Empirical Investigation of China [R]. Institute of Economic Research Hitotsubshi University, 2009.

[273] Linder S B. An Essay on Trade and Transformation [M]. Wiley, 1961.

[274] Liu Q, Lu Y, Zhou Y. Do Exports Respond to Exchange Rate Changes? Inference from China's Exchange Rate Reform [J]. RIn, 2013 (29): 1992.

[275] MacDonald M R, Clark M P B. Exchange Rates and Economic Fundamentals: A Methodological Comparison of BEERs and FEERs [M]. International Monetary Fund, 1998.

[276] Makin T, Robson A. Comparing Capital - and Trade - weighted Measures of Australia's Effective Exchange Rate [J]. Pacific Economic Review, 1999, 4 (2): 203 –214.

[277] Manova K. Credit Constraints, Equity Market Liberalizations and International Trade [J]. Journal of International Economics, 2008, 76 (1): 33 –47.

[278] Manova K, Wei S J, Zhang Z. Firm Exports and Multinational Activity under Credit Constraints [J]. Review of Economics and Statistics, 2015, 97 (3): 574 –588.

[279] Marazzi M, Sheets N. Declining Exchange Rate Pass – through to US Import Prices: The Potential Role of Global Factors [J]. Journal of International Money and Finance, 2007, 26 (6): 924 –947.

[280] Marquez J, Schindler J. Exchange – rate Effects on China's Trade [J]. Review of International Economics, 2007, 15 (5): 837 –853.

[281] Marston R C. Pricing to Market in Japanese Manufacturing [J]. Journal of International Economics, 1990, 29 (3 –4): 217 –236.

[282] Mayer T, Melitz M J, Ottaviano G I P. Market Size, Competition, and the Product Mix of Exporters [J]. The American Economic Review, 2014, 104 (2): 495 –536.

[283] McCarthy J. Pass – through of Exchange Rates and Import Prices to Domestic Inflation in Some Industrialized Economies [J]. Eastern Economic

Journal, 2007, 33 (4): 511 -537.

[284] Melitz M J. The Impact of Trade on Intra - industry Reallocations and Aggregate Industry Productivity [J]. Econometrica, 2003, 71 (6): 1695 - 1725.

[285] Mody A, Yilmaz K. Imported Machinery for Export Competitiveness [J]. The World Bank Economic Review, 2002, 16 (1): 23 -48.

[286] Moore B, Schaller H. Persistent and Transitory Shocks, Learning, and Investment Dynamics [J]. Journal of Money, Credit, and Banking, 2002, 34 (3): 650 -677.

[287] Muûls M. Exporters and Credit Constraints. A Firm - level Approach [R]. Working Paper Research, 2008.

[288] Navaretti G B, Galeotti M, Mattozzi A. Moving Skills from Hands to Heads: Does Importing Technology Affect Export Performance in Textiles? [J]. Research Policy, 2004, 33 (6): 879 -895.

[289] Nucci F, Pozzolo A F. Investment and the Exchange Rate: An Analysis with Firm - level Panel Data [J]. European Economic Review, 2001, 45 (2): 259 -283.

[290] Nucci F, Pozzolo A F. The Exchange Rate, Employment and Hours: What Firm - level Data Say [J]. Journal of International Economics, 2010, 82 (2): 112 -123.

[291] Obstfeld M, Rogoff K. Exchange Rate Dynamics Redux [J]. Journal of Political Economy, 1995, 103 (3): 624 -660.

[292] Olley G S, Pakes A. The Dynamics of Productivity in the Telecommunications Equipment [J]. Econometrica, 1996, 64 (6): 1263 -1297.

[293] Onafowora O. Exchange Rate and Trade Balance in East Asia: Is there A J - curve [J]. Economics Bulletin, 2003, 5 (18): 1 -13.

[294] Patibandla M. Firm Size and Export Behaviour: An Indian Case Study [J]. The Journal of Development Studies, 1995, 31 (6): 868 -882.

[295] Revenga A L. Exporting jobs? The Impact of Import Competition

on Employment and Wages in US Manufacturing [J] . The Quarterly Journal of Economics, 1992, 107 (1): 255 - 284.

[296] Richardson S. Over - investment of Free Cash Flow [J] . Review of Accounting Studies, 2006, 11 (2 - 3): 159 - 189.

[297] Roberts M J, Skoufias E. The Long - run Demand for Skilled and Unskilled Labor in Colombian Manufacturing Plants [J] . The Review of Economics and Statistics, 1997, 79 (2): 330 - 334.

[298] Rose A K. The Role of Exchange Rates in A Popular Model of International Trade: Does the "Marshall - Lerner" Condition Hold [J] . Journal of International Economics, 1991, 30 (3 - 4): 301 - 316.

[299] Sauer C, Bohara A K. Exchange Rate Volatility and Exports: Regional Differences between Developing and Industrialized Countries [J] . Review of International Economics, 2001, 9 (1): 133 - 152.

[300] Schnabl G, Baur D. Purchasing Power Parity: Granger Causality Tests for the Yen - Dollar Exchange Rate [J] . Japan and the World Economy, 2002, 14 (4): 425 - 444.

[301] Sercu P, Vanhulle C. Exchange Rate Volatility, International Trade, and the Value of Exporting Firms [J] . Journal of Banking & Finance, 1992, 16 (1): 155 - 182.

[302] Servén L. Real - exchange - Rate Uncertainty and Private Investment in LDCs [J] . The Review of Economics and Statistics, 2003, 85 (1): 212 - 218.

[303] Shapiro A C. Exchange Rate Changes, Inflation, and the Value of the Multinational Corporation [J] . The Journal of Finance, 1975, 30 (2): 485 - 502.

[304] Stein J. The Natural Real Exchange Rate of the US Dollar and Determinants of Capital Flows. in. J. Williamson (ed.) Estimating Equilibrium Exchange Rate [J] . Institute for International Economics, Washington, 1994.

[305] Tang H, Zhang Y. Exchange Rates and the Margins of Trade: Evidence from Chinese Exporters [J]. CESifo Economic Studies, 2012, 58 (4): 671 - 702.

[306] Taylor J B. Low Inflation, Pass - through, and the Pricing Power of Firms [J]. European Economic Review, 2000, 44 (7): 1389 - 1408.

[307] Thorbecke W. How Would An Appreciation of the Renminbi Affect the US TraDe deficit with China [J]. Topics In Macroeconomics, 2006, 6 (3).

[308] Thorbecke W, Smith G. How Would An Appreciation of the Renminbi and other East Asian Currencies Cffect China's Exports [J]. Review of International Economics, 2010, 18 (1): 95 - 108.

[309] Tomlin B. Exchange Rate Fluctuations, Plant Turnover and Productivity [R]. Bank of Canada Working Paper, 2010.

[310] Tomlin B. Exchange Rate Fluctuations, Plant Turnover and Productivity [J]. International Journal of Industrial Organization, 2014 (35): 12 - 28.

[311] Topalova P, Khandelwal A. Trade Liberalization and Firm Productivity: The Case of India [J]. Review of Economics and Statistics, 2011, 93 (3): 995 - 1009.

[312] Williamson J, Williamson J. The exchange rate system [M]. 1983.

[313] Wilson P. Exchange Rates and the Trade Balance for Dynamic Asian Dconomies—Does the J - curve Exist for Singapore, Malaysia, and Korea [J]. Open Economies Review, 2001, 12 (4): 389 - 413.

[314] Yang J. Exchange Rate Pass - through in US Manufacturing Industries [J]. The Review of Economics and Statistics, 1997, 79 (1): 95 - 104.

[315] Yeaple S R. The Complex Integration Strategies of Multinationals and Cross Country Dependencies in the Structure of Foreign Direct Investment

[J] . Journal of International Economics, 2003, 60 (2): 293 -314.

[316] Yingfeng X U. Lessons from Taiwan's Experience of Currency Appreciation [J] . China Economic Review, 2008, 19 (1): 53 -65.

[317] Yu M. Does Appreciation of the Renminbi Decrease Imports to the United States from China [J] . Contemporary Economic Policy, 2012, 30 (4): 533 -547.

[318] Yu M. Processing Trade, Tariff Reductions and Firm Productivity: Evidence from Chinese firms [J] . The Economic Journal, 2015, 125 (585): 943 -988.